KB010024

베이징 특파원
중국 문화를
말하다

베이징 특파원
중국 문화를
말하다

베이징 특파원 13인이 발로 쓴 최신 중국 문화코드 52

서교출판사

| 추 천 사 |

중국 문화를 알면 중국이 보인다.

홍광훈 (서울여자대학 중문학과 명예교수)

중국은 지금 어떻게든 자국의 세계 패권을 잃지 않으려고 기를 쓰는 미국과 사상 초유의 무역·기술 전쟁을 벌이고 있다. 동시에 신종코로나바이러스 감염증(코로나19) 발원지와 관련한 전쟁도 진행 중이다. 중국이 세계경제를 좌지우지하는 주요 2개국(G2)이 된 지금 중국의 흥망성쇠는 우리나라의 운명과 직결돼 있다. 그러면 우리는 멀고도 가까운 나라 중국에 대해 과연 얼마나 알고 있을까?

2017년 겨울 시진핑(習近平) 국가주석은 문재인 대통령을 초청해 정상회담을 가졌다. 그 후 2018년에는 김정은 국무위원장을 무려 세 차례나 중국으로 불러 극진히 대접했다. 그 결과 문 대통령이 홀대를 당했다는 국내 보수 세력의 비판이 여전하다. 하지만 이게 처음 겪은 일은 아니다.

이명박 전 대통령이 한·중·일 정상회담 참석차 일본을 방문했던

2011년 5월 21일, 중국은 故 김정일 전 북한 국방위원장을 비밀리에 베이징으로 초청했다. 이 전 대통령은 이튿날 원자바오(溫家寶) 중국 총리와 정상회담 중에 김 위원장의 베이징 방문 사실을 알게 됐다고 한다. 그리고 사흘 뒤, 김 위원장은 당시 중국 최고지도자인 후진타오(胡錦濤) 국가주석과 혈맹의 우정을 과시하며 베이징에서 3시간 45분 동안 만찬을 함께 했다. 이를 두고 국내 언론은 정부의 정보력 및 외교력 미숙을 질타하는 등 한바탕 소동이 있었다.

　박근혜 전 대통령의 2013년 6월 중국 방문 때에도 북한 총정치국장이 먼저 다녀간 것으로 알려져 유사한 상황이 반복됐다. 한반도 비핵화 논의가 한참 진행 중인 지금까지도 중국의 태도는 거의 변하지 않았다. 이러한 정치적 패턴 속에는 중국을 이해할 수 있는 몇 가지 중요한 코드가 숨어 있다.

　첫째, 중국 특유의 양다리 걸치기 전략을 엿볼 수 있다. 양손에 떡을 쥐고 두 나라 최고지도자들을 능수능란하게 요리하는 중국 수뇌부들의 천연덕스러움은 5,000여 년 동안 수많은 전쟁을 거치면서 살아남기 위해 양다리를 걸쳐야 했던 기질이 뼛속까지 각인된 결과다. 형식적으로는 사회주의지만 실질적으로는 자본주의 뺨칠 정도로 기이한 중국의 체제도 양쪽에 다 발을 들여놓는 그들 특유의 이중성과 실용주의를 보여준다. 우리는 그들의 양다리 전략을 비난만 할 게 아니라 현실로 받아들이고 거기에 걸맞은 대응 전략을 마련해야 한다.

　둘째, 2인자 철학을 엿볼 수 있다. 우리는 어느 분야에서든지 1인자를 최고로 치지만 겸양을 미덕으로 삼는 중국에서는 사장보다는 부사장, 시장보다는 부시장이 실세인 경우가 많다. 현재 시진핑 주석이 권력 서열 1위이지만 2인자인 리커창(李克強) 총리 역시 중국을 대표한다. 시진핑 주석이 러시아에서 G20 정상회담을 하고 리 총리가 아프리카 수반을 만나 펼치는 정상급 외교는 그들 입장에서는 전혀 이상하지 않다. 우리나라 대통령이 꼭 세계의 정상들과 함께 자리를 같이해야 제 역할을 한 것으로 보는 한국의 시각과는 다르다는 얘기다.

셋째, 한솥밥 문화를 중시하는 동류의식이다. 중국인들은 친한 사이일수록 서로 만나 음식을 나누고 술을 마시거나 식사하는 것을 좋아한다. 북한과 중국의 최고지도자가 4시간 가까이 성대한 만찬을 함께했다는 것은 그만큼 두 나라의 관계가 돈독하다는 것을 대내외에 과시했다고 볼 수 있다.

이렇듯 단순한 정치적 사건에도 문화적 잣대를 엄밀히 들이대면 숨은 이야기를 발견할 수 있다. 우리가 중국인들의 문화를 배우고 알아야 할 이유다.

또 하나, 이제 문화는 곧 경제다. 문화를 알아야 먹고 살 수 있는 시대라는 얘기다. 주말이면 명동의 백화점과 경복궁 등 서울의 명소는 물론 제주도까지 중국인 관광객들로 문전성시를 이룬다.* 배포가 큰 중국인들답게 최신 전자 제품과 값비싼 화장품을 쇼핑백에 가득 담아 들고 피부 관리 서비스를 받고 돌아간다. 대국 기질을 가졌기에 돈을 펑펑 써대지만, 그들은 본래 유대인 뺨치는 상술이 몸에 밴 사람들이다. 그들은 한국의 질 좋은 상품들을 사가지만 금방 짝퉁을 만들어내고 이를 개량해 세계시장에 내다 판다. 그러므로 우리는 그들의 감성을 어떻게 터치해서 호주머니를 열게 할 것인지, 그들과 어떻게 교류하고 공존할지를 연구해야 한다. 그러려면 그들 속으로 들어가 그들의

* 코로나19의 팬데믹 사태로 외국인들의 입국이 제한된 작금의 현실은 해당되지 않는다.

기질과 특성을 세포 하나하나 들여다보지 않으면 안 된다.

그런 관점에서 이 책은 매우 구체적이고 실용적이다. 이 책에는 흔히 우리가 중국 문화를 얘기할 때 들먹이는 쯔진청(紫禁城·자금성)이나 진시황의 병마용(兵馬俑)에 대한 소개는 없다. 대신 중국인들의 실생활 속에 깊숙이 파고들어 중국인들 자신도 모르고 지나갔던 그들 특유의 기질과 문화를 52가지 주제의 문화 코드로 정리해 놓았다. 앞서 언급한 양다리 걸치기 전략이나 2인자의 철학, 중국인들의 관시 문화와 배금주의, 음식문화 등을 감칠맛 나는 필치로 잘 정리하였다. 어쩌면 그렇게도 중국인들의 속마음을 꿰뚫고 있을까 하는 감탄사가 절로 나올 정도로 핵심을 콕 집어내고 있다. 익히 알려진 중국의 문화예술을 다루기보다 급변하는 중국인들의 생활문화 중심으로 책을 만든 것도 시사와 현장에 강한 특파원들의 장점이 드러난다.

덧붙이자면 필자는 중국 문학 전공으로 박사학위를 받기까지 중국에서 무려 15년을 지냈다. 얼마 전까지도 대학에서 중국 문학과 시사 문제 등을 가르쳤다. 불행하게도 국내에는 중국 관련 책이 넘칠 정도로 많지만, 함량 미달 책도 적잖아 고충이 많았다. 그러던 차에 만난 이 책은 가뭄 끝의 단비 같다. 전국의 중국 관련 분야 전공 학생들, 중국 진출을 모색하고 있는 비즈니스맨들 모두에게 일독을 권하고 싶다. 중국 전문가가 아닌 일반인들에게도 중국을 이해하는 데 있어 아주 쉽고 유익한 양서로 손색이 없다고 본다.

멀고도 가까운 나라 중국의 최신 문화코드

인간은 누구나 환경의 지배를 받는다. 강과 산이 다르고 공기가 다르고 흙과 물이 다르니 사람도 달라진다. 각기 다른 환경에 적응해 살아가는 생활방식이 굳어지면 그것이 그 사회의 문화가 된다. 한여름에 상하이를 방문한 한국 사람들은 속치마 차림으로 돌아다니는 중국여성들을 보면 화들짝 놀란다. '아무리 덥다지만 저렇게 속옷차림으로 돌아다니면 되나, 되놈 근성이 어디 가겠나?'며 혀를 끌끌 찬다. 또 남녀를 불문하고 아무데서나 침을 칵칵 뱉어대는 사람들을 보고는 '저렇게 공중도덕이 없으니 말만 대국이네.'라며 비웃는다.

그러나 어떤 행동에는 그럴 만한 이유가 있는 법이다. 상하이를 비롯한 남방의 무더위는 살인적이다. 한여름 낮에는 기온이 섭씨 40도를 오르내린다. 게다가 습도까지 높다. 관광객들이야 에어컨 달린 건물 안으로 들어가면 그만이지만 평생을 그런 악조건 속에서 살아온 그들에겐 겉옷조차 거추장스럽다. 특히 노천에서 종일 일하는 사람들은 두말할 나위가 없다. 침을 칵칵 뱉는 것도 그렇다. 앞이 안 보일 정도로 뿌연 스모그나 황사가 급습하면 숨쉬기조차 힘들다. 아무리 마스크를 쓰고 막아보지만 역부족이다. 입에 들어온 모래를 삼키는 사람은 없다. 침 뱉는 습관을 쉽게 못 고치는 이유다. 역지사지(易地思之) 하면 이해하지 못할 것이 없다. 뭐든지 사물과 현상을 애정을 가지고 자세히 들여다보면 고개가 끄덕여지는 법이다.

중국은 우리나라 최대 교역국이다. 2019년 말을 기준으로 우리 전체 교역량의 30% 전후가 중국을 통해 이뤄진다. 중국을 모르고서는 먹고살기도 힘들어진 세상이 된 지 이미 오래라고 할 수 있다. 때문에 중국인들이 수천 년 동안 형성해온 기질과 습성, 문화코드를 제대로 이해하지 못하면 이 치열한 경제전쟁에서 생존 공간을 넓혀나가기도 어렵게 됐다. 그런데도 중국에 대한 우리의 이해도는 아직도 상상을 초월할 정도로 낮다. 등잔 밑이 어둡다는 말이 딱 맞다. 그렇다면 우리는 중국을 어떻게 대해야 할까? 결국은 중국의 문사철(文史哲)을 알아야 한다. 다시 말해 중국의 문화를 모르고서는 중국을 이해하기 어렵다는 얘기다.

이 책은 전편인『베이징 특파원 중국 경제를 말하다』에 뒤이은 베이징 특파원 시리즈 두 번째 얘기다. 특파원들이 발로 써낸 책인 만큼 갈피갈피마다 요동치는 활어처럼 현장감이 넘친다. 마치 현지에서 중국을 직접 보는 것처럼 생생하다. 중국을 전혀 모르는 독자들도 술술 넘길 만큼 쉽다. 그렇다고 준비 없이 앉은 자리에서 독파할 정도로 가볍고 만만한 책도 아니다. 흙먼지 휘날리는 중국 대륙 곳곳에서 건져올린 특파원들의 오랜 경험이 농축된 만큼 객관적 설득력을 갖는 최신 중국의 52가지 문화코드와 묵직한 울림까지 담겨 있다.

중국은 땅이 넓고 없는 것이 없는 나라다. 십리를 가면 풍속이 다르고 백리를 가면 말이 다르다. 그래서 중국이나 중국인에 대해 말할 때 딱히 '이것이다 저것이다'라고 못 박아 말하기가 참 어렵다. 예컨대 중국인의 기질은 잔인하기도 하고 관용적이기도 하다. 뭐든지 세계 최고가 못되면 배 아파하면서도 그런 속내를 절대 밖으로 드러내는 것은 꺼린다. 또 성질이 느긋한 것 같아도 돈과 관련해서는 번개보다 빠르다. 한마디로 이율배반적이다. 이런 문화적 특징을 염두에 둬야 중국을 이해하는 데 헷갈리지 않는다.

아무쪼록 이 책이 중국으로 지평을 넓혀가려는 독자 여러분에게 작은 도움이라도 됐으면 하는 마음이다. 또 중앙정부나 지방정부의 중국 관련 공무원을 비롯한 기업 종사자들이 국제사회에서의 생존 공간을 확대하는 데에도 일조했으면 하는 마음을 숨길 수 없다.

전·현직 베이징 특파원을 대표하여 홍순도

차
례

추천사 004 ∣ 들어가기 전에 008

제1장 중국인의 기질

1. 양다리는 기본, 삼다리 십다리도 좋다 – 자오타량촨 019

2. 법치보다 관시가 우선되는 인치 – 되는 일도 없고 안 되는 일도 없는 중국 027

3. 법 위의 법, 관시 – 삶의 만능 열쇠 035

4. 모든 길은 관청으로 – 깨지지 않는 관 본위주의 045

5. 1인자보다 2인자가 좋아 – 킹메이커의 철학 052

6. 뼛속까지 잔인한 DNA – 한때는 공개 처형까지 059

7. 끈질긴, 너무나도 끈질긴 보복 문화 – 30년도 기다린다 065

8. 영웅 문화를 만드는 톨레랑스 기질 – 생활에 뿌리박힌 관용 문화 073

9. "남 잘 되는 것은 절대 못 봐" – 질투의 화신 079

10. 옆에 사람이 죽어가도 상관하지 않는 극단적 이기주의 – 불이익은 못 참아 085

11. 디테일에 약하다 – 대충 대충 문화 092

12. 같은 민족으로 보기 어려운 극심한 지방색 – 중국 분열론의 뿌리 099

제2장 중국 남녀

1. 측천무후도 경악 – 치솟는 여성 파워와 남성의 여성화 109

2. 그래도 아들이 좋아 – 뿌리 깊은 남아 선호 사상 116

3. 성은 당연히 즐기는 것 – 성 개방의 파도 123

4. 불륜공화국 – 남녀 불문 기절초풍할 불륜백태 130

5. 근절 불가의 영원한 사이클 – 불륜은 부패, 부패는 다시 불륜을 낳아 137

6. 혼전 동거와 이혼 열풍 – 더욱 빠른 속도로 늘어날 수밖에 없어 144

제3장 뒷골목 문화

1. 공자의 나라 맞나 – 도덕 불감증과 노출증 153

2. 돈이 하늘이다 – 배금주의 만연과 만만디의 실종 159

3. 진정한 표준어는 어디에 – 사투리 백화제방 166

4. 민족보다 동향인이 좋아 – 끼리끼리 문화 173

5. 동창은 나의 적 – 중국에는 동창문화가 없다 179

6. 어린 황제들의 전성시대 – 한 자녀 낳기의 부작용 185

7. 우리도 기러기 공화국 – 해외 진출 신드롬 지금은…… 193

8. 열등감에 기인한 외국 국적은 특권층 액세서리 – 실종된 노블레스 오블리주 199

9. 술 권하는 사회 – 음주의 생활화 205

10. 의식주가 아니라 식의주 – 과도한 식도락 문화 212

제4장 암묵적인, 너무나 암묵적인 첸구이쩌 문화

1. 연예계의 첸구이쩌 – 뿌리 깊은 성 상납 관행 227

2. 문화·학술계의 첸구이쩌 – 대필과 성상납, 조작, 사기 그리고 침묵 235

3. 재계의 첸구이쩌 – 탈세 로비, 비자금 241

4. 정·관계의 첸구이쩌 – 태자당과 샤오진쿠 247

제5장 전통문화와 대중문화 그리고 청년문화

1. 이름으로 보는 문화 – 모든 이름에는 이유가 있다 255

2. 숫자의 비밀 – 좋은 숫자는 바로 돈과 운 261

3. 색깔로 보는 국민성 – 극단으로 갈리는 황색, 붉은색과 흰색, 검은색 267

4. 중국 문학의 침체 – 과거의 영화는 요원 274

5. 위기의 경극 – 젊은이들의 외면과 정부의 경극 활성화 도모 281

6. 색골(色骨)은 유한하나 차골(茶骨)은 영원하다 – 기로에 선 차의 왕국 287

7. 전국을 휩쓰는 영어 열풍 – 토플은 선택 아닌 필수 294

8. 당국이 아무리 막아도 우리는 소통한다 – SNS 열기 300

9. 중국인들의 독서시간은 점점 늘어난다 - 중국의 독서문화와 책사랑 정책 307

10. 문화 주류는 신세대 - 바링허우, 주링허우 현상, 90년대생이 몰려온다 314

제6장 사치스런, 한없이 사치스런 졸부 문화

1. 사치에는 브레이크가 없다 - 한국인에게는 넘사벽인 졸부들의 24시 323

2. 진시황도 부럽지 않다 - 원정 엽색 행각 329

3. 중국이 비좁다 - 오성홍기 휘날리며 해외 부동산 투자 336

4. 그들만의 리그 - 제왕학 특강까지 듣는다 342

제7장 한류와 항(抗)한류, 혐(嫌)한류

1. 한국 드라마로 본 한류의 어제와 오늘 - 천국에서 지옥으로 351

2. 한류 현상의 오늘 - 한류 스타일 따라하기가 대세 359

3. 장래는 비관도 낙관도 금물 - 한국이 하기 나름 365

4. 한류만큼이나 뚜렷한 항, 혐한류 - 의연하게 대처해야 372

5. 한류는 있으나 한국학은 없다 - 빈약한 한국학 수준 378

6. 한류의 진화 - 중국인의 생활이 되다 384

편집후기 391

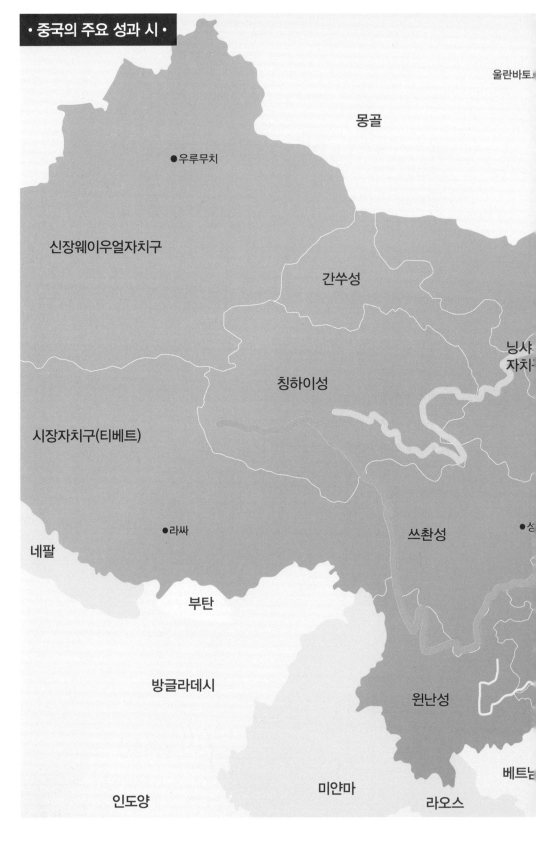

• 중국의 주요 성과 시 •

베이징 특파원 13인이 발로 쓴
최신 중국 문화코드 52

• 제1장 •

중국인의 기질

중국의 식탁은 왜 원탁일까?

중국인들은 아무리 좋아하는 음식이 있어도 멀리 있는 음식을 젓가락으로 집는 것은 예의에 어긋난다고 생각한다. 그래서 빙빙 돌아가는 원탁에 한 가지 요리를 한 접시에 모두 담아 판을 돌려가며 같이 먹는다. 음식을 덜어 먹을 때는 꼭 공용 스푼이나, 공용 젓가락을 사용해서 먼저 자기 접시에 가져다 먹는다. 중국 음식문화에서 단결, 화합의 단체의식을 나타내는 것이 바로 이 젓가락이다. 그래서 공용 젓가락으로 음식을 집으면 바로 한 식구라는 것을 의미한다.

중국 사람들은 이처럼 함께 밥 먹는 것을 중요하게 여기므로 중국인과 관시를 맺으려 하거나 혈연 하나 없는 사람을 자기 사람이나 친구로 만들려면 반드시 그들과 함께 식사를 하는 것이 좋다. 주의할 것은 식탁에서 약속한 것은 반드시 지켜야 한다는 것이다. 그렇지 않으면 식언(食言)이 되어 큰 결례가 된다.

양다리는 기본, 삼다리 사다리도 좋다
- 자오타량촨

중국인들과 처음 의사소통을 하다 보면 참 좋은 감정을 느끼게 된다. 무슨 부탁을 해도 도무지 '노!'라는 말을 들을 수 없다. 마치 '노!'라는 단어가 사전에 없는 것처럼 말하고 행동하는 그들을 보면 "아, 참 좋은 성격을 가진 사람들이구나."라고 생각하게 된다. 그러나 그것이 어떤 기회도 놓치지 않으려는 중국인들의 욕심 많은 기회주의적 속성과 관련이 있다는 사실을 알면 얘기는 확 달라진다.

쉽게 말해 중국인들은 양다리 걸치기에 능하다는 얘기다. 중국어로 말하면 자오타량촨(脚踏兩船)이다. 다리를 각각 하나씩 양쪽의 뱃전에 걸치고 있다는 뜻이 된다. 극단적으로 말해 무슨 먹을거리만 있으면 일단 숟가락부터 얹어놓고 본다는 뜻이다.

중국인들의 양다리 걸치기 기질이 거의 습성이라는 사실은 별로 어렵지 않게 증명된다. 한국이 중국과 전격적으로 수교를 맺은 1992년 이후 각 분야에 걸친 양국의 교류는 그야말로 봇물이 터졌다. 특히 언론은 중국의 유력 언론과 제휴 관계를 맺는 것이 대유행이었다. 당시 베이징 주재 신문사 특파원의 주요 임무 중 하나가 어떻게 하면 중국 최고 유력지인 『런민르바오(人民日報)』와 끈끈한 제휴 관계를 맺느냐 하는 것이었다. 당연히 물밑에서 치열한 로비가 전개됐다.

얼마 후 D일보 특파원이 시쳇말로 크게 한 건을 했다. 『런민르바오』와 제휴 관계를 맺는다는 내용의 합의를 이끌어낸 것이다. D일보 특파원 L씨는 득의양양한 목소리로 본사 간부에게 전화를 걸었다.

"어휴, 정말 힘들었습니다. 아직까지도 중국의 언론이 상당히 폐쇄적인 것 같네요. 우리와 제휴 관계를 맺는 것을 상당히 망설이더군요. 설득하느라 고생한 탓에 체중도 많이 빠졌습니다. 관계를 돈독히 하느라고 경비도 적지 않게 썼고요."

D일보와 제휴한 런민르바오, 곧바로 B일보와도 계약

L특파원의 말은 사실 틀린 말은 아니었다. 그가 어떻게 해서든 『런민르바오』와의 제휴를 이끌어내겠다는 의지를 기회가 있을 때마다 주변 동료들에게 밝혀왔기 때문이다. 이렇게 해서 D일보 사장을 비롯한 고위 간부들은 정식으로 제휴 관계를 맺기 위해 즐거운 마음으로 베이징으로 향했다. 『런민르바오』측의 대접은 융숭했다. D일보 간부들과 중국 측 당·정 고위층의 상견례도 이뤄졌다. 기분이 좋아진 D일보의 사장은 L특파원에게 두둑한 보너스까지 주면서 격려를 아끼지 않았다. L특파원은 자신의 앞날이 탄탄해질 것이라는 생각이 들어 흐뭇하기 이를 데 없었다. 그가 본사 간부들이 돌아간 후 동료 특파원들에게 한턱을 톡톡히 낸 것은 두말하면 잔소리였다.

2~3일 후 D일보 1면에 『런민르바오』와 본사가 독점적인 제휴 관계를 맺었다는 내용의 알림이 실렸다. 독자들은 당연히 "아, 역시 이 신문이 한국을 대표하는 신문이구나. 이렇게 발 빠르게 중국 최고 신문과 제휴 관계를 맺다니."라고 생각했다. 그러나 문제는 며칠 후 터졌다. 이번에는 B일보가 『런민르바오』와 제휴 관계를 맺었다는 알림이 역시 1면에 크게 실렸다. 독자들은 혼란스러웠다. 그러나 이들의 혼란은 이 알림 기사를 접하고 부글부글 끓고 있던 B일보 경영진의 당혹감과는 비교가 안 되는 것이었다. 바로 L특파원에게 "즉각 경위를 알아서 보고해!"라는 질책성 명령이 떨어졌다. L특파원은 즉각 『런민르바오』의 카운터파트를 만나 항의했다.

"아니 어떻게 그럴 수가 있습니까?"

"뭐가요?"

카운터파트는 영문을 모르겠다는 표정을 지으면서 되물었다. 며칠 전만 해도 입이 귀에 걸렸던 사람이 갑자기 왜 이러나 하는 표정을 짓고 있었다.

"아니 우리하고 제휴 관계를 맺어놓고 어떻게 다른 신문사와 그럴 수 있는 겁니까?"

"그게 무슨 말입니까? 우리는 별 문제가 없다고 보는데요."

"우리하고 제휴 관계를 맺었으면 다른 곳과는 맺지 말아야죠. 윤리적인 문제가 아닙니까? 누구 뒤통수를 치는 겁니까, 지금?"

"우리는 귀사와 독점적으로 제휴 관계를 맺는다고 하지 않았습니다. 우리는 누구에게나 열려 있습니다. 우리 신문을 원하는 언론사는 비슷한 수준만 되면 우리와 제휴 관계를 맺을 수 있습니다."

"뭐요! 한국에서는 일단 제휴 관계를 독점적인 것으로 생각합니다."

"그럼 처음부터 독점이라는 말을 했어야죠. 우리는 그렇게 생각지 않았습니다."

"……"

"좋습니다. 서로 문화가 달라 생긴 해프닝 같은데 저희들이 사과하는 의미에서 베이징 공산당 기관지인 『광밍르바오(光明日報)』와 제휴 관계를 맺을 수 있도록 도와드리겠습니다."

중국인은 기회만 된다면 양다리 걸쳐

L특파원은 이후 중국인들의 행태를 면밀하게 분석하기 시작했다. 결론은 별로 어렵지 않게 나왔다. 한국인들과 달리 중국인들은 양다리 걸치기를 생활화하고 있다는 사실을 간파한 것이다. 그제서야 그는 왜 독점 제휴 관계를 체결하자는 말을 하지 않는지 한탄했으나 접시는 이미 깨진 뒤였다.

필자도 출판과 관련해 정말 황당한 일을 두 번이나 당했다. 기자는 한국에서 출판돼 상당히 많이 팔린 경영학 관련 책인 『화폐전쟁』 속편의 번역을 맡아 탈고한 적이 있다. 아, 그런데 출판사에서 다급하게 연락이 왔다.

"아이고, 문제가 생겼네요. 중국 저자가 쓴 이 책이 한국의 다른 출판사와도 계약이 돼 있다는 겁니다. 우리 출판사에서 나온 책이 베스트셀러가 되니까 다른 출판사가 저자에게 직접 연락을 해서 계약을 맺었다고 하네요. 우리가 계약한 출판사는 판권이 자신들에게 있다면서 걱정하지 말라고 하는데 정말 기가 막힙니다."

필자는 출판사 관계자의 말을 듣고 바로 상황을 파악할 수 있었다. 중국의 그 출판사가 양다리를 걸쳐 판권료를 많이 주는 쪽으로 말을 갈아

중국인들의 양다리 걸치기는 생활이다. 양다리가 아니라 삼다리 사다리도 허다하다

탈 가능성이 높다는 사실을. 그렇지 않다면 양국의 출판사 사이에서 지금도 적지 않게 벌어지는 이중 계약 현상을 어떻게 설명할 것인가?

이런 중국인들의 양다리 걸치기는 남녀관계에서도 나타난다. 연애를 하는 청춘 남녀들을 보면 딱 한 명의 파트너만 있는 게 아니라 평균적으로 몇 명씩 사귀면서 저울질을 한다. 한마디로 말해 양손에 떡을 쥔 것도 모자라 그 상태에서 양 팔로 가슴에 몇 개의 떡을 더 보듬는 게 중국인들의 전형적 행태인 것이다. 이 정도가 되면 양다리가 아니라 삼다리, 사다리라는 말도 나온다. 얼마 전 국제적으로 공인된 런민(人民)대학 사회학연구소가 '중국인 성혁명 백서'를 통해 섹스 파트너를 세계에서 가장 많이 두는 국민이 중국인이라고 발표한 것은 중국인의 이런 양다리 걸치기 문화에 비춰보면 충분히 이해할 수 있다.

이 점에서는 중국인들의 정신적 지도자들도 예외가 아니었다. 대표적으로 쑨원(孫文)을 들 수 있다. 1911년 신해(辛亥)혁명이 성공하기 직전에는 친구 쑹루야오(宋如耀)의 큰딸인 아이링(靄齡)을 비서 겸 애인으로 데리고 있었으나 정작 결혼은 그녀의 동생인 칭링(慶齡)과 했다. 아이링이 자신과 산시(山西)성 출신의 금융재벌 쿵샹시(孔祥熙) 사이에서 양다리 걸치기식 줄타기를 하자 실망해 자신도 양다리를 걸치고 있던 다른 배에 옮겨 탄 것이다.

쑨원의 충실한 후계자를 자처한 장제스(蔣介石)나 마오쩌둥(毛澤東)도 다르지 않았다. 특히 장은 본부인이 있었음에도 불구하고 아이링과 칭링의 동생인 메이링(美齡)과 결혼까지 하는 파격적인 행보를 보였다. 국가적 지도자의 명성이 최고로 높았던 마오 역시 거론할 필요조차 없다. 장칭(江淸) 등의 부인이 있는 상태에서 장위펑(張玉鳳) 등 여비서들을 거의 모조리 섹스 파트너로 삼고는 했다. 대만이나 홍콩의 마오 관련 책들은 대부분 이런 사실을 강력히 주장하는데 중국 정부는 굳이 부인도 하지 않고 있다.

중국 정부가 추진하는 외교에는 아예 이런 행태가 전략으로 완전히 굳어져 있다. 구동존이(求同存異·가능하면 같은 생각을 이끌어내 타협하지만 어쩔 수 없으면 다른 생각도 인정한다는 의미) 라는 말을 보면 잘 알 수 있다. 말은 그럴듯하나 사실 이것은 양다리 외교, 다른 말로 등거리 외교를 의미한다. 비핵화 논의가 한참 진행 중인 지금 남북한을 상대로 하는 외교 전략을 보면 분명히 알 수 있다. 한국에는 대만과 단교할 것을 요구했으면서도 정작 자신들은 남북한과 공히 밀접한 외교관계를 맺고 있다. 인민해방군의 한국전쟁 참전과 관련한 중국의 공식 입장 역시 이런 태도로 보면 별로 이상한 일이 아니다.

2010년 10월 당시 시진핑(習近平) 부주석은 한국전쟁 참전을 '평화를 지키고 침략에 맞서기 위한 정의로운 전쟁'이라고 규정했다. 한국 정부가 반발하자 곧바로 '한국 전쟁은 남침'이라는 입장을 서둘러 발표한 것이다. 이 또한 중국인 특유의 양다리 걸치기로 봐야 한다.

기질이 이러니 중국인들이 직업을 가질 때도 양다리를 걸치는 것은 이상한 일이 아니다. 실제로 너 나 할 것 없이 경제적 풍요를 누리기 위해 거리낌 없이 자행하는 겸직 현상이 전국적으로 만연하고 있다. 이를테면 버젓한 대학병원의 교수가 밤에는 패스트푸드점 사장 노릇을 하고 낮에는 멀쩡한 바이링(白領), 즉 그럴듯한 화이트칼라 직종에 종사하는 골드미스가 밤에는 풍속업소 마담으로 활약하는 경우도 제법 있다. 현지에서 인사를 나눌 때 명함에 빼곡하게 자신이 관여하는 단체나 직장을 적어 넣는 중국인들이 적잖은 것은 이런 현실을 고려하면 일반적인 모습이라고 할 수 있다.

사업 계약서 체결 때는 이중계약 여부 확인해야

사업을 할 때는 양다리 걸치기가 아예 필수적이라고 해야 한다. 중국 상인들은 필요한 제품을 살 경우 너나 할 것 없이 훠비싼자(貨比三家·세 곳에서 물건을 받아 값을 비교한다는 의미)를 한다. 그렇지 않으면 아예 바보 취급을 당한다. 심한 경우는 훠비스자(貨比十家·열 군데에서 물건을 받아 값을 비교한다는 의미)까지 마다하지 않는 장사꾼도 많다. 때문에 중국인들과 거래를 하거나 계약을 맺을 때는 이런 부분을 눈여겨봐야 한다.

기가 막힌 경우도 있다. 최근 한국의 B모 중견 건설회사는 베이징 차오양(朝陽)구에 대형 빌딩 한 채를 구입하는 가계약을 체결했다. 중국 시장에 본격적으로 진출하기 위해서는 꽤 큰 규모의 사무실도 있어야 하고 임대 사업에도 눈을 돌릴 필요가 있다고 봤기 때문이다. 다행히 빌딩 가격은 주변 시세보다 비싸지 않았다. B사의 베이징 주재 실무 담당자인 임 모 부장은 본사 임원들로부터 적잖은 칭찬을 들었다. 얼마 후에는 사장까지 베이징으로 날아와 그를 격려했다. 그러나 웬걸, 본계약을 체결하려고 했을 때 빌딩을 팔겠다고 한 회사는 엉뚱한 소리를 했다. 정부 방침에 따라 외국 업체에는 매각하지 못하게 됐다고 변명했다. 미국의 한 대기업이 웃돈을 준다고 하자 아예 방향을 틀어버린 것이다. 더 기가 막히는 것은 해당 빌딩을 가계약한 업체가 B사 말고도 몇 곳 더 있었다는 사실이다.

바야흐로 세계는 실리적인 외교관계가 대세인 시대다. 따라서 중국의 양다리 걸치기 문화나 구동존이 전략을 마냥 비난만 해서는 안 된다. 더 적극적으로 말하면 아직 주변 4강과의 관계에서 거의 을의 입장에 있는 한국은 이를 벤치마킹해도 괜찮다. 포커페이스에 관한 한 평균적으로 세계적인 수준에 한참 뒤떨어진 한국인의 기질로 볼 때 이런 처세가 체질적으로 안 맞을지도 모른다. 그러나 중국인들도 이런 양다리 걸치기를 기질과 문화로 정착시키기 위해 부단히 노력했다는 사실을 상기하면 전혀 불가능한 일은 아니다. 또 그렇게 해야만 중국과 중국인들의 양다리 전략에 적절하게 대응하는 노하우를 몸에 익힐 수 있을 것이다.

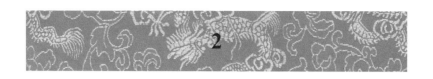

법치보다 관시가 우선되는 인치
- 되는 일도 없고 안 되는 일도 없는 중국

현대 사회는 인간관계로 모든 것이 좌지우지되는 인치(人治)보다는 법치(法治)가 우선해야 한다. 그래야 한국에서 화두가 되고 있는 이른바 공정사회와 중국의 허셰(和諧·조화 또는 상생)사회가 구현된다. 그렇지 않으면 승자 독식, 즉 힘 있는 자가 모든 것을 독차지하는 약육강식의 살벌한 사회가 되고 만다. 그것은 외관상으로는 그럴듯해도 질적으로는 80대20이 아니라 99대1이 현실이 되는 야만의 세상이다. 한국의 88만원 세대나 중국의 닝눙쯔(零工資·대학을 졸업하고 취업을 해도 월급이 없는 형태를 의미) 세대는 결코 그냥 생긴 게 아니다. 그러나 아쉽게도 중국은 아직 법치보다는 인치가 우선하는 나라다. 사회 모든 부문에서 민초들의 인권보다는 지배층의 이익이 우선이다.

인치의 폐해는 인권 침해는 차치하고 멀쩡한 사람을 완전히 인간쓰레기로 전락시켜 나름 국가적인 인재들을 매장하는 최고 지도부 내부의 파워 게임에서도 여지없이 드러난다. 2012년 초 전격 체포돼 2013년 9월에 무기징역을 선고받은 보시라이(薄熙來) 전 충칭(重慶)시 서기 사건만 봐도 알 수 있다. 그에 대한 혐의는 뇌물수수와 공금횡령 그리고 직권 남용이었다. 그가 수수한 뇌물 규모는 2600만 위안(元·44억 2000만 원) 정도였다. 1949년 신중국 건국 이후 정치국 상무위원 출신으로는 처음 낙마한 백계왕(百鷄王·100명의 내연녀를 둔 왕이라는 의미의 별명) 저우융캉(周永康)도 크게 다를 바 없다. 고작(?) 1억2977만 위안(220억 원)의 뇌물만 챙겼으나 무기징역의 중형을 선고받았다.

이들의 뇌물 액수는 보통의 부장(장관)급 비리 인사들이 챙기는 최소 수억 위안(수백억 원)에 비하면 한참 적다고 볼 수 있다. 특히 보 서기는 더욱 그렇다. 이 사실로 미뤄볼 때 그가 낙마한 것은 지나치게 좌파적인 행보를 보인 것이 원인이라는 분석도 있다. 한마디로 미운 털이 박힌 것이다. 한국식으로 하면 털어서 먼지 나는 괘씸죄에 걸렸다고 해도 된다. 이 점에서 보면 2018년 7월 낙마한 후 무기징역을 선고받은 한때의 최고 지도자 후보 1순위 쑨정차이(孫政才) 전 충칭 서기도 다소 억울하지 않을까 싶다. 털어서 먼지는 났으나 완전 죽을죄를 지었다고 보기는 어려운 탓이다.

중국 사회가 전반적으로 법치와 다소 거리가 있다는 사실은 법이 집행되는 현장인 법정에서도 드러난다. 일반적으로 사람의 목숨까지 좌지우지할 법정의 판검사는 일정한 시험을 통과한 법률 지식이 풍부한 전문가여야 한다. 하지만 중국은 불과 얼마 전까지만 해도 법원과 검찰 내부의 우수한 직원들 중 일부에게 시험을 치르게 해 판검사로 임용하는 것이 관례였다. 시험도 그다지 어렵지 않았다. 10명이 응시하면 5~6명이 어렵지 않게 통과하는 시험이었다. 특히 검사는 훨씬 더

쉬웠다. 한때는 인민해방군 내의 장교 출신 중 자질이 우수한 이들이 특채되는 기가 막힌 일도 있었다. 지금은 이 관례가 많이 사라졌으나 지방에서는 여전히 횡행하고 있다.

재판에서도 법치보다 인치가 우선

재판이 2심으로 끝나는 사실도 나름대로 사회주의 체제 아래에서는 용인될 수 있겠으나 황당하기 그지없다. 잘못된 증거나 무리한 법리 해석으로 억울한 옥살이를 하는 이들에게 보장해줘야 할 재심(再審)은 기적이 일어나기 전에는 불가능하다. 필자도 잘 아는 한국인 사업가 이운학(李雲鶴) 씨의 안타까운 비명횡사는 대표적 사례로 꼽힌다.

한국에서 명문 K대 경영학과를 졸업한 50대 초반 이 씨는 부동산 전문가로 베이징에서 비교적 잘 나갔다. 한때는 한국 굴지 대기업 중국 본사에 부동산 관련 컨설팅을 해주는 조건으로 자문료 명목으로 1년에 3억 원씩을 받기도 했다. 그러나 욕심이 과했는지 10여 년 전 지린(吉林)성 일대 중국인 및 조선족 노동자들을 한국으로 송출하는 문제에 깊이 관여하게 됐다. 이 과정에서 송출 사업은 중간 브로커들의 장난으로 완전히 사기사건으로 변질돼 버렸다. 중간에서 별로 챙긴 것도 없는 그는 꼼짝 없이 파렴치한 사기꾼으로 지린성 공안 당국에 전격 체포됐다. 재판도 중국 특유의 사회주의 행태 그대로 일사천리로 진행됐다. 결과는 징역 10년이었다. 하지만 그는 재심과 관련한 말조차 입 밖에 꺼내지 못했다. 국가에서도 멸시하는 파렴치범이었으니 한국 공관도 거의 움직이지 않았다. 사건이 일어나기 전만 해도 그럭저럭 상류층 생활을 즐긴 그로서는 절망하지 않을 수 없었다. 그가 수감된 후 시름시름 앓기 시작한 것은 어떻게 보면 당연한 일이었다. 급기야 그는 2010년 초 옥중에서 급작스레 사망하고 말았다. 그의 사인은 평소 앓던 고혈압 등 지병인 것으로 결론이 내려졌다. 만약 중국이 법치 국가였다면 당하지 않아도 됐을 비극이었다.

2014년 말 추방돼 아직까지 중국 땅을 밟지 못하는 대북 사업가 K씨의 횡액도 비슷한 케이스에 해당한다. 분명히 법적으로는 무죄 판결을 받았으나 중국 당국은 그의 중국 입국을 지난 2019년 말까지 불허했다. 국제관례 상 입국 금지 유효 기간이 5년이라는 사실을 감안하면 K씨의 입장에서는 어이가 없는 일이었다. 당연히 이유는 없다. 있어도 알려줄 가능성은 0%에 가깝다. 이에 대한 그의 불만을 들어보는 것도 괜찮지 않을까 싶다.

"세월호 비극이 터지던 2014년 바로 그날 나는 베이징의 서우두(首都)공항에 내렸다 바로 공안에 체포됐다. 처음에는 영문을 몰랐다. 나중에 알고 보니 베이징에서 대북 사업을 하지 못하게 하려고 말도 안 되는 죄목으로 나를 엮은 것이었다. 말하자면 별건 체포였다. 당연히 나는 분명한 죄가 없었다. 그래서 재판도 받지 않고 수감 7개월 만인 연말에 무죄 석방됐다. 당시 중국 당국은 나에게 무죄증명서도 발급해줬다. 그런데도 이후에 입국을 금지시켰다. 법대로 하면 절대 이렇게는 못한다. 하루빨리 중국이 법치 국가가 돼 나에게 들씌워진 입국 금지자라는 주홍글씨가 지워지기를 바란다."

현실이 이러니 일반인의 법에 대한 인식이 높을 수 없다. 한번 결정된 법은 추상같이 지켜져야 할 텐데 실제로는 잘 지켜지지 않는다. 예컨대 민사재판에서 손해배상 판결을 받고도 패소한 측에서 배 째라는 식으로 버티는 경우가 많다. 문화대혁명 세대인 60대 초반의 문화평론가인 런민(人民)대학 마샹우(馬相武) 교수는 다음과 같은 말로 법질서

명절 때 빨간봉투에 돈을 담아 주는 훙바오 문화가 온라인 상에서 적립금 등을 주는 문화 코드로 발전하고 있다

에 대한 중국인의 평균적인 관념을 일깨운다.

"솔직히 우리 세대는 30여 년 전만 해도 법이라는 것을 잘 몰랐다. 그저 당의 헌법인 당장(黨章)만을 유일한 법으로 알았다. 그러다가 10여 년 전에 한국 같은 나라에서 실시하는 사법시험과 미국의 로스쿨 제도에 대해 들었다. 그때 깜짝 놀란 적이 있는데 아직 나 같은 사람들이 중국에는 상당수 있다고 생각한다."

이처럼 중국이 경제는 쾌속 발전하면서도 법치에서는 크게 뒤떨어지는 모습을 보이는 것은 무엇보다 5000여 년 동안이나 이어진 봉건 왕조 시대의 전통과 밀접한 관련이 있다. 프랑스의 절대 군주 루이 14세가 "짐이 곧 국가이고 법이다."라고 했듯 중국도 오만한 황권만이 존재했을 뿐이었던 것이다. 여기에다 주로 원로들의 말이 금과옥조로 받아들여지는 공산당의 전통적인 통치 방법도 큰 영향을 미쳤다. 지금도 당정(黨政) 최고 지도자들은 마오쩌둥이나 덩샤오핑(鄧小平), 장쩌민(江澤民) 전 총서기 겸 주석 등의 어록을 종종 인용함으로써 인치를 정당화한다.

법으로 해결하기보다 힘 있는 사람 찾아 해결

법치보다 인치가 우선하는 데는 중국인들의 기질 속에 관시가 일반화돼 있다는 사실도 중요 원인으로 꼽힌다. 무슨 일이 터지면 법으로 해결하기보다는 문제와 관련된 힘 있는 사람을 찾아 해결하려는 습성이 여전하기에 법치의 중요성이 부각되지 않고 있는 것이다.

한때 중국과 미국을 떠들썩하게 만든 스캔들을 들어봐야 할 것 같다. 이 케이스의 주역은 아이러니하게도 법치의 상징으로 여겨지는 미국의 글로벌 투자은행인 JP모건이다.

『뉴욕타임스』를 비롯한 미국 유력 언론의 수년 전 보도에 따르면 JP 모건은 중국이 G2로 부상하자 2007년경부터 본격적인 현지 진출 카드를 만지작거리고 있었다. 당연히 이 프로젝트를 추진하던 중국계 임원 탕(唐) 모씨는 사업의 성공을 위해 인맥을 찾기 시작했다. 그러다가 공산당 고위층 자녀들과 끈끈한 관계를 구축하는 실적을 올렸다. 미끼는 많은 연봉을 보장하는 불법 특혜 채용이었다. 이렇게 해서 JP모건은 국영철도업체인 중톄(中鐵)의 기업공개(IPO) 자문사로 선정될 수 있었다. 국영 광다(光大)은행의 자문사로 선정된 것은 두 말할 필요조차 없었다.

JP모건은 이런 특혜 채용 비리를 오랫동안 관행적으로 자행해 왔다. 그러나 세상에 영원한 비밀은 없는 법이다. 2013년 『뉴욕타임스』에 의해 비밀이 파헤쳐지면서 세상에 널리 알려지게 됐다. 미국 증권거래위원회(SEC)는 그 이전에 이미 조사에 착수하기도 했다. 최종적으로 JP모건은 벌금 2억 달러를 무는 처벌을 받았다. 반면 중국에서는 아무런 조치도 나오지 않았다. 중국과 미국의 법치에 대한 인식이 어느 정도 차이가 나는지를 말해주는 대표적 사례다. 이에 대해서는 "중국도 인맥을 동원해 안 될 일을 성사시키는 것을 좋게 보지는 않는다. 법으로 걸면 걸리기도 한다. 하지만 사회 전반적으로 이에 대한 불감증이 파다하다는 데에 문제가 있다. 더구나 대부분의 사람들이 이런 인맥을 통한 일처리를 능력으로 본다. 이게 중국과 미국의 분명한 차이가 아닌가 싶다."라고 안타까워하는 베이징의 변호사 반레이(班磊) 씨의 설명을 들으면 이해가 될 것 같다.

하지만 최근 들어서는 법치주의 국가로 가고자 하는 중국 당정의 의지도 상당히 강하다. 한국의 국회에 해당하는 전국인민대표대회(全人

大)는 정부의 각급 권력 기관에 대한 전인대의 감독 권한을 규정한 법률을 만들고 기업파산법, 물권법 등 그동안 개념조차 모호했던 법률들을 적극적으로 제정하고 있다.

2002년 말부터 시작된 통합 사법시험도 법치에 대한 열망을 보여주는 사례다. 중국도 금세기 들어서부터는 서방 세계처럼 판사, 검사, 변호사 등을 법률 전공자들 중에서 선발하기 시작한 것이다.

그럼에도 불구하고 중국이 궁극적으로 지향하는 법치주의는 아직 갈 길이 멀다. 무엇보다 최고지도자의 의중이 가지는 영향력이 여전히 막강하다. 더구나 이는 사회주의 국가라는 특수성과 1억 명 가까운 당원을 보유한 공산당 일당 체제의 완전한 개혁이 이뤄지지 않는 한 개선될 가능성이 높지 않다. 결론적으로 공산당이 아니라 법이 최고의 권위를 가지는 법률 지상의 정치 개혁이 추진돼야 한다는 말이다.

법 위의 법, 관시
– 삶의 만능 열쇠

중국을 법치보다는 인치 사회로 만드는데 큰 일조를 하고 있는 관시는 옥스퍼드 사전에도 올라갈 정도로 유명하다. '사업이나 기타 거래를 용이하게 하는 사회적 네트워크나 영향력 있는 관계'로 정의돼 있다. 군이 비교하면 한국인들의 '인맥'이나 서양인들의 네트워킹(Networking)과도 유사한 개념이라고 할 수 있다. 더 쉽게 말하면 '우리가 남이가!'라는 말보다 더 끈끈한 결속력을 의미하는 개념으로 보면 된다. 그러므로 관시는 인치를 가능하게 하는 엄청나게 효과적인 만능열쇠이자 유대인만큼이나 이재에 일가견을 가진 중국인들의 비즈니스에도 결정적인 역할을 한다.

하지만 "나 그 사람하고 관시가 있어.", "관시가 없어 정말 머리가 돌겠군." 등의 말을 하면서도 정작 "관시가 뭐냐?"고 물으면 명확하게 대답하는 사람을 찾기가 힘들다. 기자가 최근 중국에 근무하는 여러 기업들의 주재원들에게 "관시의 정의를 내려 보라."는 질문을 던졌더니 가장 많은 대답이 역시 커넥션이나 인맥, 연줄 등이었다. 아마도 정답에 가장 근접한 말일 것이다.

사실 비즈니스 세계에서 관시가 중요하지 않은 나라는 없다. 미국 같은 세계 최고 법치 국가에서 장사를 해도 그렇다. 일본에서는 말할 것도 없다. 관련 분야에서 꽤 알려진 사람을 소개받은 다음 그 사람을 통해 다른 실력자를 만나거나 인맥을 넓혀나가는 것이 일반적인 비즈니스 형태인 것이다. 그런데도 왜 유독 중국에서만 관시가 강조되는 것일까? 특별한 이유가 있다.

국내 굴지 대그룹 관시 소홀히 하다 큰 손해

이른바 'U-City'라는 게 있다. 유비쿼터스 도시를 뜻한다. 중국어로는 어디에서나 네트워크에 접속 가능하다는 의미에서 '우부짜이 더청스(無不在的城市)'라고 한다. 수 년 전 베이징에도 이 'U-City'사업이 대대적으로 추진된 적이 있었다. 무려 10억 달러나 투자되는 프로젝트였다. 이 사업을 수주한 회사는 다름 아닌 한국 기업이었다. 주인공은 이름만 대면 초등학생도 아는 국내 굴지 대그룹 SK였다.

그러나 어찌된 일인지 SK의 이 프로젝트는 결과적으로 무산됐다.

"한국 정보기술의 수준과 위상을 보여주겠다."며 큰소리 뻥뻥 치던 사업이 고속도로의 안개처럼 유야무야된 것이다. 배경을 찾아보면 역시 관시라는 놈이 나타난다.

서울 면적의 18배나 되는 베이징의 시 정부에는 부시장이 무려 9명이나 있다. 이 중 한 명이 바로 이 U-City 프로젝트를 전담하고 있었다. 당연히 SK는 이 부시장을 밀착 상대해야 했다. 그런데 이 부시장이

영 삐딱했다. 겉으로는 도와주겠다고 마치 자동으로 CD 돌아가듯 말했으나 속으로는 뭔가 불만이 가득 한 듯했다. 급기야 그가 미지근한 반응을 보이면서 사업은 어긋나기 시작했다.

"도대체 저 인간이 왜 저러지?"

회사 안팎에서는 사업이 잘 추진되지 않는 이유를 놓고 여러 가지 말들이 돌기 시작했다. 그런데 정작 회사에서 오래 근무했던 비즈니스맨들은 그 까닭을 너무나 분명하게 알고 있었다. 다만 입 밖에 내기를 꺼렸을 뿐이다. 원인은 해당 부시장과 SK 간의 악연에 있었다.

악연은 꽤 오래 전으로 거슬러 올라간다. 당시 SK텔레콤은 중국에서 정보통신 분야를 담당하는 부처인 정보산업부와 모종의 통신 관련 프로젝트를 진행하고 있었다. 그러나 그해 말 갑작스럽게 아시아 금융위기(IMF)가 닥쳤다. 모두가 힘들었던 시기였던 만큼 SK텔레콤도 예외가 아니었다. 무엇보다 자금이 모자랐다. 중국에까지 신경을 쓸 여력이 없었다. SK텔레콤은 한창 진행 중이던 관련 사업을 내팽겨쳤다. 무턱대고 철수해버린 것이다.

중국 정보산업부 관계자들은 SK텔레콤에 크게 실망했다. 실무 책임자가 추궁을 당한 것은 불문가지다. 그런데 이때 SK텔레콤으로 인해 궁지에 몰렸던 실무 책임자가 다행히 그 후 복권이 되고 승승장구해 바로 문제의 베이징 부시장에까지 올랐다. 사업이 지지부진했던 데에는 이처럼 진짜 확실한 이유가 있었던 것이다. SK로서는 다소 억울할 수 있겠으나 어쨌든 관시를 소홀히 한 대가는 정말 혹독했다.

그렇다면 중국에서 관시가 이처럼 막강한 힘을 발휘하는 이유는 뭘까.

아직도 중국의 시골이나 벽촌에 가면 담벼락에 쓰인 이파즈리(依法治理·법에 따라 이치에 맞게 처리한다는 뜻) 라는 슬로건을 흔히 볼 수 있다.

신문에도 자주 나오는 단어이기도 하다. 이는 잘 작동되고 있어야 할 법치가 인치에 의해 힘을 못 쓰고 있다는 사실을 역설적으로 보여주는 것이다. 관시가 무엇보다도 절실하다는 것을 보여주는 말이라고 볼 수 있다.

확실한 믿음 보여줘야 관료들 움직여

관시를 설명하기 위해서는 중국의 독특한 체제를 거론하지 않을 수 없다. 사회주의 체제 아래의 중국인들은 가급적 앞에 나서지 않으려고 한다. 책임질 일을 하지 않으려 하는 것이다. 때문에 중요한 의사 결정은 가급적 남에게 미룬다. 국영 기업이나 행정기관에서는 이 경향이 훨씬 심하다. 관시는 바로 이런 관습을 깰 때 필요하다. 해당 관리나 기업의 간부들이 카운터 파트로부터 "내가 너에게 확실한 경제적 보상을 해 주마. 그러니 이 일은 내 뜻대로 되도록 해 다오."라는 말을 듣고 완벽한 공감대가 형성됐다고 판단될 때 흔쾌히 책임을 지는 것이다.

중국인 특유의 배타성도 관시가 성행하는 주요 배경이다. 중국의 지역적 배타성은 굉장히 심하다. 성(省)과 성이 경쟁하는 것은 물론 이웃 시(市)끼리도 라이벌 관계를 형성하기도 하고 개인 간에도 넘지 못할 선을 그어놓은 채 경계심을 품는다. 철조망처럼 튼튼한 이 경계심을 뚫는 힘이 바로 관시에 있다. 뚫기가 어려워 그렇지 한 번 뚫고 들어가기만 하면 언제 그랬느냐는 듯 이자런(一家人) 내지 네이자런(內家人)이 된다. 간단하게 말해 서로 '우리 사람'이 되는 것이다.

이때부터는 완전히 한 식구가 된다. 돈도 빌려주고 투자 클럽도 만든다. 행정 업무를 봐 주고 윗사람도 소개해 준다. 관시가 어떤 식으로 굴러가지는지를 사례를 통해 살펴보자. 필자와 막역한 사이인 이춘

베이징 특파원 중국 문화를 말하다

모 사장이 경험한 일이다. IT업계에 종사하는 이 사장은 어느 날 중국인 사업 파트너와 함께 광둥성 선전(深圳)의 한 전시회에 참석했다. 그런데 이 사장의 파트너는 선전에 도착하자마자 일은 뒷전인 채 선전의 지인과 어울려 밤새도록 술만 마셔댔다. 이어 다음날 오전까지 내내 곯아 떨어졌다가 겨우 점심 때 부스스 일어나 대충 점심을 해결하고 다시 어디론가 전화를 해 댔다. 다음 프로그램은 저녁 나절 친구들과 찻집에서 회합을 갖는 것이었다. 전날 같이 술 마시던 친구도 눈에 띄었고 새로운 얼굴도 보였다.

비즈니스는 바로 그 찻집에서 이뤄졌다. 친구들끼리 모여 "어느 사업에 얼마를 넣고 어떤 사업을 누구에게 맡긴다."는 등의 얘기를 마치 습관처럼 주고받았다. 그런 다음에는 다시 모두 술집으로 가서 퍼 마시는 시간이 기다리고 있었다. 이 사장의 파트너는 이렇게 3박 4일을 보냈다. 겉으로 보면 실컷 술만 마신 것 같지만 중요한 비즈니스는 모두 했다고 봐도 괜찮았다.

이 사장의 파트너와 친구들은 결코 하룻밤 술자리로 친해진 게 아니었다. 예전부터 최소한 5년 이상의 관시를 유지하고 있었던 사람들이었다. 그렇기 때문에 선전 전시회를 계기로 만나 정을 나누면서 비즈니스를 할 수 있었던 것이다.

성공하는 관시에는 돈이 개입돼

관시에는 반드시 주목해야 할 특징이 있다. 돈이 매개체가 되지 않는 관시는 없다. 바로 이런 점 때문에 관시는 우정을 말하는 영어의 프렌드십(Friendship)이나 개인적 관계(Personal Relationship) 등과 확연하게 구분된다. 국내 대기업 종합상사에 다니다가 지금은 독립해 사업을 하고 있는 권신중 씨의 얘기를 들어보자.

그는 종합상사에서 근무하던 시절 중국인 친구 한 명을 아주 친밀하게 사귀었다. 진짜 친하게 지냈다고 한다. 권 씨는 독립하기 전 거래 과정에서 친구가 어려움에 처했을 때 몇 번 적극적으로 도와줬다고 한다. 독립에 나선 권 씨의 사업은 쉽지 않았다. 종합상사에 재직할 때는 간이라도 빼줄 것 같던 수많은 사람들이 사업을 시작하자 외면했다. 말 그대로 시베리아가 따로 없었다. 급기야 자금이 부족해 개업한 지 1년이 채 안 돼 부도 위기에 봉착했다. 그때 중국인 친구를 만났다. 중국인 친구는 권 씨 얘기를 듣더니 "얼마가 필요한가?"라고 물었단다. 아무 조건도 없었다. 다만 "옛날에 나도 너에게 신세 몇 번 지지 않았느냐."라는 말이 그의 입에서 나왔을 뿐이었다. 권 씨는 중국인 친구가 준 적잖은 사업 자금으로 재기에 성공했다. 관시라는 것이 돈과 신뢰가 응집돼 만들어진 바윗돌이었던 것이다. 국내의 허다한 비즈니스맨들이 관시를 제대로 알지 못해 중국에서 실패한 이유가 여기에 있다. 관시는 돈이 결합하지 않으면 끈끈하게 유지되지 않는다.

이쯤 되면 중국 진출을 준비하는 사람들은 관시를 과연 어떻게 만들어야 할까 궁금할 것이다. 동서고금을 막론하고 인간관계를 유지하는 근본은 아주 간단하다. 성실과 정직, 상대에 대한 배려 등이다.

중국에 주재하는 많은 상사원들도 이런 마음가짐으로 중국인들을 대하고 있다. 그럼에도 불구하고 중국인과의 관시 쌓기는 쉽지 않다고 한다. 대기업에 다니다가 지금은 독립한 박진수 사장은 중국인 특유의 대인관계 성향에서 그 원인을 찾는다.

"중국인들은 대인관계에서 아주 보수적이고 소극적입니다. 겉으로는 술 한 잔에 십년지기가 된 것처럼 행동하지만 일이 마무리되면 그

국제 아동절을 맞아 베이징의 소년궁을 찾은 어린이들과 기념촬영을 하는 시진핑 국가주석 겸 총서기. 중국은 어릴 때부터 관시가 지배하는 사회다

것으로 끝입니다. 한두 번 만남으로는 *끈끈한* 인간관계를 맺기 어렵죠. 마음을 열지 않으니까요. 반면 우리는 처음 만난 사람이라도 술집에 가서 어깨동무하고 노래 한 번 같이 부르고 나면 간도 쓸개도 다 빼줄 관계로 발전합니다. 중국인과는 DNA가 완전히 다른 겁니다. 중국인과 술자리 몇 번 같이 했다고 관시 운운하면 큰 착각입니다."

답은 분명히 나왔다. 관시 쌓기의 핵심은 자주 만나는 것이다. 자주 만나서 양파 껍질 벗겨내듯 조금씩 들어가 보는 것이다. 그러면 어떻게 해야 지속적으로 만날 수 있을까라는 문제가 나온다. 이에 대해 모 중견 기업에서 일하는 주희준 중국 본부장은 "공통 비전을 갖고 있을 때 비로소 관시가 형성된다."고 말한다. 서로의 이익을 극대화할 수 있는 비전을 제시한 다음 상생 관계를 가져야 관시가 오랫동안 이어진다는 말이다.

10년 정도는 친분 쌓아야 관시가 효력 발휘

기자의 체험에 따르면, 중국인들과 관시를 돈독하게 쌓으려면 상대에게 무엇인가를 줘야 한다. 저 사람을 만나면 새로운 정보를 얻을 수 있다, 또는 돈 벌 기회를 잡는데 도움이 된다는 등의 인식을 심어줘야 한다. 실제로 대부분의 관시는 돈이 개입돼 형성된다. 그래야 만나도 할 얘기가 많고 그 과정에서 인간적 신뢰가 쌓인다. 주 본부장도 "관시를 쌓는 방법은 자주 만나는 것뿐이다. 우선 2~3년 정도 만나면서 서로를 확인한다. 그런 다음 5년을 넘기면서 신뢰를 쌓는다. 10년 정도가 지나면 집안 비밀도 털어놓을 수 있는 관계로 발전 한다."고 말한다.

국내로 초청하는 것도 좋은 방법이다. 중국인들은 자기 나라에서는 쉽게 마음을 열지 않는다. 주위의 시선을 의식하는 것이다. 그러나 이들과 함께 해외로 나가면 쉽게 친해진다. 비즈니스도 쉽게 이뤄진다. 한국의 많은 기업이 사업 파트너를 제주도로 초청해 협상을 하는 것도 이런 현실과 관련이 있다. 또 한국이 아닌 제3국으로 함께 여행하는 것도 좋은 방법이다. 아직 해외여행 기회가 평균적으로 많지 않은 중국인들은 세상 구경에 큰 관심을 갖는다. 그러려면 제도적 차원의 관시 쌓기가 중요하다. 개인이 아닌 회사가 적극적으로 지원해야 한다는 얘기다.

몇 년 전부터는 자녀들을 해외로 유학을 시켜주는 것이 대단히 좋은 관시 쌓기 수단이 되고 있다. 자식에게 한없이 약한 중국인들은 "자식을 해외에 유학시켜주겠다."고 하면 반색을 한다. 지금도 크게 달라지진 않았다. 역시 개인이 아니라 회사가 해야 할 일이다.

국가 차원의 관시 쌓기도 필요하다. 정부가 적극 나서서 중국 관계자들을 불러들이고 많은 것을 보여주면서 베풀어주는 것도 관시 쌓기인 것이다. 한국국제교류재단이나 한국국제협력단이 이 일을 맡고 있다. 그러나 지금 하는 것으로는 부족하다. 더욱 적극적인 자세가 필요하다.

돈 좋아하지 않는 중국인은 없다. 적당히 현금 거래를 하는 것도 관시를 트는 방법이다. 이에 대해 한 종합상사 간부는 "돈을 주려면 쩐쩐하게 주지 말고 눈이 딱 벌어질 정도로 거금을 줘라."고 말한다.

관리들은 최근 부정부패에 대한 단속이 심해지면서 현금 받기를 경계한다. 이럴 때는 "이 돈은 우리 회사가 지원을 받은 대가로 주는 것이니 부담 없이 받아라."는 식으로 자연스럽게 줄 필요가 있다.

관시 쌓기는 돈과 오랜 시간이 요구되는 투자

물론 상대방이 젊거나 출세욕이 강한 관리라면 신중해야 한다. 고급 관리일수록 자기 관리를 철저하게 하기 때문이다. 특히 엄청난 경제성장으로 현금이 흘러넘친다는 상하이시 관리들에게는 어중간한 뇌물은 통하지 않는다. 국내 대기업 종합상사의 상하이 전 지사장의 말을 들어보자. 그는 아직 젊다. 그래서 그런지 중국 친구들과 어울리기를 좋아한다. 그에게는 그냥 중국 친구들을 불러 노는 것이 관시 쌓기의 방법이다. 베이징에 6년 이상 머무르고 있는 그는 지난 추석 연휴 때 상당수 중국 파트너들을 집으로 초대해 마작을 했다.

그러고는 적당히 잃어줬다. 그는 "그냥 친한 친구 만나듯 사심 없이 만나고 즐기다보면 중국인들 다 친구가 된다."고 강조했다. 그는 중국인 친구와 골프도 자주 친다. 그의 중국 친구 중에는 별다른 이해관계가 없는 이도 많이 있다. 그러나 세상은 모르는 법이다. 나름 상류층인 그 친구들이 나중에 어떻게 될지 누가 알겠는가. 때문에 그는 상대방의 취미와 관심사를 먼저 파악한 후 그에 걸맞은 관시 쌓기 전략을 지금도 열심히 펼치고 있다.

관시 쌓기는 돈과 오랜 시간이 요구되는 일종의 투자다. 너무 서둘러서도 안 될 뿐만 아니라 우정이 개입돼 있더라도 돈 문제가 흐지부지되면 관시는 어느 순간 허망하게 깨져 버린다. 오랫동안 서로 테스트한 다음 검증과정을 거쳐 믿음이 형성됐다고 판단될 때 관시는 비로소 형성되는 것이다. 중국인들에게 관시가 법 위의 법으로 작동하는 것은 이런 사실을 고려하면 당연하지 않을까 싶다.

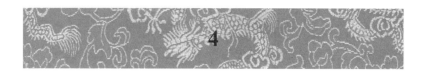

모든 길은 관청으로
– 깨지지 않는 관 본위주의

마오쩌둥 전 국가주석은 총구, 즉 군대에서 권력이 나온다고 했다. 그러나 평화시대인 오늘날 권력이 총구에서 나온다는 말은 현실감이 없다. 솔직하게 말해 권력은 중국인들이 좋아하는 돈에서 나온다고 해야 맞다. 하지만 이 돈도 문제가 없지 않다. 아직 중국의 정체(政體)는 사회주의이므로 돈만 있다고 권력을 다 쥐는 것은 아니다.

그렇다면 도대체 중국의 최고 권력은 어디에서 나오는 것일까? 답은 간단하다. 다름 아닌 관료, 다시 말해 공산당원에게서 최고 권력이 나온다. 무력을 통한 창업이 끝나면 수성(守成)을 위해 문신들을 대거 등용해 치세를 이어간 동양의 공통된 역사가 그랬듯 지금 중국은 관료들이 군부를 대신해 국가 권력의 최고 핵심으로 확실하게 자리 잡은 것이다.

지금도 중국내 최고 파워그룹은 관료

사회 각 분야 인재들이 자신들의 직위를 공무원 직급에 비교해 말하는 것이 관례라는 것도 현재 중국 내 최고 파워그룹이 관료라는 사실을 대변한다. 중국경제연구원 같은 국책 연구소에서 책임자로 일하는 박사가 있다고 치자. 그러면 그는 대외적으로 자신의 적절한 지위를 밝히기가 쉽지 않다. 그냥 박사라거나 연구원의 책임자라고 하면 그저 국록이나 축내는 사람으로 인식될 가능성이 높다. 이럴 때 명함에 정급(正級)이나 부급(副級), 사급(司級)이라고 쓰면 모든 게 일거에 해결된다. 굳이 자신이 누구라고 더 이상 목에 힘을 주지 않아도 상대방이 알아서 각각의 급에 맞는 예우를 한다. 정급은 장관에 해당하는 부장, 부급은 차관, 사급은 국장이다.

예컨대 대학 총장들은 정급, 학장들은 부급 등으로 자신들을 부른다. 실제로 이들은 종종 정부 부처 부장급이나 부부장급으로 등용되는 경우가 있다.

페이췌(肥缺·부수입이 짭짤한 보직)라는 단어에서도 관 본위주의적인 냄새가 물씬 풍긴다. 페이췌는 많은 수입, 더 정확하게 말하면 불법적으로 많은 뒷돈을 챙기는 관직, 많은 뇌물을 수수할 수 있는 자리, 사적인 일에 공금을 펑펑 쓸 수 있는 노른자위 요직을 의미한다. 이 요직을 얻기 위해 공무원 사회 내부에서는 치열한 경쟁이 벌어지고 있다.

이처럼 당정의 관료 천하라고 해도 과언이 아닌 지금 중국의 전체 공무원 수는 대략 4000만 명으로 추산된다. 이들은 중앙과 지방 관료로 분류된다. 당연히 지방 관료가 압도적 다수를 차지한다.

비율로 따지면 거의 1:99라고 할 수 있다. 그렇다고 차별대우를 받지도 않는다. 능력에 따라 중앙과 지방을 오갈 수 있다. 또 드물기는 하지만 전공을 바꿔 부처를 옮기기도 한다. 권한은 말할 것도 없이 막강하다. 국가의 중요 정책을 독점적으로 입안해 추진하는 것은 기본이고 각종 인·허가권도 장악하고 있다. 중국에서 관리의 도장이 있으면 안 될 일이 없다는 말은 괜히 나오는 것이 아니다. 권한이 막강한 만큼 경제적 대우를 잘 받는다고 하기는 어렵다. 더는 오를 곳이 없는 정부부처 최고 자리인 총리에 취임하는 영광을 누리더라도 공식적으로는 2019년 말을 기준으로 기본 월급 1만 위안(약 170만 원) 이상을 기대해서는 곤란하다. 설사 각종 수당, 공무원으로서의 특전 등을 다 합치더라도 일반 기업체 임직원들의 임금 수준에는 크게 못 미친다. 민간의 70% 정도이다.

하지만 장점은 무척 많다. 무엇보다 사회적인 인식이 상당히 괜찮다. '톈샤웨이궁(天下爲公)'이라는 중국인들이 좋아하는 전통적인 말이 있듯 국가를 위해 봉사하는 것에 대해 여전히 좋게 생각하는 경향이 남아 있다. 각종 사회적 복지 혜택도 적잖다. 일반 근로자들과 달리 항상 주5일 근무를 하는 것도 공무원이 아니고서는 누리기 어려운 장점이다. 큰 과오가 없다면 정년도 보장된다.

중국 관료 사회, 테크노크라트에서 경제·정치전문들로

1997년부터 2007년까지 중국 공산당 최고 지도부인 상무위원들은 대부분 이공계 출신이 차지했다. 이는 마오쩌둥 전 주석이 구소련의 모델을 좇아 경제발전을 추진하면서 이공계 학과를 대대적으로 확장한 대신 인문계는 대폭 축소한 것이 영향을 미친 것으로 보인다. 당 최고 지도부의 3세대와 4세대의 공통점이 테크노크라트(전문기술관료)였다는 것은 이 사실과 깊은 관련이 있었다.

이 테크노크라트가 정계에 새로운 그룹으로 등장한 것은 1982년 당 제12차 전국대표대회(매 5년마다 열리는 전당대회)에서 리펑, 후치리, 장쩌민이 당 중앙위원회에 임명됐을 때부터다. 이때 테크노크라트는 전체 중앙위원 중 4명(2%)에 불과했으나 87년에는 34명(26%)을 차지했다. 이어 97년에는 98명(51%)으로 급증했다. 97년 당시 국무원 부장 중 28명(70%), 성 당서기 중 24명(74%)가 테크노크라트였다. 이런 흐름은 2007년 이후에도 지속됐다. 제17차 당 전국대표대회 후 발표된 9명의 상무위원 중 베이징대학 법학과를 졸업하고 경제학 박사 학위를 받은 리커창을 제외한 8명이 모두 이공계 출신이었던 것이다.

예를 들어보면 현실은 더욱 확연해진다. 우선 후진타오 전 총서기 겸 주석은 칭화(清華)대학 수리공정과에서 하천발전 분야를 전공했다. 또 원자바오(溫家寶) 전 총리는 베이징지질학원에서 지질광산학을 전문적으로 배웠다. 시진핑 총서기 겸 주석 역시 칭화대학에서 화공학을 전공했다. 이에 따라 이공계 학과를 전공한 학생들 사이에서 테크노크라트(전문기술관료)로 성장하고자 하는 경향이 최근 더욱 광범위하게 확산되고 있다. 당정 최고 지도부가 테크노크라트 일색이라는 사실이 적잖은 영향을 미쳤던 것으로 분석된다.

하지만 이후 중국 경제가 급성장하면서 산업화와 경제발전을 조절할 수 있도록 공산당의 영향력을 유지하고 사상을 통제하는 것이 더 중요한 문제로 떠올랐다. 제19차 당 전국대표대회 후 발표된 7명의 상무위원 중 이공계 출신이 칭화대 화학과를 졸업한 시진핑 주석이 유일하다. 나머지 6명의 상무위원 중 2명은 사범대학을 졸업했다. 나머지는 경영학, 철학, 정치학, 법학 등을 전공했다. 농부나 노동자 출신이 지도부를 이뤘던 중국 공산당은 전문기술관료의 손을 거쳐 이제는 정

▲ 시진핑 국가주석 겸 총서기 등 중국권력의 핵심인물들이 집단으로 모여 사는 중난하이 전경. 특별구역을 둘러싸고 있는 큰 호수인 중하이(中海)와 난하이(南海)를 총칭해 중난하이(中南海)라고 한다
▼ 오성홍기 휘날리는 중난하이의 정문 신화문의 위용과 삼엄하게 경비하는 위병들

치 전문가, 경제학자, 이론가 등이 당을 지배하는 시대로 접어들었다.

관료집단이 워낙 인기 있고 막강한 파워를 자랑하다보니 당연히 관료사회에 대한 비판도 만만치 않다. 일각에서는 관료사회를 개혁하지 않고서는 중국의 미래가 없다는 극단적 발언도 서슴지 않는다.

무엇보다 관료사회의 정체성과 무사안일 등이 빠른 변화를 요구하는 현대사회의 패러다임과 근본적으로 맞지 않다는 지적이다. 국수주의적 정치 평론가로 유명한 쑹창(宋强) 씨도 "중국 같은 거대한 나라를 경영하기 위해서는 유능한 관료집단이 필요하다. 하지만 지금 같은 상태로는 어렵다. 변화를 선도하려는 공무원이 많아져야 한다."면서 개혁을 주장했다. 시진핑 국가주석 겸 총서기를 비롯한 중국 최고 지도부가 공식석상에서 입버릇처럼 세대교체를 주장하는 것은 바로 이런 현실과 무관하지 않다. 이른바 젊은 피를 뜻하는 신셴쉐예(新鮮血液·중국 대륙에서 활약하는 30~40대의 젊은 관료들을 지칭하는 말)라는 말이나 이들을 과감하게 발탁해 등용하는 조치인 환쉐(換血)나 연경화(年輕化) 같은 용어가 유행하는 배경에는 나름대로 다 고충이 있는 것이다.

관료들이 자고나면 자리를 만들어내는 통에 지나치게 위인설관이라는 지적도 새겨들어야 할 대목이다. 그래서 중국 국민 35명이 한 명씩의 공무원을 먹여 살린다는 비판도 무성하다. 신분보장이 너무나 확실해 아무리 두들겨도 부서지지 않는 철밥통이라는 사실, 공직자로서 봉사보다는 군림하려는 자세 등도 관료사회에서 개혁돼야 할 악폐로 손꼽힌다.

중국 정부도 관료사회가 직면한 문제들을 잘 알고 있다. 최근 관료들의 전반적인 경쟁력을 높이기 위해 인센티브 제도를 도입하기 시작한 것이나 과감하게 구조조정을 뜻하는 징젠(精簡) 등 개혁에 나서고 있는 것은 모두 이런 구조적 문제들을 직시한 데에서 출발한다. 공무원들을 적극적으로 재교육하고, 신상필벌을 강화하는 최근의 흐름도 같은 맥락에서 파악할 수 있다. 그러나 이런 노력에도 불구하고 모든 길은 관청으로 향한다는 관본위주의적 현실은 앞으로도 계속 이어질 것 같다. 여전히 흔들림 없는 공산당의 통치, 관료를 마치 면허증을 가진 날강도로 보는 국민들의 인식, 실제로 드러나는 공무원들의 막강한 파워 등이 그리 쉽게 변할 것 같지 않기 때문이다.

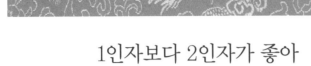

1인자보다 2인자가 좋아
– 킹메이커의 철학

경제사학자들에 따르면 18세기의 청나라는 세계 최강국이었다. 당시 청나라는 전 세계 GDP의 40%, 세계무역 흑자의 44%를 차지했다. 정말 그때 청나라의 경제력은 엄청났다. 서구의 귀족과 부자들이 가장 좋아하는 사치품인 비단, 도자기, 차의 생산을 중국이 독점하다시피 했다. 중국인들은 그때 그 시절의 영광을 잊지 못하고 그리워하는 것일까? 실제로 중국에는 아직도 세계 최고라는 수식어가 들어가는 것이 많다. 해마다 '쭈이(最·최고라는 의미)'라는 글자가 들어가는 책들이 중국 서점가에 출시되는 현실은 중국의 이런 자세를 무엇보다 잘 대변한다.

일반 중국인들도 해외 언론이 중국을 일컬어 미국의 라이벌인 G2라고 일컫고, 나아가 2030년 미국을 제치고 G1에 등극할 것이라는 호들갑을 떨어도 그다지 이상하게 여기지 않는다. 내심으로는 "뭐, 그거 당연한 것 아니냐."라고 생각하는 분위기가 사회 전반에 퍼져 있다. 2017년 까지만 하더라도 이것이 현실로 나타날 가능성이 높아 보였던 때도 있었다. 도광양회(韜光養晦·실력을 숨기고 때를 기다림)에서 유소작위(有所作爲·과감하게 해야 할 일은 함)로 한 걸음 내딛으려 한다는 관측도 나왔다. 그러나 겉으로는 그런 속내를 보이지 않으려고 한다. G2조차도 말이 되지 않는다는 입장을 피력하는 경우가 많다. 심지어 여론 주도층 인사들은 중국이 아직 평균적으로는 중진국 수준에도 이르지 못했다고 실토한다. 세계 최고를 향해 나아가려는 중국인들의 본심(本心)은 과연 무엇일까? 베이징 대학 정치학과의 천펑쥔(陳峰君) 교수의 말을 들어보자.

"G2 되기엔 부족하다"며 은인자중하는 겸손 있어

"경제적으로 볼 때 중국은 지금 절대로 일류 국가가 아니다. 심지어는 이류 국가라는 말도 하기가 어색하다. 중국이 쇠락하기 시작했던 아편전쟁 직전까지만 해도 세계 총 GDP 중 50%는 중국이 차지하고 있었다. 그러나 아편전쟁 이후부터 조금씩 줄어들더니 20세기 초에는 완전 반토막이 나버렸다. 그래도 그때까지는 중국의 경제력은 전 세계에서 27% 정도를 차지할 만큼 나름 괜찮았다. 그러다가 1920년에 12%로 쪼그라들었다. 다시 반 토막이 난 것이다. 공산당이 정권을 잡은 1949년에는 또다시 반 토막이 났다. 중국의 파이는 5.7%에 지나지 않았다. 재벌처럼 위세를 부리다가 파산 지경에 이르렀던 것이다. 문제는 이게 빠른 속도로 회복이 되고 있지 않다는 사실에 있다. 중국이 전 세계 GDP에서 차지하는 비중은 2003년 4%까지 떨어졌다가 지금 계속 올라가고 있다. 2019년 말 현재 14~15% 정도에 이르는 것으로 추산된다. 2003년보다는 높지만 과거의 영광을 생각하면 아직 많이 부족하다. 미국의 24% 보다도 훨씬 파이가 적다. 중국이 진정한 G1 소리를 듣기 위해서는 경제력이 최소한 지금의 미국 수준은 돼야 한다. 중국이 이 수준까지 올라가려면 최소한 20년 이상 걸린다. G1은커녕 G2도 아직은 요원하다."

천 교수의 속내가 어떤지 기자로서는 정확하게 속단하기 어렵다. 속으로는 어쩌면 보통 중국인들처럼 G2 내지 미래의 G1으로 불리는 것에 대해 당연한 것 아니냐고 생각하고 있을지도 모른다. 하지만 겉으로는 어쨌든 '중국 넘버 원!'이라는 찬사에 손사래를 친다. 일본에 이은 넘버 쓰리도 지나치게 후한 평가가 아니냐는 겸손조차 묻어난다. 어떻게 보면 겉과 속이 다른 일본인의 전형적인 혼네(本音)와 다테마에(建前)가 느껴지는 자세라고 할 수 있다.

중국의 오피니언 리더들이 이처럼 과공비례(過恭非禮), 즉 예의가 아닐 정도로 겉으로 겸손한 것은 별로 특이한 게 아니다. 도광양회라는 말처럼 결정적인 순간이 오기 전에는 칼집에서 칼을 꺼내지 않는 은인자중의 인생철학과 무관하지 않다. 다시 말해 최고가 되는 순간까지 만족이라는 덕목을 가슴에 새긴 채 끊임없이 기다린다는 말이 되겠다.

중국인들의 권력을 대하는 자세만 봐도 그렇다. 속으로는 절대 권력에 대한 열망을 갖고 있더라도 막후 실세의 자리에 만족하면서 좀처럼 내색하지 않는다. 어떤 경우에는 이 현실을 즐기는 모습까지 보인다. 지금도 중국 개혁·개방의 총설계사라는 이름으로 불리고 있는 덩샤오핑 전 중앙군사위 주석이 대표적 인물이다. 그는 1997년 2월 세상을 떠날 때까지 외신에 의해 수천 번이나 사망했다는 기사가 보도된 인물로 유명하다. 기자를 비롯해 20세기 후반에 베이징 특파원을 지낸 한국의 언론인들은 그의 생사를 확인하는 게 당시 매일 새벽의 일과였을 정도다. 그만큼 그는 중국의 최고 권력자로서 막강한 영향력을 행사했다. 그러나 그는 권력 서열로 따져볼 때 단 한 번도 공식적으로는 1인자였던 적이 없었다. 문화대혁명의 종식과 더불어 1970년대 후반 복권된 후에도 그랬다. 국가 권력 서열 1위인 당 총서기의 자리는 그가 아닌 화궈펑(華國鋒), 후야오방, 자오쯔양, 장쩌민 등이 차례로 이었다. 사실상 최고 권력자였음에도 불구하고 막후 실세에 만족했다는 얘기다. 이른바 2인자의 철학, 더 나아가 킹메이커의 철학이 아닐까 싶다.

1인자보다는 2인자 자처하는 킹메이커가 실세

덩샤오핑의 선배가 되는 저우언라이 전 총리는 아예 한술 더 떴다. 주지하다시피 그는 마오쩌둥과 함께 공산 혁명을 성공으로 이끌었다. 활동 시기도 완전히 똑같다. 그 유명한 장정(長征)도 같이 해냈다. 형식적으로라도 1인자가 됐으면 하는 열망을 가졌을 법도 하지만 그는 다소 욕심을 부리다가 비참하게 세상을 떠난 류사오치나 린뱌오(林彪)와는 달리 항상 '넘버 투'에 만족했다. 마오 전 주석이 대중 앞에서 화려한 조명을 받을 때에도 항상 뒤에서 자신을 굽히는 2인자의 자세와 철학을 보여줬다. 아마 이 때문에 세상을 떠난 1975년까지 무려 26년 동안이나 총리 자리를 지켰는지도 모른다.

2인자의 철학은 이후에는 거의 유전처럼 최고지도자들 사이에서 유행했다. 리펑(李鵬)과 주룽지(朱鎔基), 원자바오, 리커창(李克强) 전, 현 총리 등도 30년 가까운 세월 동안 1인자인 당 총서기를 그림자처럼 도우면서 2인자로 만족했거나 욕심을 부리지 않았던 것이다.

저우언라이 전 총리(왼쪽)는 2인자 철학에 관한 최고의 정수를 보여줬다는 평가를 받는다

중국인들의 2인자 철학은 기업이나 학교, 심지어는 조폭들 사이에서도 종종 눈에 띈다. 중국 전문가들 사이에는 중국인들과 만날 때는 명함에 부(副)자가 들어가는 직함을 가진 사람을 눈여겨보라는 말이 있다. 중국 현지 법인에서 10여 년 동안 대기업 간부로 활동하고 있는 K씨의 말이다.

"중국의 카운터파트와 접촉할 때면 최고 결정권자와 바로 밑의 책임자가 함께 나오는 경우가 간혹 있다. 이럴 때는 당연히 최고 결정권자에게 더 많은 신경을 쓰게 된다. 그런데 나중에 보면 바로 밑의 책임자가 실세인 경우가 많다. 몇 번 이렇게 하다 보니 나중에는 자연스럽게 직위보다는 직책, 넘버 투가 더 중요하다는 사실을 깨달았다. 아마 2인자를 중시하는 풍토, 2인자에 만족하는 실세 문화 때문이 아닌가 여겨진다. 중국 사업을 하면서 실패하지 않으려면 중국의 이런 문화를 반드시 숙지해야 한다."

베이징 특파원 중국 문화를 말하다

코로나19 발생한 우한을 찾아 의료진을 격려하는 리커창 총리. 그는 실무형 정치로 2인자 리더십을 보여준다

　1989년의 톈안먼(天安門) 사태 이후 지난 30여 년 동안 외신들은 종종 중국 당정 내부의 권력 투쟁과 관련한 기사를 쓰곤 했다. 심지어는 5년마다 권력 교체가 논의되는 당 전국대표대회가 개최될 때는 누가 총서기나 총리가 되느냐에 대한 기사들을 쏟아냈다. 그 다음에는 암암리 권력 투쟁이 벌어진다는 기사들이 꼬리를 물었다. 지난 2012년 10월에 열린 제18차 전국대표대회를 전후한 때의 분위기만 살펴봐도 잘 알 수 있다. 당시 총서기가 유력한 인물은 지금 총리로 있는 리커창이었다. 현 시진핑 총서기 겸 주석은 총리로 유력했다. 그리고 이에 대해서는 중국 내외의 언론 그 어느 곳도 부인하지 않았다. 심지어 중국의 언론조차 이런 분위기를 띠우기도 했다. 하지만 정작 대회에서는 이 구도가 완전히 뒤집어졌다. 시진핑이 주석을 겸하게 될 총서기, 리커창이 총리가 되는 완전한 뒤집기가 이뤄졌다.

　이 정도 되면 둘의 관계는 상당히 껄끄러워야 했다. 특히 총서기가 눈앞에 와 있었던 리커창 입장에서는 대놓고 불만을 터뜨려도 이상하지 않을 터였다. 이 경우 진짜 권력투쟁은 진짜 불 보듯 훤할 수밖에 없었다. 하지만 그는 그렇게 하지 않았다. 곧바로 시 총서기 겸 주석에게 충성을 다하겠다는 당정 최고위 인사들의 서약을 받아내는 행보에 나섰다. 이어 지금까지 철저하게 2인자로서 시 총서기 겸 주석을 보필하고 있다. 2020년 신종 코로나바이러스 감염증(코로나19) 사태가 중국을 덮쳤을 때는 자신의 뒤로 숨은 시 주석을 대신해 총대를 메고 앞으로 나섰다. 상황이 악화될 경우 모든 비난이 자신에게 돌아올 줄 알면서도 그랬다. 2인자에 만족하는 철학을 가지고 있지 않다면 불가능할 자세였다.

앞으로도 비슷한 사례가 있을지 모른다. 2020년 5월 현재 시 총서기 겸 주석의 후계자로는 여러 사람이 거론되고 있다. 천민얼(陳敏爾) 충칭(重慶) 시 서기와 광둥(廣東)성 서기를 지낸 후춘화(胡春華) 부총리가 대표적으로 꼽힌다. 당초에는 후 부총리가 유력했으나 지금은 천 서기가 더 앞서가는 것으로 알려지고 있다. 그가 시 총서기 겸 주석의 최측근이기 때문이 아닐까 싶다. 당연히 불과 얼마 전까지만 해도 앞서갔던 후 부총리로서는 분기탱천할 수 있다. 나아가 권력투쟁의 불씨를 당길 수도 있다. 그러나 그 역시 리 총리처럼 납작 엎드리고 있다. 총서기 자리는 언감생심이라는 태도까지 보이고 있다. 서방 스타일의 사고방식으로는 이해가 되지 않는다고 한다. 하지만 중국인들의 기다림 철학은 속으로야 어떻든 2인자에 만족하는 속성으로 미뤄볼 때는 충분히 가능하다. 2인자의 철학은 이처럼 중국인들에게는 뼛속 깊이 체화된 삶의 지혜라고 해야 할 것 같다.

6

뼛속까지 잔인한 DNA
- 한때는 공개 처형까지

한국인을 상징하는 단어가 '빨리빨리'라면 중국인들을 상징하는 말로는 정반대 개념인 '만만디(慢慢的)'를 꼽을 수 있다. 실제로 중국인들은 아무리 화가 나도 한국인들처럼 감정을 바로 드러내지 않고 왠지 느긋하고 여유만만한 자세를 취한다. 사람이 많은 곳에서 한국인들은 답답함과 불편함을 감추지 못하지만, 중국인들은 수많은 인파가 몰린 곳에서도 사람들에게 차분한 목소리로 베지(別急·천천히 좀 합시다) 런타이뒤(人太多·사람이 너무 많다)라고 하면서 평정심을 잃지 않는 것처럼 보인다.

중국인들은 위로는 당 총서기에서부터 아래로는 이름 없는 시장의 장삼이사(張三李四)에 이르기까지 『논어(論語)』에 나오는 '허웨이구이(和爲貴·평화를 귀중하게 여긴다는 의미)'라는 말을 입에 달고 다닌다. 그러나 중국인들을 조금 더 깊게 관찰해보면 그 이면의 모습을 발견할 수 있다. 중국인들이 "하오, 하오"(好)를 연발하면서 좀처럼 욱하는 감정을 표출하지 않지만 예수님이나 부처님 같은 사람이 절대로 아니라는 사실을 말이다. 오히려 중국인들의 내면에는 천성적으로 상당히 잔인한 성격이 있다.

중국인들의 느긋한 성격 속에 감춰진 선천적 잔인성은 우선 공권력에서도 엿볼 수 있다. 물론 세계 어디를 가나 경찰은 힘없는 시민들과의 관계에서는 갑의 입장에 있다. 무자비한 것으로 유명한 미국 경찰이 그렇고 유럽, 심지어 한국 경찰도 다르지 않다. 그러나 이들도 중국 경찰들 앞에 서면 완전히 반먼농푸(班門弄斧), 다시 말해 번데기 앞에서 주름 잡는 격이 된다. 20여 년간 경찰 생활을 하다가 최근 퇴직한 베이징 둥청(東城)구 시민 왕타오(王濤) 씨의 증언을 들어보자.

"피의자를 연행하면 일단 자백을 받아야 한다. 그러자면 구타 등 폭력은 기본이다. 손에 수갑을 채운 상태에서 채찍으로 때리기도 한다. 피의자들이 파출소나 수사기관에 끌려오면 엉엉 울기부터 하는 데에는 다 이유가 있다. 엄청난 구타를 당할 것으로 지레짐작하는 것이다. 이럴 때면 아, 우리 중국인은 천성적으로 잔인한 민족이구나 하는 생각을 갖곤 한다."

공권력이 자행하는 잔인한 폭력 여전

공권력에 의해 자행되는 이런 잔인한 폭력은 종종 사회문제가 되기도 한다. 몇 년 전 광둥성 광저우(廣州)에서 발생한 대졸 출신 직장인 쑨즈강(孫志剛)의 불행이 이런 현실을 대표적으로 잘 말해준다. 평범한 소시민이었던 그가 야간에 경찰의 불심검문에 걸려 심한 구타를 당한 후 사망해 공권력이 얼마나 잔혹하게 행사되는지를 보여준 것이다. 중국 정부는 당시 사건 책임자를 사형에 처해 경찰의 폭거에 대한 경종을 울렸다. 그러나 현실은 크게 개선된 것 같지 않다. 지금도 중국 전역에서 적잖은 사람들이 공권력에 의해 억울하게 비명횡사하고 있다는 것이 중국 내 몇 안 되는 인권 운동가들의 주장이다.

아무리 전직이 화려한 지도층 인사들이라고 해도 재수가 나쁘면 언제든 공권력에 의해 횡액을 당할 수 있다. 한국 특파원들과 상당히 친하게 지냈던 전직 공산당 간부인 장완리(張萬里) 씨는 한마디로 잘나가는 인사였다. 평양의 중국 대사관에 주재하던 당시 김정일 북한 국방위원장과 독대할 만큼 파워를 자랑했다. 당의 외교부처 부부장(차관) 정도까지는 순탄하게 승진할 것으로 점쳐질 정도였다. 그러던 그가 어느 날 특파원들의 레이더에서 돌연 사라졌다. 유독 그와 친했던 기자는 즉각 그의 행방을 수소문했다. 얼마 후 충격적인 소식을 그와 매우 친하게 지냈던 한국의 전직 국가정보원 관계자로부터 들을 수 있었다.

"나도 깜짝 놀랐어요. 간첩죄로 얼마 전에 사형을 당했다고 하네요. 나도 그 소식을 듣고 며칠 동안 잠을 못 잤어요. 정보기관 출신인 내가 말입니다."

깜짝 놀란 필자로서는 의문을 제기할 수밖에 없었다.

"아니 구체적으로 무슨 죄를 지었다는 겁니까? 간첩이라뇨!"

"한국과 일본 특파원들로부터 적지 않은 돈을 받고 당정 내부의 고급 정보를 흘렸다는 얘기가 있어요. 그 친구가 그럴 사람이 아닌데. 그러나 사실인 것 같아요. 심지어 한국에 있던 부인은 이 일로 미국으로 도피했다고 하는군요. 앞으로 영원히 우리 앞에 모습을 나타낼 것 같지 않아요."

그랬다. 장 씨는 정말인지 아닌지도 모를 애매모호한 죄목으로 30대 후반 한창 나이에 형장의 이슬로 사라졌다. 안타까운 마음으로 그의 명복을 비는 수밖에 할 수 있는 일이 없었다.

장 씨에 비하면 전직 주한 중국 대사 리빈(李濱) 씨는 그래도 행복한 편에 속한다. 기밀 누설 혐의로 당국의 조사를 받았음에도 투옥은 되지 않고 벽지 어느 도서관 말단 사서로 쫓겨나는 처벌만 받았으니까. 하지만 외교부장까지는 몰라도 부부장 정도는 될 것이라고 자신하던 그의 꿈은 완전히 물거품이 돼 버렸다.

악질범 공개 처형하는 문화 아직까지 현존해

공권력이 추상같이 혹독하다는 사실은 최근에는 거의 사라졌다고 하는 공개 처형 문화에서 여실히 드러난다. 마약 사범이나 강간, 살인범 등 악질적이고 반사회적인 사형수들에게 적용되는 이 혹형은 대체로 지방의 공설 운동장 등에서 시행됐다. 이때는 처형 대상자들을 트럭에 태워 현지를 한 바퀴 도는 게 관례였다. 사형이 집행될 때 수많은 군중이 몰려들어 현장도 지켜보도록 했다. 문제는 이게 끝이 아니라는 사실에 있다. 지금은 그렇지 않지만 과거에는 처형된 사형수의 가족에게 총알 값까지 청구했다고 한다.

중국인들의 선천적 잔인성은 조폭들의 행태에서도 여지없이 드러난다. 미국이나 캐나다의 암흑가에서 종종 볼 수 있는 광경이 현실을 잘 말해주지 않나 싶다. '코리안 킬러스'라는 그럴듯한 이름을 내걸고 활동하는 한국인 건달들도 중국계 조폭이 떴다 하면 조직의 이름값도 못한 채 이른바 나와바리(영향력을 발휘하는 구역)를 후다닥 양보한다고 하니 말이다.

중국인들이 이처럼 잔인한 데에는 무엇보다 중국의 혹형과 관련한 전통이 만만치 않게 작용하는 것 같다. 이는 『상서대전(尙書大全)』을

베이징 특파원 중국 문화를 말하다

비롯해『백호통(白虎通)』,『사기(史記)』,『국어(國語)』,『주례(周禮)』등의 고전과『당률(唐律)』,『명률(明律)』같은 각 왕조의 법전을 들춰보면 바로 알 수 있다. 사형을 의미하는 대벽(大辟)에서부터 거세형인 궁(宮), 코와 무릎을 자르는 의(劓)와 월(刖), 얼굴에 문신을 새기는 묵(墨)에 이르기까지 극도로 잔인한 오형(五刑)이 중국 역사상 최고 유토피아인 요순(堯舜)시대부터 있었다는 기록이 많이 남아 있다.

그나마 덜 잔인한 것들이 물에 빠뜨리는 정살(定殺), 절벽에서 미는 투애(投崖), 목을 조르는 교액(絞縊) 등이다. 이에 반해 거리에 목을 내거는 효수(梟首), 수레나 말에 매달아 인체를 분해하는 거열(車裂)과 오마분시(五馬分尸), 머리와 허리를 베는 참(斬), 삶거나 태우는 팽(烹)과 분(焚) 등은 말로만 들어도 소름 끼치는 혹형이다. 맷돌로 갈아 죽이는 것이나 염장을 하는 사형 방법에 비해 잔인함이 결코 뒤지지 않는다.

수많은 전쟁에서 잔혹한 행위가 셀 수 없을 만큼 반복적으로 행해진 사실도 중국인의 잔혹성 DNA와 무관하지 않다. 초한전쟁 당시 항우(項羽)가 항복해온 진나라 대군 20만 명을 생매장해 죽인 황당하고도 잔혹한 행태가 대표적이다. 일본 제국주의 군대가 중·일전쟁 당시 장쑤(江蘇)성 난징(南京)에서 대학살의 만행을 자행한 것은 결코 독자적인 아이디어에서 나온 게 아니었던 것이다.

여기에다 20세기 들어 1950~60년대에 수많은 사상자를 냈던 대약진 운동과 문화대혁명을 통해 몸에 밴 인명 경시 풍조, 반대파에게 가혹한 공산주의의 유물사관 등도 무시하기 어렵다. 안 그래도 잔인한 DNA를 조상들로부터 물려받은 중국인들을 처절하리만치 잔인한 사람들로 확실하게 변화시킨 것이다.

가장 최근의 사례들도 거론할 필요가 있을 듯하다. 이를테면 여전한 것으로 알려지고 있는 사형수들의 장기 적출과 불법 판매를 우선 꼽을 수 있다. 중국 당국에서는 부인하고 있으나 절실히 필요로 하는 부유층 환자들이 많은 탓에 근절되지 않는 것으로 알려져 있다. 특히 법적으로 사교로 규정된 파룬궁(法輪功)의 일부 신도들에 대한 잔혹한 조치는 국제적으로 문제가 된다는 것이 글로벌 인권단체들의 주장이다. 한국이나 홍콩 등에서 파룬궁 신도들이 목숨을 걸고 일관되게 중국 당국에 치열하게 문제 제기를 하는 것도 바로 이 때문이다.

코로나19 창궐로 인한 갈등으로 서로 흉기를 든 채 죽일 듯 싸운다거나 증상이 의심돼 격리된 이들의 집에 대못을 박는 등의 행위 역시 거론해야 할 것 같다. 중국인들의 뼛속 깊은 잔인한 DNA를 말해주기에 전혀 부족함이 없다. 이와 관련, 베이징의 일본인 유학생 나카무라 리사(中村璃沙) 씨는 "중국인들이 잔인하다는 사실은 경험을 하지 않아 잘 몰랐다. 그러나 최근 내 자취집 바로 이웃 주민 한 명이 당하는 걸 보고 몸서리를 치게 됐다. 그 사람은 코로나19의 발원지인 후베이(湖北)성 우한(武漢) 출신이었다. 처음에는 나도 몰랐다. 그런데 코로나19가 본격적으로 창궐하기 시작하던 1월 하순 어느 날 시끄러운 소리가 들려 나가보니 몽둥이를 들고 온 동네 주민들 다섯 명이 그의 집에 들이닥쳤다. 이어 왜 우한에서 왔다는 사실을 알리지 않았느냐면서 그를 무릎 꿇린 채 잔혹한 폭행을 가하기 시작했다. 집단 린치라고 할 수 있었다. 얼마 후 그의 집 앞에는 육중한 형태의 바리케이드가 설치됐다. 정말 끔찍했다."면서 몸서리를 쳤다. 중국인들의 잔혹함은 말할 것도 없이 자국인, 외국인을 가리지 않는다. 중국에서 안하무인격으로 지나치게 으스대거나 까불면 큰 코 다칠 수 있다는 사실을 외국인들은 명심해야 한다.

끈질긴, 너무나도 끈질긴 보복 문화
– 30년도 기다린다

욱하는 성질을 참지 못해 코피까지 흘리면서 치고받고 해봐야 나중에 '해해' 하고 화해하는 게 바로 우리 한국인이다. 한국은 땅이 좁고 한 다리 건너면 다 아는 사이인 경우가 많아 보복이나 복수를 마음에 담고 살기가 어려운 탓이다. 설사 복수를 한다고 해도 뒤에서 주먹으로 머리통을 후려갈기는 정도의 낭만적인 보복을 하는 게 대부분이다.

그러나 중국은 이판사판의 복수가 완전히 문화로 정착해 있다. 무엇보다 일상 언어에서 확실하게 엿보인다. '부쥐다이톈(不俱戴天)'이나 '바오처우쉐헌(報仇雪恨·원수를 갚아 한을 씻는다는 의미)', '쥔쯔바오처우, 스녠부완(君子報仇, 十年不晚·군자의 복수는 10년을 기다려 해도 늦지 않다)'등 보복 문화를 보여주는 말이 이루 헤아리기 어려울 정도로 많다.

이렇게 지독한 중국인들의 보복에 대한 집착에는 몇 가지 특징이 있다. 우선 철저히 은인자중하는 모습을 보인다. 상대에게 보복을 하겠다는 생각을 하면서도 절대로 내색하지 않는다는 점에서는 무섭기까지 하다. 결단의 순간이 올 때까지 실력을 가능한 한 감춘다는 중국의 외교 전략인 도광양회와 비슷하다. 실제로 한국인을 비롯한 외국인들 중에는 거기에 속아 날벼락을 맞은 경우가 적지 않다.

내색 않고 10년을 기다리는 보복 문화

텐진(天津)의 주재원이었던 강동석 부장은 50대를 바라보는 나이였음에도 비교적 성격이 괄괄했다. 교통 법규를 위반했을 때 꼬치꼬치 따지기를 좋아했을 뿐 아니라 가라오케에서 술을 마시다가 경찰 단속에 걸리면 이게 왜 불법이냐고 대놓고 항의하곤 했다. 이로 인해 그는 텐진 경찰에 의해 손을 좀 봐줘야 할 외국인 블랙리스트에 오르게 됐다. 종종 공안에게 미행도 당했다. 물론 그는 전혀 눈치를 채지 못했다. 그에 대한 사찰은 1년여 동안 계속됐다. 이 기간에 당연히 그는 몇 가지 소소한 불법 행동도 했다. 어느 날 그에게 갑자기 소환 통보가 날아왔다. 그는 "또 무슨 시비를 걸려고 이러나?"하는 생각으로 관할 경찰서로 당당하게 들어갔다. 하지만 그 당당하던 얼굴은 곧 새하얗게 변하고 말았다. 그의 앞에는 그동안 그가 저지른 각종 불법 행동에 대한 조사 파일이 산더미처럼 쌓여 있었던 것이다.

특히 업무와 관련해 그가 거래 업체 직원들과 일부 공무원들에게 제공한 지나친 향응과 선물 등은 문제가 되는 행동들이었다. 그는 꼼짝없이 구속돼 몇 개월을 미결수로 감옥에서 지내야 했다. 그는 지금도 감옥에서 고생한 기억보다는 경찰의 집요한 보복 심리가 더 두렵다면서 치가 떨린다고 한다.

베이징 특파원 중국 문화를 말하다

돈을 주면 보복해주겠다는 광고판. 중국인들의 보복 문화는 유명하다

　기자와 비교적 친하게 지낸 독일의 세계적 주간지의 전 베이징 특파원 뮐러 씨도 중국 외교부로부터 황당한 보복을 당했다. 그는 베이징에 주재하면서 주로 중국 내 반정부 인사들과 많은 인터뷰를 해 기사를 쓴 것으로 유명했다. 이 때문에 특파원을 관할하는 외교부 신문사(新聞司·언론 담당 부처. 司는 한국에서는 局에 해당함)에 여러 번 소환돼 경고를 받았다. 다행히도 그는 소환될 때마다 추방하겠다는 위협은 받지 않았다. 중국 당국의 신경을 곤두세우는 기사를 계속 쓴 것은 그래서 전혀 이상할 것이 없었다. 어느 날 그는 싱가포르에서 취재를 하기 위해 잠시 틈을 내 베이징을 떠나 일주일 동안의 기분 좋은 출장길에 올랐다. 그러나 베이징에 다시 들어올 때 뒤통수를 호되게 얻어맞았다. 당국으로부터 재입국을 불허한다는 통보를 받은 것이다. 그로서는 방법이 없었다. 공항에서 격렬하게 항의해봤지만 소용이 없었다. 로마에서는 로마법을 따라야 하니까. 결국 그는 즉각 업무 뒤처리를 후임자에게 맡기고 독일로 귀임할 수밖에 없었다. 5년 동안 중국에 입국하지 못한다는, 중국 당국이 그의 뇌리에 새겨준 주홍글씨를 간직한 채. 이로 보면 미국과의 외교적 갈등으로 2020년 상반기에 서로 상대국 특파원을 추방하거나 지사에 압박을 가하는 핑퐁게임을 벌인 것은 완전

양반이라고 해야 한다.

중국 당국의 보복은 보복은커녕 간도 쓸개도 다 내놓고 아부를 하는 것처럼 하다가 뒤통수를 후려치는 식으로도 이뤄진다. 때문에 성공할 가능성이 대단히 높고 상대가 받을 충격은 더 크다. 역사적 사례를 들면 알기 쉽다. 와신상담이라는 말을 만들어낸 춘추시대 오(吳)나라의 부차(夫差)와 월(越)나라 구천(句踐)의 소름 끼치는 보복에 대한 집착을 되새기면 그렇다. 각각 상대국에 패배한 이후 당한 갖은 수모에 대한 복수를 하기 위해 포커페이스를 한 채 비굴하게 상대를 섬기다가 기어코 뜻을 이룬 역사적 사실은 지금도 전설처럼 전해져 내려오고 있지 않은가.

'이에는 이' 그대로 되돌려주는 게 특징

중국인들의 보복은 자신이 당한 것보다 훨씬 더 잔인하게 보복하는 특징 역시 있다. 중국인들이 흔히 '이야환야(以牙還牙·이빨로 이빨을 돌려 준다는 의미)'라는 말을 잘 쓰는데 이는 함무라비 법전의 정신이 무색할 철두철미한 보복 정신이라고 해야 한다.

10여 년 전 산시(陝西)성 시안(西安)의 한 마을에서 끔찍한 사건이 일어났다. 당시 나이 80세를 바라보는 런팅양(任汀陽) 노인은 이웃집의 동생뻘 되는 쉬커핑(許可平) 노인이 자신의 전화를 사용한 대가인 2위안(약 340원)을 주지 않자 갚을 것을 요구했다. 쉬 노인은 다음에 주겠다면서 차일피일 미뤘다. 이에 없는 머리카락까지 다 뽑힐 정도로 화가 난 런 노인은 쉬 노인이 만들어 파는 만두에 독극물을 몰래 집어넣는 끔찍한 보복을 감행했다. 결과는 비참했다. 쉬 노인이 만든 만두를 먹은 10여 명의 무고한 사람들이 졸지에 생명을 잃은 것이다. 복수치

베이징 특파원 중국 문화를 말하다

고는 너무나 어처구니없고 무의미한 일이었다.

　가장 끔찍한 사례는 역시 10여 년 전 허난(河南)성 뤄양(洛陽)에서 발생한 살인극이다. 50대 가장을 비롯해 그의 부인, 20대 초반 아들 등 3명의 한 가족이 집에서 처참하게 몰살당한 사건이었다. 당시 경찰은 원한 관계에 의한 비극으로 이 사건의 성격을 규정했다. 피해자의 원한관계를 조사하던 중 바로 옆집 30대 청년이 유력한 용의자로 떠올랐다. 즉각 체포된 청년의 입에서 나온 진술은 정말 놀라웠다. 무려 20여 년 전 청년의 부친은 이웃집 피해자와 다툼이 생겨 일방적으로 두들겨 맞았다. 청년의 부친은 평소 이를 몹시 애통해하다가 병으로 세상을 떠났다. 하지만 그는 그냥 세상을 하직하지 않았다. 숨을 거두기 직전 아들에게 원수를 반드시 갚으라는 유언을 남겼다. 아들은 불행히도 효자였다. 20여 년 이상이나 은인자중하면서 때를 기다리다가 마침내 결정적 순간에 부친과 다툼이 있었던 피해자와 가족을 잔인하게 살해했던 것이다. 더욱 놀라운 사실은 청년의 방을 수색하면서 드러났다. 방 곳곳에 '피! 피! 피!'라는 구호와 "반드시 원수를 갚자."라는 섬뜩한 글들이 도배돼 있었다. 이 정도 되면 10년이 아니라 30년 원수를 갚겠다고 작정했다고 볼 수 있지 않았나 싶다.

　자해에 가까운 보복도 종종 일어난다. 이 경우는 특히 남녀 간의 애정 문제에서 두드러진다. 남자 리창(李强)과 여자 마오아이링(毛愛玲)은 죽고 못 사는 연인 사이였다. 그러다 결혼 문제로 말다툼이 생겼다. 이후 화가 난 아이링이 갑자기 사라져 버렸다. 이어 며칠 후 창에게 연락이 왔다. 그가 다급한 목소리로 물었다.

"아니 그동안 어디에 갔었어? 핸드폰도 꺼놓고."

　아이링은 여전히 화가 풀리지 않는 목소리로 말했다.

"흥! 너 속 좀 끓이라고 다른 남자하고 같이 있었어. 왜 안 돼?"

창은 아이링의 말에도 별로 놀라지 않았다. 예상했던 일이 터졌다고 생각한 것이다. 실제로 중국의 철없는 미혼 여성들은 그런 방법으로 자신의 애인에게 보복하는 경우가 적지 않다.

보복문화는 불특정 다수에게 끔찍한 피해를 주기도 한다. 지난 4월 당시 중국에서는 우유를 먹은 갓난아이들이 연달아 죽는 사고가 발생해 대륙이 발칵 뒤집혔다. 중국을 떠들썩하게 했던 이 희대의 아질산염 우유 사건은 조사 결과 개인의 앙심에 따른 보복 범죄였던 것으로 밝혀졌다. 중국 간쑤(甘肅)성 핑량(平涼)시 공안당국에 따르면, 우칭궈(吳慶國·가명) 씨와 그의 부인 마첸푸(馬錢福·가명) 씨가 젖소와 농장을 공동 임대하는 과정에서 생긴 불화로 공동 사업자인 마원쉬안(馬文選)이 생산한 우유에 아질산염을 의도적으로 투입했다는 것이다. 이 무서운 보복으로 핑량시에서 39명의 환자가 발생했다. 이 가운데 3명의 아이가 숨졌다. 특히 사망자는 2세 미만 영아들이었다. 생후 36일이 된 아이도 포함돼 있었다. 죄 없는 어린 아이들을 죽인 용서받을 수 없는 범죄였다.

중국인들의 보복은 대체로 전략적, 우회적으로 이뤄질 뿐 아니라 강자에는 약하고 약자에게는 강하다는 특징도 가지고 있다. 후자의 경우는 중국이 미국에 유독 약한 모습을 보이는 사실만 봐도 확실히 알 수 있다. 버락 오바마 전 대통령이 재임 당시 자국의 눈엣가시인 달라이 라마를 무려 네 번이나 만났음에도 아무런 항의를 하지 않은 것은 이 특징을 상기하면 전혀 이상할 것이 없다. 당연히 달라이 라마가 한국을 비롯해 아시아 국가를 방문하게 되면 난리가 난다. 보복은 필연적이다.

체면 구기고 무시당하면 보복

중국인들이 보복에 유난히 집착하는 데에는 여러 가지 이유가 있다. 역시 체면을 중시하는 기질을 먼저 꼽아야 한다. 무시당했다는 데에 대한 참기 어려운 분노가 복수로 연결된다는 얘기다. 사례를 하나 살펴보자. 때는 2019년 봄의 어느 날이었다. 애주가로 소문난 베이징 차오양구 왕징(望京)의 교민 H씨는 문제의 그날도 모 B급 호텔의 단골 술집에서 술을 거나하게 마셨다. 그 다음부터는 평소 버릇대로였다. 잘 아는 호텔 앞 헤이처(黑車. 무허가 택시)의 기사 K에게 집으로 가자면서 어깨를 툭 친 것이었다. 그런데 이게 웬일인가, 갑자기 K가 "아이고, 나 죽는다!"라는 외마디 비명을 내지르면서 길에 쓰러졌다. 당연히 앰블런스가 오고 난리가 났다. H씨는 폭행죄로 꼼짝 없이 인근 파출소로 연행됐다. 이어 1만 위안의 보상금을 주고 풀려나는 수모까지 감수해야 했다. 이유는 당연히 있었다. K가 평소 자신을 툭툭 치면서 격의 없이 대하는 H에게 앙심을 품은 채 "너 어디 한 번 당해봐라."라면서 그럴 듯한 쇼를 한 것이다. H는 친근감을 표하는 방식인 자신의 진의가 오해를 불러일으킨 것이 억울했으나 K가 "내가 일방적으로 폭행을 당했다. 주변에 증인들도 많다. 호텔 앞 CCTV를 봐도 알 수 있다. 병원비로 10만 위안은 받아야 한다."는 요지의 말로 고집을 부리면서 막무가내로 나오는 것에는 달리 방법이 없었다. 1만 위안만 배상한 것도 행운이라고 생각해야 했다. 이로 보면 중국이 고고도미사일방어체계(사드) 배치에 따른 보복을 한국에 가하는 것은 크게 이상할 것도 없다. 2015년 박근혜 전 대통령이 베이징을 방문해 한중 관계를 최고의 단계로 끌어올린 지 불과 1년여 만에 사드* 배치를 발표했으니 중국으로서는 뒤통수를 맞았다고 생각할 수도 있었던 것이다.

* 사드(THAAD)고고도 미사일 방어체계

"불의는 참아도 불이익은 못 참는다."는 말에서 보듯 경제적 손해를 감수하지 않으려는 기질도 중요 이유가 된다. 타인에 의해 입은 경제적 손실이 때로는 죽음보다 더한 정신적 고통이 될 수도 있는 만큼 어떻게든 이를 발산하지 않으면 안 되는 것이다. 여기에 일본인들처럼 웬만하면 본심을 감추는 기질, 아직은 법치(法治) 시대라기보다는 인치 시대에 더 가까운 현실도 더해진다. 상호 오해와 개인적인 억울함 등이 개인이나 집단 차원의 복수를 생각하게 한다는 얘기다.

중국인들은 복수에 집착하는 것만큼 참을성도 대단하다. "참을 인(忍)자 세 번이면 살인도 면할 수 있다."라는 한국 속담이 있으나 중국인들은 심하게 말할 경우 열 번이라도 참는다. 그러나 이런 사람들을 잘못 건드리면 큰일 난다. 열 번 참다가 폭발하면 언제 어떤 대형 사고를 칠지 모른다. 더구나 그게 10년이고 20년이고 지난 후에 폭발할지 모른다고 생각하면 손발이 오그라들고 가슴이 오싹해진다. 때문에 중국에서는 개인은 물론 기업, 정부의 관계자들도 모두 중국인의 보복문화를 반드시 알아야 하는 것이다.

영웅 문화를 만드는 톨레랑스 기질

- 생활에 뿌리박힌 관용 문화

중국에는 영웅이 참 많다. 물 반, 고기 반 정도가 아니다. 그야말로 물 빠진 저수지에서 살겠다고 펄떡거리는 고기처럼 많다. 이는 기회만 생기면 영웅을 만들어내는 중국의 문화와 무관치 않다.

사례를 들면 알기 쉽다. 때는 2018년 5월 14일이었다. 이날 충칭에서 티베트자치구 라싸로 출발한 쓰촨(四川)항공 여객기는 고도 1만m 상공에서 유리창 파손 사고로 인근 도시 청두(成都)에 불시착하는 사고를 당했다. 당시 상황은 긴박했다. 부기장의 몸이 유리창 밖으로 반쯤 빠져나가 있었을 정도였다. 그러나 류(劉) 모 기장은 20년의 경험에서 쌓은 기지를 발휘해 승무원들을 일사분란하게 지휘해 비행기를 수동으로 안전하게 착륙시켰다. 나름 훌륭하게 사후 처리도 했다. 이 사실이 알려지자 사고 유발의 책임자일 수도 있는 그와 승무원들은 바로 '중국 민간항공의 영웅'이라는 칭호를 받았다. 그래도 여기까지는 괜찮았다. 별로 큰 내용도 없는 이 스토리가 '중국 기장'이라는 영화로 만들어지게 된 것은 조금 심한 일이었다. 이로 보면 2019년 11월 말 중국에서 뉴욕으로 향하던 여객기 안에서 70대 노인이 소변 배출 기능을 상실하자 마침 탑승객인 중국인 의사 2명이 환자의 오줌을 흡입해 배출시킨 행위로 영웅이 된 것은 전혀 이상할 것이 없다.

체제 유지를 위해서라면 누구라도 영웅으로

시간을 거슬러 2010년으로 올라가도 비슷한 케이스는 있었다. 주인공은 푸젠(福建)성 진장(晋江)의 한 평범한 어선의 선장인 잔치슝(詹其雄)이었다. 그는 당시 중국이 일본과 지속적인 분쟁을 벌이고 있는 댜오위다오(釣魚島·일본 이름은 센카쿠尖覺열도) 영해 침범 혐의로 일본 당국에 체포됐다. 이후 큰 고생을 하지 않고 석방됐다. 별 일이 아니었다. 그러나 그는 귀국하자마자 개선장군처럼 환영을 받았다. 그때까지 고향에서조차도 별다른 주목을 받지 않던 평범한 어선의 선장이 하루아침에 영웅이 된 것이다.

앞에서 열거한 관용 기질 사례 외에도 공산당의 체제 유지를 위한 선전 목적과 당 체제의 한계와 부작용을 종종 드러내는 국가 시스템의 부재도 영웅들의 탄생과 무관하지 않다. 2020년 상반기 코로나19가 창궐했을 때의 상황을 보면 이해가 더 쉽다. 당시 후베이성 우한의 의사 리원량(李文亮)은 우연히 코로나바이러스를 발견해 당국에 신고했다. 그러나 철저하게 무시당했다. 나중에는 사회불안을 조장한다는 죄목으로 처벌까지 당했다. 그러다 당국의 초동 대응 실패로 폭발한 코로나19에 의해 불귀의 객이 됐다. 그러자 중국 당국은 즉각 그를 영웅으로 추켜 세웠다. 중국의 국가 시스템 부재와 공산당 1당 독재가 영웅을 탄생시켰다는 사실을 보여주는 가장 직접적인 최근 사례다.

친일파나 대만 출신도 인정해주는 관용문화

하기야 14억 명에 이른 인구, 5000년 이상에 이르는 역사, 광활한 영토, 처절한 전쟁의 역사 등을 고려하면 온갖 잡다한 영웅이 많은 것도 이해는 된다. 여기에 인민을 위해 복무해야 한다는 사회주의적 기본 이념과 아직까지 선전·선동을 위한 구호가 사라지지 않는 현실 등을 더하면 수많은 영웅의 탄생은 어느 정도 수긍할 수 있다.

그러나 영웅이 많은 가장 중요한 원인은 아무래도 관용의 기질이 아닐까 싶다. 다른 말로 하면 중국인들에게는 톨레랑스적인 기질이 있다는 말이다. 실제로 중국인들은 한국인들과 달리 인간을 평가할 때 다소 유연한 측면의 사고방식을 가지고 있다. 잘못을 저질렀다고 해도 인간으로서 도저히 범하지 말아야 할 부도덕한 짓만 아니라면 대체로 관대하게 평가한다.

진짜 그런지는 한국이나 중국이 다 함께 겪은 격렬한 이념 전쟁을 살펴보면 수긍이 갈 것이다. 중국에 조금이라도 관심을 가진 사람이라면 다 알다시피 중국 대륙에서는 1921년부터 1949년까지 공산당과 국민당이 치열한 내전을 벌였다. 이른바 국공 내전이다. 전투가 벌어졌다고 하면 수만 명이 몰사하는 것은 예사였다. 그럼에도 신기하게 민간인들은 이념의 잣대에 의한 무차별 학살을 당하지 않았다.

부역이라는 죄목도 생기지 않았다. 아무 죄도 없는 애꿎은 민간인에 대한 집단 학살이 예사로 벌어진 한국전쟁과는 상황이 달라도 매우 달랐다. 연좌제도 심하게 적용되지 않았다. 가족 중 공산당원이나 국민당원이 있었기에 피해를 본 사례는 거의 드물었다.

국공 내전이 공산당의 승리로 끝난 다음에도 국민당 간부 출신이나 일제에 부역한 반역자들은 아주 악질적 경우가 아닌 한 크게 단죄하지 않았다. 그중 일부가 한젠(漢奸·중국 민족을 배신한 매국노라는 의미)으로 매도되기는 했지만 인생이 나락으로 떨어진 사례는 일제의 괴뢰 정부에서 최고지도자로 활동한 왕징웨이(汪精衛), 저우푸하이(周佛海), 천궁보(陳公博) 정도에 그쳤다.

친일파나 대만 출신도 인정해주는 관용문화

기자는 베이징에 특파원으로 주재하면서 상당히 성공한 경제인 왕원한(王文漢) 씨를 우연히 만날 기회가 있었다. 놀랍게도 그는 한젠으로 매도됐던 할아버지를 둔 사람이었다.

"한젠의 손자라고 주위로부터 손가락질을 받지 않았습니까?"

"제 뇌리에는 나는 나라에 해를 끼친 할아버지를 둔 사람이다는 생각이 자리를 잡고 있기는 했습니다. 하지만 그 때문에 큰 차별이나 탄압을 받지는 않았습니다."

"어떻게 해서 사업에 성공하게 됐나요."

"원래 집안에 재산이 상당히 있었습니다. 이로 인해 공산당 정권이 세워지면서 할아버지가 감옥도 갔다 오는 등 집안 전체가 고초를 겪었죠. 그러나 재산을 완전히 몰수당하지는 않았어요. 일부 국유 재산으로 몰수된 재산은 30여 년 전 개혁·개방 때 우리 집안에서 관리하는 형식으로 돌려받았어요. 이걸 바탕으로 아버지가 사업을 크게 일으켰습니다. 그래서 지금은 베이징에서도 개인소득세 납부 상위 1%에 드는 집안이 됐습니다."

왕씨가 잡은 행운은 사실 중국에서는 늘 볼 수 있는 현실이라고 해도 과언이 아니다. 권력 투쟁에서 패하거나 좌에서 우, 우에서 좌로 완전히 전향한 정치인들의 후손들이 당당하게 살아가는 현실이 무엇보다 분위기를 잘 대변한다. 대표적으로 마오쩌둥에게 반기를 들고 쿠데타를 일으킨 린뱌오(林彪)와 초창기 공산당의 권력 중심에 있다가 전향한 천두슈(陳獨秀)의 후손들을 꼽을 수 있다. 한국 같으면 주위의 눈치를 보면서 숨죽여 살아가야 하겠지만 중국에서는 전혀 그렇지 않다. 또 이들의 과거 행위에 대해서도 과(過)만큼이나 공(功)도 상당히 인정해주고 있다. 하기야 마오쩌둥의 필생의 라이벌이었던 장제스, 그리고 공산당 조직부장까지 역임한 후 국민당으로 전향한 장궈타오(張國燾)도 일부에서는 높이 평가하는 상황이고 보면 린뱌오나 천두슈 등이 영웅의 반열에 올라 있는 것은 전혀 이상하지 않다.

요즘도 이런 케이스는 종종 현실로 나타나고 있다. 주로 대륙에서 활동하는 대만 출신의 유명한 경제학자인 랑셴핑(郎咸平) 홍콩 중원(中文)대학 교수는 아버지가 국공 내전에 참전한 대만 공군 장성 출신이다. 그러나 랑 교수의 부모는 사상 전향을 하지 않고도 고향인 중국으로 귀국해 살고 있다. 아무리 젊은 시절 공산당을 향해 총부리를 겨눴어도 수구초심을 못 견뎌하는 노인에게 중국 당국이 아무 것도 묻지도 따지지도 않는 관용을 베푼 것이다. 이런 사람들이 지금도 중국 전역에는 상당수 있다.

'아리랑' 작가 김산도 명예 회복해 영웅 등극

중국인들의 이같은 관용 기질은 최근에는 이른바 핑판(平反)이나 판쓰(反思) 같은 단어들이 유행하는 것으로도 나타나고 있다. 문화대혁명 직후 주로 유행한 이 말은 인물이나 사건에 대한 재평가를 의미하는 것으로 억울하게 정치적, 사회적 누명을 쓴 사람들에 대한 일종의 신원(伸寃) 운동이다.

님 웨일즈의 『아리랑』으로 널리 알려진 한국의 좌파 독립 운동가 김산(본명 장지락)도 이 평판에 의해 명예를 회복해 영웅이 된 사람이다. 그는 1938년 일본의 스파이, 트로츠키파라는 누명을 쓰고 유명한 악질 좌파 지도자 캉성(康生)에 의해 암살당했으나 1984년 공산당 간부를 지낸 아들 고영광(高永光)씨 등의 노력으로 오랜 누명을 벗었다. 나이 80대 중반을 바라보는 고씨는 이를 통해 한족에서 조선족으로 민족도 바뀌게 됐을 뿐 아니라 최근에는 베이징 특파원들의 지원을 등에 업고 아버지 대신 한국 정부가 수여하는 독립 유공 훈장도 받았다. 고령임에도 더 적극적인 부친 선양 운동도 하고 있다. 2018년 광복절 행사 때는 베이징 주재 한국대사관에서 열린 기념식에 참석, 애국가를 부르기도 했다. 이같은 사례는 중국인들이 고집불통 아집을 가진 기질의 민족이었다면 불가능했을 일이다.

아쉬운 것은 중국정부의 인권에 대한 태도다. 2010년과 2012년 노벨평화상에 이어 노벨문학상까지 수상한 국가답게 정치범들에게도 통 큰 톨레랑스의 기질을 발휘하면 어떨까. 나아가 국가 시스템을 완벽하게 구축하는 노력도 적극적으로 기울여야 하지 않을까.

"남 잘 되는 것은 절대 못 봐"

– 질투의 화신

배 고픈 것은 참아도 배 아픈 것은 못 참는 것이 바로 사람이다. 중국인들도 이 방면에서는 둘째가라면 서러워한다. 중국의 속담에 "머리를 내미는 서까래가 먼저 잘라지고 고개를 먼저 내미는 새가 총을 맞는다."라는 말이 있다. 남이 잘 되는 것을 용납하지 않는 자신들의 기질을 가장 잘 표현한 말이 아닌가 여겨진다. 어떻게 보면 모난 돌이 정 맞는다는 한국 속담과 같은 말이다.

역사를 뒤돌아봐도 중국인들의 이런 기질은 잘 알 수 있다. 때는 바야흐로 진시황이 세상을 떠나고 천하대란의 기운이 막 무르익을 시기였다. 전국 곳곳에서는 현실을 반영하듯 농민 반란도 속속 일어나고 있었다. 사마천이 쓴 『사기』에 등장하는 인물인 진영(陳嬰)은 이때 동양(東陽)현의 현령을 맡고 있었다. 당시 농민 출신인 진승(陳勝)과 오광(吳廣)이 반란군의 지도자로 등장할 정도였으니 그도 야심을 품지 않을 리 만무했다. 더구나 그는 신망까지 두터워 주변의 강력한 지지를 받고 있었다. 하지만 그의 어머니는 "우리 집안에는 지금까지 두드러진 인물이 없었다. 누구도 나서려고 하지 않았다. 만약 그렇게 되면 주변의 질투를 사서 목숨을 부지하기 어렵다. 너는 나서지 말고 중간에 서도록 하라."는 말로 아들의 야심을 단번에 꺾어버렸다. 진영은 어머니의 충고를 듣자마자 즉각 주변의 추대를 물리쳤다. 그 역시 남이 잘되면 질투를 하는 중국인들의 기질을 잘 알고 있었던 것이다.

축구를 비롯한 스포츠경기 때는 한국에 대한 질투 극심

중국인들이 얼마나 질투가 심한지는 널리 알려진 기질에서도 그대로 드러난다. 질투를 뜻하는 훙옌빙(紅眼病·눈이 빨갛게 된다는 의미)이라는 단어가 자주 쓰이는 현실을 보면 중국인들의 질투 기질은 정말 상상을 초월한다.

멀리 뒤돌아갈 필요도 없다. 2010년 열린 광저우(廣州) 아시안게임 때를 한 번 살펴보자. 당시 한국 여자 탁구팀에는 중국에서 귀화한 석하정이라는 선수가 있었다. 어떻게 보면 그녀는 한국으로 귀화해 대표선수까지 된 만큼 금의환향한 셈이었다. 게임을 할 때마다 중국 관중의 응원을 받아야 마땅했다. 그러나 상황은 정반대였다. 조국을 등진 배신자라는 비난 속에 야유만 실컷 들어야 했다. 조국을 떠나 부자 나라인 한국으로 떠난 그녀의 개인적인 결정이 질투의 감정을 폭발시킨 것이다. 또 다른 귀화 선수 당예서 역시 처지가 다르지 않다. 중국에서 경기를 할 때면 늘 고국 관중의 야유로 인해 위축된 경기를 펼쳐야 했다고 한다.

석하정이나 당예서 선수보다 훨씬 선배인 허즈리(何智麗)가 당한 수

베이징 특파원 중국 문화를 말하다

모는 거의 날벼락 수준이었다. 1989년 뉴델리 세계탁구선수권 대회에 중국 국가대표로 출전한 그녀는 준결승에서 동료인 관젠화(管建華)와 맞붙게 됐다. 당시 중국 감독은 이미 결승에 진출한 한국의 양영자 선수의 전력을 면밀히 분석했다. 결론은 허즈리보다는 관젠화가 더 유리한 것으로 내려졌다. 감독은 안전 운행을 위해 허즈리에게 적당히 져주라는 지시를 내렸다. 하지만 그녀는 지시를 어겼다. 관젠화를 이기고 보란 듯 결승에 진출해 양영자 선수까지 제압하고 세계 챔피언이 됐다.

하지만 꿈에도 그리던 목표를 이뤘다는 기쁨도 잠시였다. 그녀는 지시를 어긴 죄로 바로 징계를 당했다. 그녀도 이 과정에서 얼마나 화가 났던지 얼마 후 일본으로 귀화해 고야마 지레(小山智麗)로 변신했다. 이어 5년 후인 1994년 10월 히로시마(廣島) 아시안게임 때 일본 대표 선수로 등장했다. 게다가 개인전에서 연전연승을 거듭하더니 급기야 당시 세계 랭킹 1위인 덩야핑(鄧亞萍)을 3대1로 가볍게 누르고 금메달을 따냈다. 당시 중국인들의 분노와 질투는 그야말로 극에 달했다. 이로 인해 허즈리는 지금도 중국에서는 매국노와 다름없이 취급당하고 있다. 이게 바로 중국인들의 질투 기질을 세계만방에 떨친 허즈리 풍파의 시말이다.

축구를 봐도 중국인들의 질투 기질은 잘 드러난다. 2002년 한국 대표팀이 월드컵 4강 신화를 이뤄냈을 때 중국인들은 지나치게 흥분했다. 같은 아시아의 이웃 나라가 기적 같은 선전을 연이어 보여줘서가 아니었다. 한국 같은 작은 나라가 이룩했다고는 도저히 믿기 어려운 결과가 질투의 감정에 불을 댕긴 것이다. 급기야 냉정해야 할 방송에서도 중국인들은 흥분하기 시작했다. 다른 아시아 국가들은 대부분 한국의 쾌거에 함께 환호했지만 중국 방송들은 승부 조작 의혹과 심판의 편파 판정에 대해 침을 튀기면서 연일 극도의 비판을 가했다.

급기야 이 사건은 양국의 국민감정까지 건드렸다. 지금도 축구 등 스포츠에 관한 한 양국의 상호 감정이 극도로 좋지 않은 것은 무엇보다 이때의 한바탕 난리와 무관하지 않다. 더욱 기가 막힌 것은 16년이 지난 지금까지 이 일을 입에 올리는 축구 팬들이 많다는 사실이다. 중국인의 질투는 이로 보면 평생을 간다고 해도 좋을 것 같다. 2019년 6월 U-20 피파 월드컵에서 한국이 기적의 준우승을 차지한 후 보인 중국인들의 질투 가득한 비판은 결코 괜한 게 아니었다.

혐한류 역시 한류에 대한 질투에서 출발

더욱 큰 문제는 중국인들의 질투 기질이 미국을 빼놓고는 국력이 완전히 글로벌 극강인 지금 유난히 극성을 부리고 있다는 사실이다. 한국의 사드배치 갈등에 따른 중국의 한한령(限韓令·한류 제한령) 발동으로 다소 잠잠하기는 해도 아직까지 식지 않고 있는 한류(韓流)를 대하는 모습이 대표적이다. 이는 한류에 반대하는 이른바 혐한류(嫌韓流)의 유행에서 어느 정도 파악할 수 있다.

경제나 스포츠, 특히 자국이 발상지라고 생각하는 바둑 등에서 한국에 밀리는 듯한 양상을 보일 때도 그렇다. 그야말로 쌍지팡이를 들고 나올 지경이다. 하기야 한국이 유네스코에 문화유산을 등록한다고 하면 도대체 과거 중국의 식민지였던 나라에 독자적인 문화가 어디 있느냐면서 전국의 네티즌들이 들고 일어나는 게 현실이니 더 이상의 설명은 사족일지 모른다.

중국인들의 질투 기질은 한때 세계를 좌지우지하던 투 톱, 미국이나 러시아를 향해서도 종종 표출된다. 이는 항공모함 하나만 거론해도 바로 확인할 수 있다. 중국인들은 앞에서도 언급했듯 세계가 자신들을 향해 이른바 G2라고 하면 별로 탐탁지 않게 생각한다. 내심으로는 대체로 자신들이 G1이라는 생각을 갖고 있다. 국방력도 그 어느 나라에 뒤진다고 생각지 않는다. 하지만 중국은 불과 10여 년 전만 해도 러시아나 미국이 오래 전부터 가지고 있는 항공모함을 보유해본 적이 없었다. 자존심이 상할 수밖에 없다. 수년 전 건조 중이던 항공모함 사진을 이례적으로 공개한 것이나 2011년 10월 1일 건국기념일에 중국 최초 항공모함인 랴오닝(遼寧)함의 취역식을 치른 데 이어 2012년 발해만에서 또다시 같은 행사를 성대하게 치른 것도 다 이런 질투의 화신이라는 배경이 작용했던 것이다. 2018년 드디어 완공, 2019년 말 취역한 최초의 국산 항모인 산둥(山東)함을 애지중지하는 것은 더 거론할 필요조차 없다.

남의 뛰어남을 용납하지 않는 중국인들의 기질은 경쟁심을 촉발해 높은 생산성이나 뛰어난 창의성으로 연결되는 긍정적 측면이 있다. 그러나 부정적인 면이 더 많다고 볼 수 있다. 문화평론가 류샤오궁(劉小功) 씨의 설명을 들어보자.

"질투는 남에 대한 아무런 이유가 없는 공격적 성향으로 나타난다. 문화대혁명 당시를 예로 들면 잘 알 수 있다. 음악을 잘 하는 사람들은 손가락을 잘렸다. 춤을 잘 추는 사람들은 아킬레스건까지 잘렸다. 뛰어난 용모를 가진 사람들은 얼굴이 완전히 망가졌다. 중국인들의 이런 성향이 고쳐지지 않는 한 앞으로도 비슷한 비극적 사건들이 일어나지 말라는 법이 없다. 이뿐만 아니다. 질투는 억지와 생떼로도 연결된다. 국제적으로도 그러면 중국이 제2의 미국이 되지 말라는 법이 없다. 이경우 중국은 국제적으로 왕따 당할 수 있다."

중국말로 질투는 '츠추(吃醋)'라고 한다. 글자 그대로 하면 '식초를 먹는다'는 뜻을 가지고 있다. 여기에는 비하인드 스토리가 있다. 5000년 중국사를 대표하는 성군 중 한 명으로 불리는 태종 이세민(李世民) 시대의 방현령(房玄齡)은 유능한 재상으로 유명했다. 당나라를 반석에 올려놓는데 큰 기여를 했다. 이세민은 어떻게든 그에게 보답을 하고 싶었다. 결국 첩 둘을 하사하는 결정을 내렸다. 문제는 방현령의 부인이 질투가 너무나 심해 이를 완강히 거절했다는 사실이었다. 그럼에도 불구하고 이세민은 상을 거두고 싶지 않았다. 고심 끝에 방현령의 부인에게 두 가지 선택을 하도록 강요했다. 첩을 들이는 것을 용인하든지 사약을 받든지. 그러자 방현령의 부인은 한 치의 망설임 없이 사약을 마셨다. 당연히 이세민은 그녀에게 죽음을 내리려고 하지 않았다. 그저 겁을 주려고 했을 뿐이었다. 사약을 넣은 사발에는 식초를 넣기도 했다. 이후 '츠추'는 '질투하다'는 의미를 가지게 됐다. 유치한 비하인드 스토리이기는 하나 중국인들의 질투 기질이 평균적으로 얼마나 고황(膏肓)에 박혀 있는지를 말해주는 사례다.

중국인들의 이런 질투 기질이 잘못 흘러가면 중국은 자신들이 그토록 부르짖는 허세 사회가 아닌 카오스 사회 쪽으로 흘러갈 가능성이 더 높다. 이렇게 되지 않으려면 중국인들은 자신들의 또 다른 기질인 관용을 보다 더 적극적으로 발전시켜야 한다는 얘기다. 더불어 한국을 비롯한 세계 사회도 이런 중국인들의 기질을 잘 파악해 현명하게 대처해야 한다.

옆에 사람이 죽어가도 상관하지 않는 극단적 이기주의

- 불이익은 못 참아

사람은 정도의 차이는 있지만 대체로 호기심이 엄청나게 많다. 인류가 오늘날 이 정도로까지 눈부시게 발전한 것은 순전히 그 호기심 덕분이라고 해도 좋다.

중국인들의 호기심이 세계 평균을 훨씬 웃돈다는 것은 주변에서 큰 싸움이나 교통사고 같은 볼거리가 발생하면 구름처럼 몰려들어 구경하기를 너무나 좋아하는 습성을 보면 확실히 알 수 있다.

그러나 정확하게 딱 거기에서 그친다. 적극적으로 개입해 상황을 해결하려고 절대로 나서지 않는다. 자신에게 불이익이 돌아온다는 생각이 들면 오불관언(吾不關焉)하는 게 일상화돼 있다. 일부 양식 있는 중국인들이 스스로를 일컬어 '불의는 참고 불이익은 참지 않는 민족'이라는 독설을 내뱉는 것은 이런 특징을 보면 진짜 정곡을 찔렀다고 할수 있다.

사실 불의를 참지 않고 불이익을 감수하는 것은 권장해야 할 덕목에 속한다. 지구촌 곳곳의 거의 모든 국가들이 그런 바람직한 태도를 익힐 것을 자국민에게 어릴 때부터 적극적으로 가르친다. 의사(義死)나 멸사봉공 같은 이타적 행동은 지금도 만국 공통의 미덕이 아닌가.

남이 험한 일을 당해도 상관하지 않는 민족성

중국도 기본적으로 이런 덕목을 학교에서 열심히 가르치고 있다. 이미 9000만 명을 넘어선 공산당원들에게는 더욱 강력하게 이 덕목을 강조한다. 당의 헌법이라고 할 당장(黨章)에 당과 인민을 위해 자신을 희생할 것을 확실하게 명시하고 있다. 입당 선서에도 이 대목은 빠지지 않고 들어간다. 중국이 고수하고 있는 사회주의 이념 자체는 한걸음 더 나아간다. 자기 자신의 이익보다는 이타적 행동을 발흥시켜 인류의 공영에 기여해야 한다는 것이 기본 원칙이다. 한마디로 중국은 모든 국민이 바른생활 교과서형 인간이 돼야 할 교육을 철저히 받고 있는 것이다.

그러나 오늘도 광활한 대륙 곳곳에서 일어나는 크고 작은 사건, 사고들은 학교에서의 교육이나 사회주의 이념이 얼마나 탁상공론에 지나지 않은지를 말없이 보여준다.

2018년 6월 간쑤성 칭양(慶陽)시에서 발생해 중국 전역을 떠들썩하게 했던 한 사건을 우선 살펴보자. 사건의 전말은 이렇다. 당시 19살의 리(李)모 양은 시내 번화가에 있는 한 백화점 8층 난간에 올라가 자살을 시도했다. 고교 3학년이었던 1년 전 담임교사에게 성폭행을 당할 뻔한 이후 심각한 우울증에 시달렸음에도 사건이 유야무야돼 화가 치밀어 자신의 억울함을 호소하려 나선 것이다. 당연히 소방대원들이 긴

중국인들의 극단적 이기주의는 말릴 수가 없다. 남을 위해 자신의 이익을 희생한 사람들이 단체로 포상을 받는 모습

급 출동해 설득 작업을 벌였다. 그러나 백화점 아래에서 그의 자살 기도를 지켜보던 시민들의 반응은 180도 달랐다. "뛰어 내리려면 빨리 뛰어내려라."라고 외치는 사람들도 있었다. 심지어 일부 시민은 소셜 미디어에 "더워 죽겠는데 빨리 뛰어내려라. 도대체 뛰어내릴 거냐 말 거냐."는 등의 글을 올리기도 했다. 리 양은 이에 충격을 받은 듯 결국 자신을 붙잡고 있던 소방대원의 손을 뿌리치고 극단적 선택을 했다. 리 양이 뛰어내리자 울음을 터뜨리는 사람도 있었으나 더 많은 사람이 박수를 보내고 환호성을 지른 것으로 알려졌다. 진짜 기가 막힐 일이었다.

수년 전에 발생해 중국 전역을 떠들썩하게 만든 사건도 별로 다를 것이 없다. 사건이 일어난 장소는 쓰촨성 청두시 진장(錦江)구의 한 찻집이었다. 이날 이 찻집에서는 다수의 노인들이 한국의 고스톱보다 더 중독성이 강하다는 마작을 하고 있었다. 그러던 중 한 70대 노인이 갑자기 쓰러졌다. 노인인 만큼 상황이 심상치 않았다.

하지만 가장 먼저 현장을 목격한 바로 옆 테이블의 노인들은 사람이 죽어가는 데도 꼼짝도 하지 않았다. 그저 마작 놀이에만 정신이 팔려 있을 뿐이었다. 노인은 찻집 주인의 신고를 받고 달려온 구조요원들의 도움으로 응급처치를 받았으나 그만 숨지고 말았다.

한 달 후인 8월 12일 광둥성 광저우시 황푸(黃埔)구에서는 더 황당한 일이 벌어졌다. 한 노인이 산책을 나왔다가 그만 빗길에 넘어져 사경을 헤매는 데도 두 시간 동안 방치돼 죽음에 이른 것이다. 주변에 수많은 사람들이 몰려들었으나 어느 누구도 구조의 손길은 내밀지 않은 채 그저 구경만 했다고 한다.

더 황당하고 안타까운 사례는 수년 전 한여름에도 있었다. 당시 장쑤성 난징의 한 버스 안에서는 웬 여학생이 정신이상자로 보이는 괴한에게 목을 졸린 채 생명을 잃을 위험에 처해 있었다. 그러나 현장에는 많은 사람이 있었음에도 불구하고 누구도 여학생에게 도움의 손길을 내밀지 않았다. 여학생은 결국 죽고 말았다. 도저히 문명사회에서 일어났다고 할 수 없는 엽기적 사건이었다. 공자가 그토록 부르짖었던 '견리사의, 견위수명(見利思義, 見危授命·이로움을 보면 의를 생각하고 남의 위험을 목격하면 목숨을 바친다)'의 가르침과는 너무나 거리가 먼 끔찍한 비극이었다. 2019년 11월 말 대만 출신의 모델 겸 배우 가오이샹(高以翔)이 『저장(浙江)위성TV』의 한 서바이벌 프로그램을 녹화하다 갑자기 쓰러져 숨진 것은 이로 보면 이해가 가고도 남는다고 해야 한다. 당시 현장에는 방송사 스태프들을 비롯한 다수의 사람들이 있었으나 그를 30분 동안 방치한 채 세상을 떠나도록 만들고 말았다. 키 195센티미터에 농구를 즐기는 건장한 청년은 그렇게 허무하게 35세를 일기로 인생을 마감하지 않으면 안 됐다.

중국에서는 매년 여름 장마철마다 수없이 많은 익사 사고가 일어난다. 누군가가 도움의 손길을 내민다면 충분히 살릴 수 있는데도 해마다 많은 사람이 죽어간다.

"교과서에서는 의사를 극찬하고 마땅히 인간이 해야 할 도리로 가르치고 있으나 현실로 나타나는 일은 아주 드물다. 홍수에 떠내려가는 사람을 두 눈 멀쩡히 뜬 채 구경하면서 '왜 저 사람은 수영을 해서 뭍으로 나오지 않나?'라는 말을 무덤덤하게 하는 사람들이 중국인들이다. 익사 직전의 위기에 처한 사람을 구하기 위해 뛰어드는 사람은 바보 취급을 받는다." 중국인들의 극단적인 이기주의에 대한 베이징 대학 교수 왕웨이(王衛) 씨의 한탄이다.

남이 위험에 처해 있어도 나 살기 위해 모른 척

이런 사회 분위기는 교육 현장에서도 별로 다르지 않다. 만약 누가 위험에 처해 있을 때 자신의 안위를 돌보지 않고 뛰어들어 구원의 손길을 내미는 것이 옳으냐고 학생들에게 물으면 당연하다는 대답이 나오는 법이 거의 없다. 오로지 36계 줄행랑이 가장 적절한 처신으로 인식되고 있을 뿐이다. 중국 당국이 매년 '의를 행해야 하는 상황에 직면하면 용감하게 나서자'는 내용의 이른바 젠이융웨이(見義勇爲) 캠페인을 지속적으로 전개하는 데에는 다 이런 풍토가 작용하고 있는 것이다.

외국인들도 예외는 없다. 수년 전 여름, 베이징에 주재하는 한국 언론사 특파원단은 후난(湖南)성 둥팅후(洞庭湖)의 환경 문제를 취재하기 위해 장도에 올랐다. 그러나 불행히도 둥팅후로 가는 도중 교통사고를 당했다. 험준하고 협소한 도로를 만나 봉고차가 10여 미터 아래로 추락한 것이다. 일행 10여 명이 크고 작은 상처를 입은 대형 사고였다. 불행 중 다행이랄까. 얼마 후 주변 마을 주민들이 손에 전등을 든 채 나타났다. 일행은 이제는 살았구나 하면서 안도의 한숨을 내쉬었다. 그러나 그게 아니었다. 주민들은 쓰러져 있는 특파원들은 아예 거들떠 보지도 않았다. 대신 그들의 소지품을 몇 가지씩 들고 그대로 줄행랑을 쳤다. 주민들의 목적은 오로지 사고를 당한 특파원들의 귀중품 탈취에 있었던 것이다.

"그때는 정말 기가 막혔다. 죽음에 직면한 사람들을 놔두고 소지품부터 뒤지는 사람들이 있을 수 있다는 사실을 그때 처음 알았다. 당시 그 사람들은 사고를 당한 사람의 목숨보다는 주인 잃은 귀중품을 하나라도 더 챙기는 것이 절실했던 것 같았다."

중국인들의 극단적 이기주의 개선의 소지 있을까

그때 현장에 있었던 한 특파원의 푸념이다. 이런 중국인들의 극단적 이기주의에 대해서는 중국인 지식인들도 솔직히 인정한 바 있다. 대문호 루쉰(魯迅)의 『아큐정전(阿Q正傳)』같은 불후의 명작에도 이런 기질이 생생하게 나타나 있다. 중국 최고 싱크탱크인 사회과학원의 사오다오성(邵道生) 연구원도 맞아 죽을 각오를 하고 썼다는 『99가지의 중국인 성격』이라는 두툼한 책에서 중국인들의 극단적 이기주의를 혹독하게 비판한다.

남이야 어떻든 나만 잘 먹고 잘 살면 된다는 심리와 직결되는 이기주의는 인색한 기부문화로 이어진다. 기부액 규모가 전체 GDP에서 차지하는 비율은 1%도 채 되지 않는 0.66%에 불과하다. 9%인 미국과 비교조차 되지 않는다. 중국에서 이타주의는 아예 기대하지 말아야 한다는 극단적인 한탄이 양식 있는 중국인들 사이에서 종종 흘러나오는 것은 괜한 게 아니다.

중국인들의 장점은 이루 헤아리기 어려울 만큼 많다. 나이 80세가 될 때까지 자신을 알아봐주는 군주가 나타날 것이라면서 은인자중한 강태공의 고사에서 보듯 한없이 기다릴 줄 아는 여유, 여기에다 한국인과 완전 반대인 느긋한 성격도 큰 장점 중 하나다. 그럼에도 불구하고 남을 돌보지 않는 극단적 이기주의 기질이 DNA에까지 녹아 있다는 평가를 받는 것은 정말 치욕적이다. 모두가 골수에 밴 금전만능 사상, 남의 일에 참견하지 말라는 전통적 교육, 공산당의 교육과는 반대 방향으로 달려가는 최근의 지나친 개인주의 성향 등이 원인으로 보인다.

디테일에 약하다
– 대충 대충 문화

중국인들은 광활한 영토, 인도 외에는 라이벌이 없는 엄청난 인구 탓에 운명적이라고 해도 좋을 만큼 큰 것을 몹시 좋아한다. 축소 지향의 일본인들과는 달라도 너무나 다르다. 국민성이 근본적으로 대물(大物) 주의적, 확대 지향적이다.

먹는 것을 유난히 즐기는 중국인들의 일상생활과 떼어놓고 생각하기가 불가능한 식당들을 대충 살펴봐도 그렇다. 웬만하면 수천여 명을 수용하는 식당들이 전국 어디를 가나 즐비하다. 한국이나 일본에서는 엄청나게 큰 규모인 500명 정도 수용할 수 있는 식당들은 명함조차 내밀지 못한다.

다른 분야에서도 크게 다르지 않다. 큰 것, 많은 것을 찾는 경향이 유행이 되다시피 하고 있다. 세계 최대 서점에서부터 무게가 무려 1톤 가까이 되는 돼지, 웬만한 아이 몸무게와 맞먹는 슈퍼 수박, 한때 현금

베이징 특파원 중국 문화를 말하다

으로 5억 원을 호가했던 짱아오(藏獒·일명 사자개로 불리는 티베트 개) 등이 매년 언론의 가십거리로 등장하기도 했다.

큰 것을 좋아하는 대물지향, 확대지향의 문화

한국인이나 일본인들과는 완전히 다른 확대지향적인 중국인들의 모습은 여러 문화유산 등을 보면 쉽게 확인할 수 있다. 만리장성만 봐도 그렇다. 길이가 얼마나 길었으면 우주에서 유일하게 관찰할 수 있는 건축물로 불린다는 거짓말의 대상이 될까. 실제 길이가 경부 고속도로보다 무려 15배나 더 길다.

쯔진청(紫禁城)으로 불리는 베이징의 구궁(故宮)인 자금성도 엄청나게 크다. 아무리 명나라와 청나라의 황제들이 500년 이상 거주한 정궁이었다고 하더라도 70만m^2나 되는 어마어마한 면적은 좀 과도한 측면이 없지 않다. 동서와 남북의 길이는 각각 750m와 960m에 이른다. 성인이 빠른 걸음으로 걷는다고 해도 궁의 구석구석에 이르기 위해서는 최소한 두 시간 이상이 필요하다. 입구인 우먼(午門)의 높이도 무려 38m로 일반 아파트로 치면 15층 높이다. 수많은 비빈들의 끈적끈적한 화장품의 체취가 느껴질 법한 궁내는 방이 무려 9999칸에 이른다. 마지막까지 궁의 규모에 질리지 않던 사람들도 9999칸에 이르면 혀를 내두르게 된다.

산시(陝西)성 시안(西安)에 소재한 진시황(秦始皇)의 병마용(兵馬俑)과 바로 인근의 진시황릉, 대륙 곳곳에 산재한 불교 유적 등은 더 말할 필요조차 없다. 쓰촨성 러산(樂山)에 있는 마애불상은 높이가 무려 71m다. 머리 하나 크기가 14m이고 발가락 하나에 어른 5명이 앉을 수 있을 정도다.

큰 것을 숭상하거나 추구하는 중국의 대물주의는 전통적인 대국주의, 즉 중화사상과 밀접한 관련이 있다. 뭔가 큰 나라로서의 권위와 이웃 주변국들을 압도하는 위압감을 보여주려면 아무래도 대물주의가 팽배할 수밖에 없었던 것이다. 기자는 최근 중국 사학계가 고구려와 발해까지 자국 역사로 편입하려는 것도 이런 대물주의 속성과 무관하지 않다고 생각한다.

큰 것에 대한 맹목적 애착이 무조건 좋은 것은 아니다. 작은 것에 소홀해져 마무리가 허술해지는 치명적인 단점을 부르기 때문이다.

미래 사회는 중후장대(重厚長大)보다는 갈수록 작은 것이 더 가치를 지니는 경박단소(輕薄短小)의 사회로 흘러가야 한다. 그런데도 중국은 작은 것, 다시 말해 디테일에 약하다. 전문가들은 중국이 반도체 굴기(崛起·우뚝 섬)와 4차산업 혁명을 부르짖고 있으면서도 첨단 산업 등에서 아직 세계적 수준에 이르지 못하는 것은 다름 아닌 이런 약점에서 비롯됐다고 분석한다.

이에 대해 베이징의 유명 게임업계 사장인 리톈잉(李天應) 씨는 "중국은 지난 수십 년 동안 산업에서도 덩치 큰 것에만 신경을 썼다. 그래서 우주선을 발사하면서도 바늘이나 라면 봉지의 질은 부끄러울 정도다. 문제는 이런 상태가 계속된다면 반도체나 첨단 산업에서 한국이나 일본을 따라가기 힘들다는 사실이다. 중국이 최근 들어 이들 분야에서 자체 연구·개발보다는 외국 기업들에 대한 인수·합병에만 신경을 쓰는 것도 다 이런 현실에 기인하고 있다."면서 대물주의의 폐해를 아쉬워했다.

최근 광둥성의 한 식품 기업에서 있었던 사건을 봐도 이 현실은 잘 알 수 있다. 이 기업은 얼마 전 유럽으로 냉동 새우 1000톤을 수출했

베이징 특파원 중국 문화를 말하다

중국인의 대물주의를 보여주는 러산 대불. 전체 높이가 71m, 머리 너비만 14m로 마애불상으로는 세계 최대 크기다

다. 하지만 현지에서 통관 절차를 밟다가 수입업체로부터 이의 제기를 당했다. 수출 새우에서 무언가 이물질이 발견된 것이다. 이물질은 새우를 손질하던 직원의 손에 묻어 있던 항생제로 밝혀졌다. 새우 1000톤은 바로 폐기됐다. 일본, 최소한 한국 기업 같았으면 당하지 않았을 일이었다.

중국 전역에서는 해마다 이른바 더우푸자(豆腐渣·두부찌꺼기라는 의미)로 불리는 수천 건의 날림 공사가 자행되고 있다. 하지만 대충 지은 아파트나 건축물들이 붕괴되거나 말썽을 일으켜도 당사자들은 눈 하나 까딱 하지 않는다. 많은 일을 하다보면 그럴 수도 있다는 안이한 생각에 빠져 있는 것이다. 이런 대충대충 문화는 중국의 문호 후스(胡適)의 글 『차부뒤(차불다·별 차이 없다)선생전』에 잘 나타난다.

차부뒤 선생은 이런 말을 자주 했다.

"사는 게 다 거기에서 거기지 뭘 그리 꼼꼼하게 할 필요가 있느냐?"

그의 어린 시절, 어머니는 그에게 흑설탕을 사오라고 했다. 그러나 그는 백설탕을 사왔다. 어머니가 그를 다그치자 고개를 가로 저으면서 이렇게 대답했다.

"흑설탕이나 백설탕이나 그게 그거잖아요?"

나중에 그는 한 상점에서 일하게 됐다. 그는 글을 쓸 줄도 알고 계산할 줄도 안다. 그저 정확도가 떨어졌을 뿐이다. 종종 십(十)을 천(千)이라고 쓰고, 천(千)을 십(十)이라고 썼다. 주인이 화를 내면서 다그쳤으나 그는 웃으면서 이렇게 대답했다.

"천이나 십이나 획 하나밖에 차이나지 않는데 그게 그거 아닌가요?"

적당히 하고 대충대충 습관이 문화로 굳어져

'메이관시(沒關系·적당히 해, 상관없어)'와 '차부뒤'는 중국인들이 하루에도 몇 번씩 쓰는 말이다. 말 자체에서부터 아예 디테일에 신경 쓰는 듯한 느낌을 전혀 주지 않는다.

기자는 최근 중국에서는 드물게 세심함과 마무리 없이는 불가능한 디테일을 강조하는 『디테일이 성공을 결정한다』는 책을 써서 전국적 인물로 뜬 왕중추(汪中求) 씨를 만났다. 그에게 중국인들의 디테일에 대한 생각과 수준이 어떤지를 들어봤다.

"중국인들은 세상에서 디테일에 가장 약한 사람들입니다. 디테일에 관련해서는 정말 문제가 많은 사람들이죠. 하기야 그래서 중국이 오랜 기간 지구촌의 주변 국가에 머물러 있었는지도 모르겠습니다."

-그래도 조금은 바뀌었을 것 아닙니까.

"그렇습니다. 아무래도 40여 년에 걸친 개혁·개방의 영향이 컸습니다. 열심히 세밀한 부분까지 신경 쓰지 않으면 먹고살기 힘들다는 생각을 한 겁니다."

-구체적인 사례를 들어주십시오.

"최근 중국에 갔다면 공항 통관 검색대에 설치된 서비스 버튼을 봤을 겁니다. 출입국 관리 직원의 서비스에 흡족했다면 '아주 만족' 버튼, 만족스럽지 않았다면 '불만족' 버튼을 누르게 돼 있습니다. 이렇게 하면 직원의 출입국 서비스가 좋아질 수밖에 없습니다. 응답 결과가 그들의 승진과 임금에 영향을 주기 때문입니다. 중국 출입국 관리 직원은 무뚝뚝하기로 유명합니다만 이 시스템을 도입한 후 정말 많이 친절해졌습니다. '디테일 경영'이라는 것은 바로 이런 겁니다. 작은 일 하나하나를 시스템 속으로 끌어들여 제도화하는 겁니다. 중국 은행에도 이제 한국처럼 번호표가 도입되고 있습니다. 역시 디테일을 시스템화한 겁니다."

국가가 발전할수록 디테일 중시하는 문화 필요해

-시장에 민감한 중국 기업인들은 더 많이 바뀌고 있을 것 같은데요.

"기업인들이 대충 하면 그 기업은 반드시 망합니다. 반면 그렇지 않은 기업은 일어섭니다. 한때 망하기 일보 직전이었던 하이얼(海爾)이 좋은 사례입니다. 칭다오(靑島)맥주도 한때는 맥주 속에 이물질이 들어가는 등 경영이 엉망이었으나 경영진의 대오각성으로 재기했습니다. 앞으로 이런 기업이 더 많이 나올 겁니다."

-변화가 오고 있다는 사실을 느끼는 것 같네요.

"느낍니다. 중국 기업인들이 스티브 잡스가 말한 인문학의 중요성을 요즘 절감하고 있는 것 같습니다. 요즘 많은 CEO들이 중국 철학이나 문학, 역사 등을 공부하는 것을 보면 진짜 그렇습니다. 상당수는 이걸 기업 경영에 어떻게 적용할지를 고민하고 있는 것 같습니다."

-그렇다면 중국이 곧 진정한 G1이 되는 시대가 오긴 올까요?

"아직 멀었습니다. 중국은 이제 겨우 젖을 뗀 강아지처럼 디테일에 눈을 떴을 뿐입니다. 아직까지는 여전히 규모에 의존합니다. 저임의 노동력에 기대합니다. 그러나 중국인들에게는 두 가지 덕목이 있습니다. 고생을 두려워하지 않습니다. 또 학습 능력이 뛰어납니다. 이걸 잘 활용하면 먼 미래에는 가능성이 있습니다. 더욱 디테일해질 겁니다. 그러면 G1급 G2라는 소리를 들을 수 있을지 모르겠습니다."

많이 좋아지기는 했으나 평균적으로는 대충하는 고질적 습성이 여전해 아직은 갈 길이 멀다는 얘기다. 사실 2019년 말 얼렁뚱땅 하는 대충대충 공사로 고작 1주일 만에 아파트 한 동을 지은 어느 지방 건설회사의 얘기가 해외 토픽에 나온 것을 보면 그의 단정도 지나친 것은 아니다.

그러나 중국은 머리카락에 그림을 그리는 등 도저히 불가능할 것 같은 화법(畵法)도 실용화하는 나라가 아닌가. 마음만 먹으면 모든 분야에서의 디테일 수준을 높일 능력을 충분히 가진 나라다. 여기에 엄청나게 높은 배율의 돋보기로 들여다봐야 글씨가 겨우 깨알처럼 보이는 옥 조각상을 문물로 남긴 국가라는 사실까지 더하면 디테일에 강해져 대충대충 문화를 청산하는 게 불가능하지만은 않을 것이다.

같은 민족으로 보기 어려운 극심한 지방색

- 중국 분열론의 뿌리

세 상에 지역감정이 없는 나라는 거의 없다. 독일은 통일된 지이미 30여 년이 지났으나 서로를 '게으르고 불평 많은 오시(Ossi·동독 출신)'와 '거만한 베시(Wessi·서독 출신)'로 부르면서 헐뜯는 형국을 타파하지 못하고 있다. 심지어는 사회문제까지 되고 있다. 동독출신인 앙겔라 메르켈이 총리로 독일을 무리 없이 이끌어가는 것이신기할 정도이다.

중국은 외면적으로는 이 정도로 심각한 수준은 아닌 것 같다. 염황(炎黃·전설상의 황제들인 염제와 황제·중국인의 시조로 일컬어짐)의 자손이라는사실을 유독 강조한다거나 1억2000여 명 전후에 이르는 소수민족까지 중국인으로 적극 포용하는 자세를 보면 확실히 그렇다. 그러나 내부로 깊숙하게 들어가 보면 디다우보(地大物博·땅이 넓고 물산이 풍부함)의 나라답게 지방색이나 지역감정이 대단하다.

지역감정은 우선 각 지역 출신자들을 일컫는 뒷골목 속어에서 그대로 나타난다. 예컨대 산둥얼(山東兒·산둥 꼬마)이라는 단어가 대표적이다. 산둥성 출신 사람들은 예부터 다른 지역 사람들보다 키가 크고 장대했다. 생긴 것도 전체 평균보다 훨씬 낫기 때문에 전체 평가가 산둥얼과는 반대되는 별칭인 산둥다한(山東大漢)으로 불리는 것도 다 이런 현실과 직결돼 있다. 실제 산둥성 출신 중에는 스포츠 스타와 출중한 군인이 유난히 많다. 지금도 인민해방군 장군 중 20% 정도가 이 지역에서 배출되고 있다. 사정이 이런 데도 산둥다한 대신 산둥얼로 불리는 이유는 분명하다. 액면 그대로 좋게 불러주지 않겠다는 다른 지역 중국인들의 배타적 심성 때문이다. 산둥성 사람들은 중국 안에서 이런 대접을 받아 일찍부터 외국 진출로 방향을 틀어서인지 한국 화교 대부분도 이들이다. 이 덕분에 산둥 룽청(榮城)의 토종 요리 자장면이 전래돼 한국의 국민 음식이 될 수 있었다.

쓰촨땅콩은 키가 작은 쓰촨 사람들을 깔보는 별명

덩샤오핑의 고향인 쓰촨성 출신들에게는 훨씬 더 지독한 별명이 붙는다. 땅콩보다 훨씬 더 작은 종자라는 의미를 담고 있는 쓰촨먀오쯔(四川苗子)가 그것이다. 먀오쯔는 아마 성경에 나오는 겨자씨보다 조금 크지 않을까 싶다. 쓰촨성 출신들이 이처럼 치욕적인 별명으로 불리는 이유는 아주 간단하다. 평균적으로 키가 작은 것이 그 이유다. 중국의 오늘을 있게 한 덩샤오핑의 키가 채 160cm에 미치지 못했던 사실을 기억해보라. 옛날보다는 풍요로워진 요즘도 남자들의 키가 180cm를 넘는 경우가 흔치 않다. 만약 180cm가 넘으면 쓰촨성 일대에서는 몸짱 대접을 받는다.

산시성을 비롯해 허난성, 광둥성 출신을 일컫는 라오시얼(老西兒·산시성 촌뜨기)과 허난뤼(河南驢·허난성 당나귀), 난만쯔(南蠻子) 등도 신체적인 약점을 파고든 비웃음 가득한 별칭들이다. 이 중 난만쯔는 키가 작고 못 생긴 남방 오랑캐라는 지독히 나쁜 뜻을 가지고 있으므로 당사자 앞에서 이 말을 한다면 바로 주먹이 날아올 것을 각오해야 한다. 광둥성 출신들이 상당히 호전적인 것은 바로 이런 현실에서 연유한다.

산시성 촌뜨기, 허난성 당나귀, 남방 오랑캐……

어디를 가나 같은 지역 출신들이 뭉쳐 사는 폐쇄성에서도 지역감정은 아주 잘 볼 수 있다. 베이징이나 상하이, 선전 등 대도시에서 자주 눈에 띄는 신장춘(新疆村), 저장춘(浙江村), 안후이춘(安徽村) 등과 같은 동네 이름은 같은 고향 사람이 아니면 아예 어울리지 않으려는 중국인들의 배타적 성향을 반영한다. 놀랍게도 이 같은 폐쇄성은 해외의 중국인들과 화교들 사이에서도 그대로 드러난다. 동남아 같은 곳의 화교 사회에 성(省)별로 수많은 동향회가 있는 데에는 다 이유가 있다. 한국에 사는 화교들도 다르지 않다. 같은 산둥성 출신이더라도 시나 현별 동향회가 부지기수다.

정치 무대에서도 동향인을 끔찍하게 위하고 특정 지역 사람들을 백안시하는 지역감정은 작용한다. 지난 1980년대 중국의 대표적 정치 파벌로 불렸던 쓰촨방(四川幫)을 대표적으로 꼽을 수 있다. 덩샤오핑은 문화대혁명이라는 대혼돈의 와중에서 살아남아 70년대 말 극적으로 집권했다. 당연히 주위에 믿을 만한 측근이 많지 않았다. 답답한 그로서는 자연스레 동향 인물 중 누가 쓸 만한 인물인지에 관심을 가질 수밖에 없었다. 그때 눈에 들어온 사람이 바로 쓰촨성의 서기로 있던 자오쯔양(趙紫陽)이었다. 그 다음부터는 일사천리였다. 즈성지(直升機·헬리콥터)를 탔다는 말을 들어도 좋을 만큼 자오가 변방의 서기에서 바로 정치국 상무위원으로 급부상한 것이다. 이후 그는 총리를 거쳐 총서기까지 승진했다.

1990년대는 이른바 상하이방(上海幫)이 이 분위기를 이어갔다. 자오 전 총서기가 실각하자 바로 뒤를 이은 장쩌민 전 총서기 겸 주석이 상하이와 그 일대 출신 인재들을 대거 중용한 것이다. 그리고 후진타오에 이어 시진핑 총서기 겸 주석이 권좌에 올라선 지금은 그의 고향인 산시(陝西)성이나 그가 오랫동안 정치 경력을 쌓은 곳인 푸젠(福建), 저장성 출신 인재들이 눈에 두드러지게 중용되고 있다.

특정지역 뭉쳐 베이징방, 상하이방 권력투쟁

지역감정은 종종 피를 부르기도 한다. 지난 1995년 철퇴를 맞고 역사의 무대 뒤편으로 완전히 물러난 이른바 베이징방(北京幫)의 비극이 바로 이에 해당한다. 당시 정부 당국에서는 천시통(陳希同) 베이징 서기를 비롯한 일련의 부패분자들이 엄청난 비리를 저질러 이들을 대거 체포해 처벌했다는 포고문을 전격 발표했다. 이 과정에서 천 시장의 직계였던 왕바오썬(王寶森) 부시장은 권총 자살로 생을 마감하기도 했다. 본인이 축재한 돈으로 첩을 다섯 명이나 둔 것도 한 가지 이유였지만 상하이방과의 파워 게임에서 패한 게 직접적인 원인이었다.

지역감정은 사회적인 부작용을 불러오고 있다. 대륙의 중심에 있다고 해도 좋을 허난성은 '삼국지'의 주요 무대로 널리 알려져 있다. 또 뤄양(洛陽), 카이펑(開封) 등 고도(古都)가 많기로도 유명하다. 그렇다면 이 성 출신들은 나름대로 자부심을 가질 만하다. 그러나 현실은 이와

베이징 특파원 중국 문화를 말하다

중국인들은 남방계와 북방계가 외모부터 크게 다르다. 자연스레 지방색이 생길 수밖에 없다
중국 정부는 이를 극복하기 위해 화합을 위한 전국체육대회를 4년마다 한 번씩 열고 있다

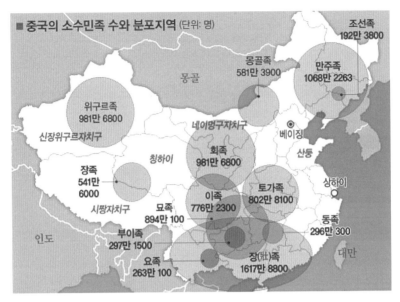

■ 중국의 소수민족 수와 분포지역 (단위: 명)

조선족
192만 3800

몽골족
581만 3900

만주족
1068만 2263

몽골

위구르족
981만 6800

신장위구르자치구

네이멍구자치구

베이징

산둥

칭하이

회족
981만 6800

장족
541만
6000

시짱자치구

이족
776만 2300

토가족
802만 8100

상하이

묘족
894만 100

동족
296만 300

인도

부이족
297만 1500

요족
263만 100

장(壯)족
1617만 8800

대만

중국민족의 다양성을 보여주는 소수민족 지도

딴판이다. 허난성 출신들이 언제부턴가 전국적으로 왕따가 되면서 가능한 한 출신지를 숨기는 게 불문율이 되어버린 것이다.

몇 년 전 상하이 소재 한 회사는 직원 모집 광고를 내면서 응시 조건에 이상한 조항을 집어넣었다. 허난성 출신은 사절한다는 내용이었다. 비슷한 시기에 선전의 한 파출소는 "허난성 출신들은 다 도둑놈이거나 사기꾼이다. 조심해야 한다."라는 현수막을 내걸었다가 분노한 허난성 출신 인사들로부터 소송을 당하기도 했다.

허난성 출신에 대한 왕따가 전국적인 현상이 된 데에는 이유가 있다. 무엇보다 이 지역은 경제적으로 잘 살지 못한다. 그래서 너도나도 먹고살기 위해 몸부림을 치다보니 각종 범죄나 사고를 저지르게 됐다. 자연스럽게 이런 이미지가 아예 선입견으로 굳어지고 만 것이다. 지금도 여전히 이 편견은 살아 있다.

중국의 지역감정은 여러 형태로 존재한다. 가장 광범위한 것으로는 양쯔(揚子)강으로도 불리는 창(長)강에 의해 나눠진 대륙의 남부와 북부 간의 지역감정이 있다. 음식과 문화가 완전히 다르듯 서로를 은연중에 무시하는 것이 장난이 아니다. 청춘남녀 간 결혼도 잘 하지 않는다. 과거 우리나라의 영호남 지역감정과 닮았다.

언어와 외모의 극심한 차이가 지역감정 낳아

이해가 안 되는 것은 같은 성에서조차 은근하게 반목과 질시를 한다는 사실이다. 대표적으로 사업 귀재들의 고향으로 불리는 저장성의 원저우(溫州)시와 닝보(寧波·영파)시가 꼽힌다. 해외에 나가서도 이 고장 출신들은 화합하기보다는 서로를 견제하는 것으로 유명하다. 일반적으로 널리 알려진 베이징과 상하이 출신 간의 반목, 군부 내 산둥방과 광둥방 간의 대립이 무색할 정도다.

지역감정의 발생 원인은 다양하다. 우선 헤아리기조차 어려운 각종 전쟁과 세계의 20%나 되는 엄청난 인구와 1000만 평방킬로미터에 달하는 광활한 영토를 꼽을 수 있다. 수천 년에 걸쳐 피를 부르는 살육을 경험하다보니 부지불식 간에 동향 아닌 사람들에 대한 거부 감정이 자연발생적으로 생긴 것이다.

여기에다 언어가 마치 다른 민족처럼 차이가 많이 나는 사실과 55개의 소수민족을 완전한 단일민족이라고 자신 있게 말하지 못하는 현실도 이유로 볼 수 있다. 실제 한족의 북방계와 남방계는 골격이나 외모 등에서 큰 차이가 있다. 북방계는 키가 크고 전형적인 몽골리언 비슷하게 생긴 데 비해 남방계는 키가 작고 거무튀튀한 것이 마치 동남아 계통 민족과 비슷한 느낌을 준다.

지역감정은 반드시 부정적인 것만은 아니다. 서로에 대한 견제와 갈등이 경쟁 심리를 유발해 각 지방의 경쟁력 강화로 이어진다면 그것도 나름의 긍정적인 면이라고 볼 수 있기 때문이다.

베이징 특파원 13인이 발로 쓴
최신 중국 문화코드 52

· 제2장 ·

중국 남녀

중국인들이 돈보다 더 좋아하는 것은 홍바오라고?

'홍바오'(紅包)는 붉은 주머니라는 뜻이다. 원래 세뱃돈을 담는 주머니를 지칭했다. 중국에서 음력설이 되면 어른들은 붉은 주머니에 세뱃돈을 담아 아이들이 잠들고 난후 침대 발치나 베개 아래에 놓아둔다. 새해에 '나쁜 기운을 억누르는 돈'을 줘 아이들이 행복하길 기원한 것이다. 중국인들은 6과 8이라는 숫자가 길하다고 생각해서 홍바 오를 줄 때도 끝이 60이나 8로 끝나는 금액을 넣어준다.

홍바오는 이후 결혼식 축의금 등으로 발전했고, 점차 연말 상여금처럼 '뜻하지 않게 들어온 소득, 날로 들어온 공돈'으로 의미가 확대됐다. 이제는 중국사회에 만연한 온갖 형태의 '급행료'나 '뇌물'을 지칭하는 대명사가 됐다. 홍바오가 가장 심한 곳은 병원이다. 때문에 입원을 하거나 수술을 해야 할 경우 의사들에게 홍바오를 미리 준비하는 것이 좋다.

측천무후도 경악
– 치솟는 여성 파워와 남성의 여성화

중국은 여자들의 지위에 관한 한 수천 년 동안 야누스적인 나라였다. 유방의 부인 여치(呂雉)를 비롯해 측천무후(則天武后), 서태후(西太后) 같은 여성 절대 권력자들이 천하를 좌지우지한 역사가 있었는가 하면 전족(纏足)이라는 굴레를 여자들에게 강요한 뼈아픈 역사도 있다. 그러나 현대에 들어와서는 완전히 달라졌다. '하늘의 반쪽'이라는 뜻인 반볜톈(半邊天)이 여성이라는 의미로 완전히 정착돼 여성의 파워가 하늘 높은 줄 모르고 치솟고 있다.

무엇보다 사회를 구성하는 최소 단위인 가정에서 여자들의 입김이 남자를 압도한다. 일부 가정에서는 남편의 권위가 땅에 떨어져 남자들이 자신의 신세를 언론이나 사회단체에 하소연하는 사례도 심심치 않다. 오죽했으면 남자들의 유행어 중에 "나 지금 치관옌(氣管炎)에 걸렸어."라는 말이 있겠는가. 치관옌은 감기라는 뜻이지만 여기서는 발음

고무장갑을 끼고 설거지를 하면서 즐거워하는 모습. 요즘 중국의 젊은 세태를 반영한다

이 비슷한 치관옌(妻管嚴)이란 의미로 공처가를 말한다.

여자들의 파워는 자녀들에 대한 양육이나 교육에서도 그대로 드러난다. 모든 주도권을 거의 여성들이 쥐고 결정한다. 자녀들도 가정을 주도적으로 이끌어가는 주체를 아버지보다는 어머니로 인식하는 경향이 강하다.

집안의 주도권은 여성이 장악한 지 오래

좀 더 구체적으로 들어가 전국 대부분 가정의 식사 전후 풍경을 들여다보자. 한국 남자들처럼 부인이 음식을 준비하는 동안 TV를 시청하거나 편하게 휴식을 즐기는 간 큰 남자들은 눈을 씻고 찾아봐도 없다. 대신 앞치마를 두른 채 열심히 부인과 자식이 먹을 음식을 준비하거나 설거지를 하는 모습이 일반적이다.

"요즘 중국의 젊은 직장인들은 자신들의 처지를 빗댄 이런 우스갯소리를 한다. 가정에서 서열 1등은 당연히 부인이다. 장모는 당당히 2등에 들어간다. 다음은 딸이고 4위는 숨겨 놓은 애인, 5위와 6위에는 각각 처제와 헤어진 옛 애인이 차지한다. 그다음이 부인의 외할머니이고, 꼴찌는 당연히 자신들의 어머니나 할머니다. 앞으로는 이런 서열이 아예 공식적으로 굳어질 것으로 보인다."고 푸념하는 한의사 추이젠(崔箭)씨의 말은 무엇보다 이런 현실에 대한 확실한 설명이 될 것 같다.

상하이 일대 인테리어 업계에서 비교적 성공한 사람으로 손꼽히는 40대 초반의 미혼인 위안뱌오(袁彪) 사장의 자조 섞인 술회도 중국 남성들의 현실을 그대로 보여준다.

"요즘 주위 선배들이 내게 들려주는 남편으로서의 바람직한 행동 강령이 무엇인 줄 아는가? 첫째, 무엇보다 월급은 봉투째 아내에게 가져다준다. 둘째, 빨래도 적극적으로 알아서 하고 식사 후 남은 음식은 모두 깨끗하게 혼자 처리한다. 셋째, 아내의 말에는 무조건 복종한다."

가정에서의 여성 파워는 자연스럽게 여자들의 경제활동 활성화로 이어지고 있다. 2020년 상반기 현재 중국에서 경제활동에 참가하는 여성 인구는 3억 명 정도로 파악된다. 전체 성인 여성인구 중 80% 수준으로 경제협력개발기구(OECB) 평균인 67%를 훨씬 웃돌고 있다. 가히 경제 분야에서도 여풍이 불고 있다고 해도 좋을 듯하다. 이 사실은 현장에서 맹활약 중인 여성들의 면면에서 확인할 수 있다. 2011년 중국 당국이 제2 국부펀드로 야심차게 설립한 궈신(國新)공사의 선장으로 취임한 바 있던 셰치화(謝企華) 이사장을 대표적으로 꼽을 수 있다. 궈신은 중국 당국이 3조 달러를 넘어선 세계 최대 규모 외환보유액을 무기로 공격적 해외 투자를 하기 위해 설립한 회사로 자본금만 45억 위안(7650억 원)에 이른다. 그녀가 장관급 고위 관리의 퇴직 연령인만 65세를 이미 오래전에 넘어섰음에도 불구하고 이사장을 맡았다는 사실 하나만으로도 중국의 당정 최고 지도부가 그녀의 능력을 얼마나 신뢰하는지 알 수 있다.

그녀는 중국의 대표적 철강 기업인 상하이 바오산(寶山) 강철에 30여 년 재직하면서 오늘을 있게 한 주역이다. 특히 그가 사장과 회장을 맡았던 1994년부터 2010년까지 바오산강철은 비약적으로 발전했다. 이로 인해 지금은 한국의 포스코를 따돌릴 거라는 기대를 받고 있다. 모두가 철강과 결혼했다고 말할 정도로 진정한 톄냥쯔(鐵娘子·철의 여인)로 살아온 그녀의 뛰어난 경영 능력 덕택이었다.

민영 기업에서는 대표적 가전 기업으로 불리는 거리(格力)전기의 여성 CEO로 유명한 둥밍주(董明珠) 회장을 꼽을 수 있다. 70대를 바라보는 여성의 몸으로 2018년 기준 매출액이 2000억 위안 전후인 대그룹을 일사분란하게 진두지휘하고 있다. 2007년과 2019년에 영업사원 출신으로는 처음 총재와 회장 자리에 잇따라 취임한 후 오늘에 이르고 있다. 2003년부터는 줄곧 전국인민대표대회(전인대)의 대표로도 일하고 있다. 이 밖에 천리화(陳麗華·79) 푸화(富華) 그룹 회장, 매년 거액의 기부금을 내는 것으로 유명한 홍콩『양광(陽光)위성방송』양란(楊瀾·52) 총재도 각고의 노력으로 각각 부동산 및 철광, 미디어 관련 산업에서 대기적을 일군 여성이다. 중국판 칼리 피오리나로 불리는 우스훙(吳士宏·57) 전 TCL그룹 부총재, 온라인 서점 당당(當當)의 위위(兪渝·55) 총재, 전자상거래 업체 이취(易趣)의 탄하이인(譚海音·48) 총재 등은 웬만한 남자보다 뛰어난 경영능력으로 IT업계를 장악하고 있다. 정치 분야에서도 여성들의 파워는 욱일승천의 기세로 커지고 있다. 전당 대회에 해당하는 전국대표대회나 국회에 해당하는 전인대의 대표들 가운데 여성이 차지하는 비중이 전체 중 20%를 헤아린다. 전인대는 최소한 600명이 항상 여성으로 채워지고 있다.

차관급 여성이 500명, 부시장급 이상이 1000명

부부장급(차관) 이상에 해당하는 고위급들도 항상 500명 안팎이다. 700개 전후인 각 지방 시의 시장과 부시장급도 여성이 1000명 전후를 헤아린다.

이 중 가장 주목할 만한 인물은 25명 정원의 당 최고 권력기관인 정치국의 유일한 여성으로 활약하는 쑨춘란(孫春蘭·70) 부총리를 꼽을 수 있다. 여성으로서는 드물게 요직 중의 요직인 푸젠성과 톈진시 서기를 맡으면서 쌓은 경력이 단연 돋보인다. 업적도 상당히 많이 남겼다는 평가를 듣고 있다. 코로나19가 창궐한 2020년 상반기에는 후베이성 우한에 상주하면서 이른바 역병과의 '인민 전쟁'을 총지휘하기도 했다.

역시 정치국원 겸 부총리를 역임한 류옌둥(劉延東·75)도 꼽지 않을 수 없다. 부총리와 부장 중간 직책인 국무위원으로 일하다 2013년 3월 정치국원으로 발탁됐다. 비록 지금은 은퇴했으나 위상으로 미뤄볼 때 갈수록 거세질 정계 여풍의 핵심 인물로 계속 영향력을 발휘할 것으로 보인다. 쑨춘란 부총리처럼 여성으로는 드물게 칭하이(青海)성 성장을 역임한 쑹슈옌(宋秀岩·70) 전국부녀연합회 전 당서기는 쑨, 류 전 정치국원보다 무려 다섯 살, 열 살이나 젊다. 여성 총리나 국가주석 자리는 어려워도 향후 지속적으로 국가급 지도자로 활약할 가능성도 없지 않다. 여건도 아주 좋다. 후진타오 전 국가주석의 권력 기반인 공청단에서 오래 활동한 덕에 앞으로도 원로로서 영향력을 유지할 것으로 전망되고 있다. 공직 생활의 전부를 근무 여건이 열악한 칭하이성에서 바친 것도 누구보다 훨씬 좋은 조건이다.

조금 더 아래로 눈을 돌리면 외교부 출신의 푸잉(傅瑩·67) 전 전인대 대변인과 양옌이(楊燕怡·65) 전 당 대외연락부 부장조리(차관보), 중국 정부의 공식 대변인을 지낸 장위(姜瑜·56) 주루마니아 대사, 상무부 부장조리(차관보) 출신의 처우훙(仇鴻·59) 홍콩행정특구 연락판공실 부주임, 런민은행 부행장 출신의 후샤오롄(胡曉煉·62) 중국수출입은행 회장 등이 눈길을 끈다. 특히 이들 중 후 회장은 여성 최초의 런민은행 행장이 되지 말라는 법이 없다는 말을 들을 만큼 능력을 인정받는 금융계 수퍼우먼으로 유명하다.

이러니 요즘 중국의 평범한 일반 회사나 당정 기관의 직원들이 일하는 사무실 어느 곳을 가도 남녀가 반반인 경우가 대부분인 것은 전혀 이상할 것이 없다. 또 남성보다 여성들이 더 직위가 높은 경우의 사무실 모습도 더는 놀라운 풍경이 아니다.

예부터 중국 여자들은 다라오추(大老粗)로 해석되는 마초를 이상적인 남성상으로 생각지 않았다. 그보다는 여성성이 강한 백면서생 같은 샤오바이롄(小白臉)을 더 높이 평가했다. 경극(京劇)에서 샤오바이롄처럼 생긴 남자가 여자 역할을 한다든지 역대 황제들 중 동성애자들이 많았던 것은 이런 이유에서다. 이런 경향은 오늘에까지 이어져 터프하고 남성적인 남자가 오히려 꽃미남의 야들야들한 신사 스타일에게 밀리는 게 현실이다. 이처럼 사회적으로 여성화가 대세이다 보니 여자의 지위가 자신보다 높거나 능력이 뛰어나도 남자들은 순순히 받아들인다. 이런 분위기 탓에 중국사회에는 자연스럽게 우먼파워가 형성되고 더불어 남성들의 여성화도 가속되고 있다.

물론 많은 사람들이 익히 알고 있는 것처럼 중국 사회가 처음부터 여성들에게 열린 그런 국가는 아니었다. 과거에는 여성은 남성의 지시에 따르기만 하는 부속물이나 소유물에 불과한 존재로 여겨졌다.

봉건시대 여성이 받았던 압박과 학대의 대표적 상징물로는 전족, 매매혼, 축첩 등의 악습을 들 수 있다. 이런 악습의 기원은 의견이 분분하나 남성 위주 사회가 낳은 폐단이라는 데는 이의가 없을 것이다. 이렇듯 수천 년 동안 지속돼온 남존여비 사상은 1911년 신해혁명 이후 서양의 신문물, 신사상이 유입되면서 점차 변화되기 시작했다. 당연한 말이겠으나 법률적으로 남녀평등을 규정한다고 오랜 시간 유지됐던 관습이 단번에 사라지지는 않는다. 하지만 중국은 예상보다 빠르게 여성의 권익을 향상시켜 나갔다. 사회주의 혁명의 성공을 위해 주장했던 '인민평등'이란 구호도 자연스럽게 남녀평등의 개념으로 자리 잡기 시작했다. 문화대혁명, 대약진 운동 등의 영향으로 여성노동력의 필요성이 증가하면서 여성의 사회진출이 크게 늘어난 것이 배경이 됐다. 그렇기는 하나 실제로 여성들이 겪고 있는 불평등한 측면은 아직도 여전히 많이 남아 있다. 기업들은 기혼 여성에게 취업 면접에 앞서 아이를 낳을 계획이 있는지, 아이를 낳지 않겠다는 것을 약속하는 서약서를 받기도 한다. 이런 현상은 도시보다 지방으로 갈수록 더 심화되고 있다. 상황이 이러니 세계에서 여성 자살률이 남성 자살률보다 높은 유일한 국가라는 불명예도 차지한다. 세계은행(WORLB BANK)이나 세계보건기구(WHO)의 통계에 따르면 매일 여성 500여 명이 스스로 목숨을 끊는 것으로 알려지고 있다. 지방으로 가면 갈수록 높아져 4~5배까지 늘어나는 지역도 없지 않다. 이 현실이 상징하는 바를 볼 때 여성들의 양성평등은 시간이 해결해 주지 않을까 싶다.

그래도 아들이 좋아

– 뿌리 깊은 남아 선호 사상

가 정이나 사회에서 우먼파워가 아무리 하늘을 뚫을 정도로 거세다고 해도 자식만큼은 딸보다 아들을 더 선호하는 것이 보통의 중국인들이다. 한때 남녀 아이들의 성비(性比)가 무려 120대100을 넘어섰던 것은 무엇보다 이런 사실을 확실하게 증명해준다.

뿌리 깊은 남아 선호 사상은 사회적으로 상당한 문제점들을 낳고 있다. 무엇보다 신부 부족 현상을 꼽을 수 있다. 향후 2, 3년 뒤만 해도 무려 2400만 명의 신부가 부족할 것으로 예측되고 있다. 상황이 어느 정도 심각한지 말해주는 최근 보도들도 있다. 유력 경제지 디이차징르바오(第一財經日報)가 2020년 초에 대서특필한 게 대표적이다. 요지를 한 번 살펴보도록 하자.

'광군(光棍·홀아비와 독신남, 이성친구나 애인이 없는 남성) 위기'

가 2020년에 전면적으로 폭발할 가능성이 있다. 지난해 말 현재 중국의 남성인구는 7억79만 명으로 여성인구보다 3376만 명이나 더 많은 것으로 집계됐다. 1980년부터 2014년까지 출생한 6억7,500만 명 중 남성은 여성보다 4000만 명이나 많다. 그래서 베트남을 비롯해 라오스, 미얀마, 캄보디아 출신 여성과의 결혼을 주선하는 온라인 결혼중개 사업이 성업 중에 있다. 이는 결혼 적령기의 미혼 남성 비율이 여성보다 훨씬 더 높다는 사실을 의미한다. 실제로 1980년대 출생한 '바링허우(八零後)'의 미혼 남녀 비율은 136대 100, 1990년대 출생인이 주링허우(九零後)의 미혼 남녀 비율은 206대 100이나 됐다. 중국에서는 1980년 이전만 해도 여아 100명당 남아 비율이 103~107명으로 정상범위에 있었다. 하지만 한 자녀 정책이 본격화한 1980년대 이후부터 남아 비율이 급격히 늘어나기 시작했다. 이 때문에 가정형편이 어려운 남성, 농촌지역 남성들이 배우자를 못 찾는 현상이 두드러지고 있다. 아들을 장가보내려고 '식모살이'를 하는 어머니와 농촌에 만들어진 홀아비촌의 모습이 눈물겹다. 전문가들은 심각한 노총각들의 구혼난은 동남아 여성이 중국 농촌으로 팔려가는 등 매매혼, 사기결혼, 인신매매 등 각종 사회적 문제와 여성대상 범죄를 촉발할 수 있다고 우려하고 있다.

실제로 이 보도에 예시된 부작용들은 현재 진짜 속출하고 있다. 남초 현상이 심한 농촌의 경우를 우선 살펴 보는 것이 좋지 않을까 싶다. 때는 2018년 초였다. 허난성 카이펑(開封) 인근 농촌에 살고 있던 당시 33세의 농촌 노총각 자오핑(趙平)은 그야말로 뛰는 가슴을 주체할 길이 없었다. 당시 그의 마을에는 결혼을 할 만한 과년한 여자가 아무리 눈을 씻고 봐도 없었다. 그럼에도 불구하고 그와 같은 총각은 헤아릴 수 없이 많았다. 속된 말로 해변가의 모래알처럼 많았다. 그나마 다행히도 그는 근면하고 저축하는 습성이 몸에 밴 아버지가 있었다. 그의 아버지는 아들에게 결혼 밑천으로 주기 위해 농촌에서는 엄청난 거금인 4만 위안(680만 원)을 마련해놓고 있었다.

"요즘은 농촌 총각이 부인을 맞으려면 지참금이 없으면 안 된다는구나. 심지어 동남아나 북조선에서 시집오는 여자들한테도 그렇게 해야 한다니 이 돈으로 어떻게 해 봐라."

자오핑은 아버지의 말이 떨어지자마자 카이펑 시내의 한 결혼상담소를 찾았다. 며칠 후 마을이 생긴 이래 한 번도 존재하지 않았을 것 같은 아리따운 미인이 그의 앞에 나타났다. 그는 묻지도 따지지도 않고 바로 결혼식을 올렸다. 꿈같은 신혼이 쏜살같이 흘러갔다. 그러던 어느 날이었다. 하늘이 자신을 위해 내려 보낸 천사라고만 생각했던 그의 신부는 그야말로 순식간에 연기처럼 사라졌다. 4만 위안의 차이리(彩禮), 즉 지참금도 함께 없어졌다. 자신이 결혼 사기를 당했다는 사실을 아는 데에는 그리 오랜 시간이 걸리지 않았다.

극심한 남초 현상으로 신부감 태부족

이처럼 남초 현상은 진짜 결혼 사기나 차이리 제공을 통한 불건전한 결혼으로 이어지고 있다. 2020년 이후가 되면 결혼 사기는 기본이고 차이리 제공을 통한 결혼, 신부 수입, 인신매매 등은 더욱 기승을 부릴 것이 분명하다.

태아의 성별을 구분하는 약이 불티나게 팔리는 현실도 예삿일이 아니다. 미국산 인텔리젠더(IntelligenBer)의 중국 버전 제품인 옌타이링(驗

베이징 특파원 중국 문화를 말하다

중국에서는 남초현상으로 '여존남비' 현상이 확산하고 있는데다 '홀아비촌'까지 등장했다. 결혼을 하면 여성 파워가 더 세진다

胎靈)은 현재 각종 육아 사이트에서 날개 돋치듯 팔리고 있다.

사용법은 간단하다. 임신부가 아침 첫 소변을 받아 옌타이링에 넣어 섞으면 10분 만에 태아의 성을 감별할 수 있다. 정확도가 90%다. 값이 780위안(13만2000원)이나 되는데도 없어서 못 팔 정도이다. 성별 검사를 통해 여아로 판명나면 자연스럽게 낙태로 연결된다.

중국은 공산주의 국가로는 드물게 1950년대부터 낙태를 합법화했다. 하지만 당시만 해도 낙태는 크게 유행하지 않았다. 그러다 지금은 사실상 폐기된 한자녀 정책, 즉 계획생육 정책이 도입되면서 상황은 급변했다. 대략 1년에 최대 5000만 명 전후의 여자 태아가 희생됐다는 것이 중국 내외 전문가들의 추산이다.

일부 농촌가정에서 갓 낳은 여아를 살해하는 끔찍한 사건도 심심찮게 발생하고 있다. 수년 전 영국 시사 주간지 『이코노미스트』는 대단히 충격적인 르포 기사를 실었다. 재구성을 해보면 이렇다. 영국의 중국계 언론인이자 작가인 쉐신란(薛欣然)은 작품 구상을 위해 산둥(山東)성 이멍(沂蒙)이라는 지방의 한 농가를 방문했다. 그곳에서 그녀는 젊은 농부의 아내가 예쁜 딸을 출산하는 모습을 가까이에서 지켜봤다. 그런데 이상하게 온 가족이 기뻐하기는커녕 비통해하는 게 아닌가. 마침 그때 그 집 가장인 농부의 화가 난 목소리가 들려왔다.

"쓸모없는 계집애를 낳다니!"

문제는 그 다음이었다. 갓 낳은 딸의 아버지인 농부가 익숙한 손놀림으로 아기를 주변의 물통에 집어던져버린 것이다. 깜짝 놀란 쉐씨는 아이를 건지려고 했다. 하지만 주변에 있던 경찰이 공연한 짓 하지 말라면서 그녀를 만류했다. 분노가 치민 그녀는 경찰에게 항의를 했다.

"저건 분명히 살인이에요. 범죄라고요."

그러나 경찰은 눈 하나 까딱하지 않고 대답했다.

"이곳에서 벌어지는 아주 흔한 일입니다. 계집애는 밥만 축낼 뿐입니다. 나도 처음에는 당신처럼 그랬어요. 그때부터 바보가 됩니다."

남아선호 사상으로 여아살해, 남아유괴 사회문제

여아로 태어난 자식을 즉석에서 죽여버리는 이런 현상을 젠더사이드(GenBerciBe)라고 한다. 중국 당국은 쉬쉬 하고 있으나 해마다 수만 명의 여아들이 태어나자마자 희생되고 있다. 주로 농촌에서 자행되는 이 야만적인 폭거는 엉뚱한 희생을 강요하고 있다. 세계보건기구에 따르면 중국의 여성 자살률은 세계 최고 수준이다. 특히 농촌 출신인 15세에서 34세에 이르는 가임 여성의 자살률은 평균치보다 훨씬 더 높다. 젊은 엄마들이 자신의 딸을 자의든 타의든 낙태 혹은 살해한 뒤 죄책감에 시달리다가 극단적인 선택을 하고 있는 것이다.

남아 선호 사상은 어린 남자 아이를 유괴해 매매하는 범죄도 부추긴다. 미국 뉴스 전문 방송 CNN에 따르면 중국 전역에서 해마다 유괴돼 매매되는 아이들은 대략 1만 명이 넘는다. 혹자는 인구 14억 명 가운데 1만여 명이 유괴돼 매매된다는 것은 엄청난 규모는 아니라고 할지 모른다. 그러나 여기에 신고되지 않거나 부모의 묵인 아래 사실상 팔려가는 아이들까지 더하면 수는 급격히 불어난다. 더구나 이들 중 대부분은 나중에라도 부모를 찾을 확률이 극히 낮다. 하기야 넓디넓은 대륙에서 유괴돼 팔려가는 상황에서 부모를 찾는다는 것이 오히려 이상할 수도 있다.

문제는 돈을 주고 남자 아이를 사서 길러도 처벌하지 않는 것이 중국의 현행법이라는 사실이다. 법 자체가 유괴를 조장 내지 방조하고 있는 셈이다. 이 정도 되면 진짜 "악법도 법이다."라는 말이 실감난다고 해야 할 것 같다.

버려진 여아들 해외 수출 1위국

유기된 여아들의 해외 입양이 늘고 있는 현상도 극단적인 남아 선호 사상에 따른 결과라고 할 수 있다. 여아들의 해외입양은 2018년 말 현재 2000명 전후에 이르는 것으로 추산된다. 이 같은 추세가 계속된다면 중국은 상당 기간 과거 한국이 짊어져야 했던 입양아 수출 1위국이라는 오명을 계속 감수해야 할 것으로 보인다. 다행인 점은 그래도 계획생육 정책 완화 이후 남아 선호 사상이 개선되는 조짐이 조금씩이나마 보이고 있다는 사실이다.

이유는 여러 가지가 있다. 노동력이 필요한 원시 농업에 종사하는 국민의 비율이 빠른 속도로 줄어든다는 점을 가장 먼저 꼽을 수 있다. 여기에다 남자 아이 양육비와 교육비가 여자 아이보다 더 많이 드는 현실, 주택 가격의 대폭 상승에 따른 남자의 집 장만 비용 증가도 원인이다. 그러나 무엇보다 결정적인 이유는 민도의 향상, 핵가족화에 따라 아들이 부모를 부양해야 한다는 풍속이 서서히 사라지고 있는 현실, 부모의 노후에는 딸이 오히려 더 잘 챙겨준다고 생각하는 젊은이들이 증가하는 데서 찾을 수 있다. 상황이 완전히 절망적이지는 않다는 얘기가 될 수 있다.

성은 당연히 즐기는 것
– 성 개방의 파도

일반적으로 사람들은 사회주의 국가는 성문제에 있어서는 매우 보수적일 것이라는 선입관을 가진다. 하지만 중국인들은 프리섹스에 관해 그 어느 국가들에 지고 싶지 않을 유럽 사람들조차 완전히 놀랄 정도로 관대하다. 콘돔 제조업체인 듀렉스가 몇 년 전 공개한 세계인의 성생활 조사 결과를 보면 잘 알 수 있다. 중국 남녀의 1인당 프리섹스 파트너가 무려 19.3명으로 세계 1위를 차지했다. 미국의 10.3명, 일본인의 12.7명을 가볍게 압도한다. 전 세계 평균치인 10.5명보다 두 배 가까이 높은 수치다.

중국인들은 무엇 때문에 성에 대해 개방적일까? 본래 중국인들은 자연을 음양의 조화로 이뤄진 것으로 생각했다. 때문에 음과 양이 서로를 보충하지 않으면 안 되는 것으로 봤다. 남녀의 경우 적당한 성생활을 통해 음이 양, 양이 음을 보충해줘야만 비로소 이상적인 건강 상태에 도달할 수 있다고 생각한 것이다. 그래서 중국에서는 성생활이 전혀 터부시되지 않았다.

고대 중국에서는 남녀 간의 성생활을 고상한 말로 방위(房幃)라고 했다. 요즘 중국어에서 쓰는 팡스(房事)나 퉁팡(同房)이다. 또 이 방사와 관련한 내용을 연구하고 기록한 책을 방중서(房中書)라고 했다.

역사적으로 남녀불문하고 성생활에 개방적

황제들에게 성생활은 아주 중요한 일과였다. 이런 사실은 황제가 됐을 때 거느리는 공식적인 섹스 파트너의 수를 보면 더욱 확연해진다. 대체로 춘추전국시대 때부터 확립된 제도에 따르면 군주는 기본적으로 왕비 1명, 부인 3명, 빈 9명, 세부(세부世婦. 첩여婕妤, 미인美人, 재인才人 9명으로 다시 나눠짐) 27명, 어처(御妻. 보림寶林, 어녀御女, 채녀采女 27명으로 다시 나눠짐) 81명을 둘 수 있었다. 가장 아래 계급인 첩은 말 그대로 무제한이었다. 진시황이 1만 궁녀를 거느렸다는 말은 결코 허언이 아니었던 것이다. 오죽했으면 한 고조 유방이 진시황의 함양궁(咸陽宮)을 함락시킨 다음 사흘 밤낮을 밖으로 나오지도 않은 채 코피 흘리면서 섹스에만 탐닉했다는 말이 있을까. 파트너의 숫자는 왕, 제후, 대부(大夫) 등으로 내려갈수록 줄어들었다. 그러나 그래도 수십 명 여인을 두고 정욕을 채울 수 있도록 규정까지 만들어놓았다.

한번 만들어진 전통은 아무리 노력해도 잘 없어지지 않는다. 심지어 현대의 시류와 잘 어우러져 더욱 발전하기도 한다. 물론 현대 중국이 처음부터 성적으로 관대했던 것만은 아니었다. 1949년 이른바 신중국이 건국된 직후 사랑과 성생활은 주로 정치적 목적에 의해 터부시됐다. 무엇보다 1950년대까지 사랑에 관한 글을 쓰는 것은 부르주아적인 것으로 간주됐다. 이뿐만 아니다. 문화대혁명 당시에는 개인의 성적 선호도 혁명의 고귀한 이상에 자리를 내줘야 했다. 성생활에 대한 직접적인 글쓰기 역시 작가들을 제외하고는 1980년대까지 금지됐다.

중국의 저명한 사회학자 리인허(李銀河)에 의하면 성에 대한 태도가 급격하게 바뀌게 된 요인은 1979년부터 실시된 정부의 한 자녀 정책 때문이었다. 사람들이 계획된 성생활을 하기 시작하면서 성행위의 목적이 바뀌기 시작했다는 것이다. 다시 말해 쾌락을 위해 성행위를 하는 것이 정당화됐다. 비슷한 시기에 시작된 개혁·개방 정책과 함께 이런 성의식은 더욱 더 개방적으로 변하게 된다.

한 자녀 정책으로 인해 성개방 풍조 만연

간통죄가 없었기에 공권력이 개인의 성생활에 대해 법적인 잣대를 들이대지 않았던 것도 중국인들이 성생활에 개방적인 한 이유가 될 수 있다. 자유분방한 것으로 유명한 연예인들의 경우 실제 국제결혼을 매우 많이 한다. 홍콩 출신으로 주로 중국에서 활동 중인 장만위(張曼玉)는 프랑스 감독과 결혼과 이혼을 거친 다음, 지금도 역시 외국인 애인을 두고 있다. 월드 스타 궁리(鞏俐)도 장만위에 뒤지지 않는다. 두 번 결혼을 전부 외국인과 했다. 배우 닝징(寧靜)은 미국인, 스커(史可)는 일본의 미남 스타 아베 쓰요시(阿部力)와 결혼해 중국 남성 팬들을 울렸다. 국제결혼은 여자 연예인의 전유물만이 아니다. 감독으로도 활동 중인 국민 배우 장원(姜文)이 대표적이다. 프랑스 부인과 지난 1991년 결혼에 골인해 적잖은 화제를 뿌렸다. 장쯔이(章子怡)의 연인으로 유명했던 싸베이닝(撒貝寧) 역시 거론해야 할 것 같다. 서양 여성을 배우자로 두고 있다.

이 문제와 관련해서는 현 당정 지도부의 멘토 격인 역대 지도자들도 큰소리를 치기 어려운 상황이다. 여섯 번 결혼했거나 여섯 명의 부인 및 연인을 뒀던 류사오치와 주더(朱德), 펑더화이(彭德懷), 린뱌오(林彪), 천이(陳毅) 등과 역시 여섯 번 결혼과 세 번의 연애를 한 예젠잉(葉劍英) 이 모두 이런 범주에 속한다. 또 마오쩌둥과 덩샤오핑은 고작 네 번과 세 번이기는 해도 요란하게 결혼하는 기염을 토한 바 있다.

속도위반, 원 나이트 스탠드 일상화

중국인들이 듀렉스의 조사처럼 실제 성을 자유롭게 즐기는지는 여러 사례들을 통해 확인할 수 있다. 아무래도 속도위반이 대표적이다. 신혼부부 중 아이를 출산하는 경우 혼전 임신이 34%라는 중국판 '킨제이 보고서'의 최근 내용을 보면 확실히 그런 것 같다. 실제로 1999년에 실시한 설문 조사에서 혼전 성관계 여부를 묻는 질문에 15% 정도만이 성관계를 가진 적이 있다고 응답했으나 2014년에 실시한 설문 조사에서는 응답자의 비율이 71%까지 치솟았다. 지금은 아마도 거의 100%에 가깝지 않을까 싶다. 30년 만에 가히 '성 혁명'이라고 할 만한 변화가 일어나고 있는 것이다. 1997년까지만 해도 혼전 성관계는 불법이었다. 현실로 나타난 경우는 거의 없었으나 법적으로는 처벌받을 수 있는 케이스였다. 그러나 2000년대 초반에 들어서는 상황이 달라졌다. 혼인이 증명되지 않은 미혼 남녀의 동거도 법률적으로 허용되기 시작했다. 심지어 최근에는 개념상으로 약간의 혼선이 있긴 하지만 '시혼(試婚)' 혹은 혼전 동거는 결혼 전 배우자를 더 잘 이해하기 위한 공동 주거 방법으로 권장되고도 있다. 혹자들은 단지 어떤 배우자와의 속궁합이 잘 맞을 것인가를 확인하기 위해 같이 살아 본다고 한다. 이

베이징 특파원 중국 문화를 말하다

옥스퍼드대학 출신으로 8시간 동안 무려 251명의 남자와 성관계를 가진 뒤 그 장면을 다큐멘터리로 만들어 공개한 애너벨 청은 오늘날 중국인의 성개방풍조를 대변한다

를 자연스럽게 생각하는 사람들도 점점 늘어나고 있는 추세다.

이른바 원 나이트 스탠드로 불리는 이예칭(一夜情)도 일상화돼 있다. 최근 베이징시가 관내 10개 대학에 다니는 학생 5000명을 대상으로 조사한 결과 무려 80%가 반대하지 않는다는 입장을 밝혔다. 명문 런민(人民)대학에 다니는 차오(曹) 양의 설명을 들어보자.

"'상대가 마음에 들고 무슨 특별한 조건이 오가지 않는다면 하룻밤을 즐기는 것이 뭐가 나쁜가?' 이렇게 생각하는 친구들이 열에 일곱 여덟은 된다. 내 친구들 중에는 이예칭을 하다가 돈 많은 중년 남자의 정부가 된 경우도 있다. 일부는 성을 팔기도 하지만 등록금이 해결되니 크게 나쁘다고 생각지 않는다."

중국 남녀들의 성개방은 시간이 갈수록 거침없을 것으로 보인다. 어쩌면 옥스퍼드대학 출신으로 한꺼번에 무려 251명의 남자와 성관계를 가진 후 그 장면을 다큐멘터리로 만든 애너벨 청 같은 기인이 다시 나올 가능성도 전혀 배제하기 어렵다. 물론 그녀 이전에도 비슷한 기인이 없었던 것은 아니었다. 주인공은 남성 65명과의 성관계를 일기 형식으로 인터넷에 올린 무쯔메이(木子美)라는 여성이었다. 그녀는 얼마 후 자신의 섹스 일기를 아예 단행본으로 묶어 출간했다. 그러나 이 책은 건전한 풍속과 도덕을 해친다는 이유로 당국에 의해 하루 만에 판매금지됐다. 그녀는 이에 굴복하지 않았다. 곧바로 중국판 트위터인 웨이보(微博)에 이를 다시 올린 것이다.

무쯔메이의 사례에서 보듯 앞으로는 이런 현상에 대한 통제가 갈수록 쉽지 않을 것이다. 이미 사회 자체가 정통 사회주의와는 거리가 다소 먼 상황에서 프리섹스 분위기에 제동을 걸거나 성적 도덕성을 강조하기 어렵게 됐기 때문이다.

젊은이들의 성생활과 성개방 풍조

오늘날 중국 젊은이들의 실제 성생활은 조금 다른 양상을 보이고 있는 것 같다. 2019년 실시된 중국 성인용품 기업 춘펑(春風)의 한 설문조사에 따르면 2030 직장인 중 70% 이상이 자신의 성생활에 만족하지 못한다고 응답했다. 특히 18세에서 34세 사이의 응답자 중 43%가 지금까지 성생활을 한 번도 해본 적이 없다고 응답했다. 성생활을 해본 적이 있다고 응답한 응답자들도 고작 48%만이 기껏해야 매주 1회 성생활을 한다고 응답했다. 성에 대해 개방적으로 생각하는 것과 비교하면 실제 성생활은 거의 일어나지 않고 있는 것이다.

오늘날 중국 젊은이들에게 성생활은 사치와 다름없다. 젊은이들의 성생활은 대부분 경제적인 부분과 연관돼 있다. 실제 조사 결과에서도 월급이 1만 위안(170만 원) 이하인 젊은이들이 2만 위안(340만 원) 이상인 젊은이들에 비해 성생활 빈도가 2배 가까이 낮았다. 오늘날 젊은이들은 사랑을 하고 감정소모를 하는 것을 기피한다. 점점 더 많은 사람들이 혼자 있고 혼자 사는 것을 더 낫다고 여긴다.

특히 혼자 즐길 수 있는 다른 종류의 여가 활동이 많아지고 혼자인 것에 대해 더는 사회적 죄책감을 느끼지 않는다는 것이 남녀 간의 성생활을 불필요한 것으로 만든 가장 큰 이유라고 할 수 있다. 또 결혼 적령기 남녀 성비가 심각하게 불균형한 것도 이들의 성생활을 방해하는 한 요인이다. 한 매체에 따르면 2020년에는 결혼 적령기 연령의 남녀 인구 차이가 최소 3000만 명에 이를 전망이다. 이 때문에 성적인 필요를 충족하기 위해 중국 젊은이들이 선택한 대안은 바로 성인용품의 사용이다. 중국은 세계 최대의 성인용품 생산국이자 소비국일 뿐 아니라 중국의 성인용품 시장은 해마다 꾸준히 성장하고 있다. 한 중국 매체에 따르면 세계 성인용품의 70% 이상이 중국에서 제조되고 있다고 한다. 2019년 한해 중국의 성인용품 시장 규모도 1186억 (20조 원)에 이르렀다고 한다. 최근에는 기술 발달에 힘입어 인공지능 (AI) 기술을 결합한 최첨단 성인용품들도 중국의 주요 전자상거래 플랫폼에서 버젓이 유통되고 있다. 실제로 성인용품을 사용해 보거나 구매해 본 적이 있다고 응답한 젊은이들도 꽤 많이 있었다. 중국인의 성에 대한 관심과 집착은 시대에 따라 형태만 바뀌었을 뿐 앞으로도 계속해서 개방적인 방향으로 나아갈 가능성이 농후하다. 매년 여름만 되면 산부인과를 찾아 낙태를 결행하는 여대생들의 행태가 사회문제로 대두되는 것은 결코 괜한 일이 아니다.

불륜공화국
- 남녀 불문 기절초풍할 불륜백태

중국인들의 성에 대한 극단적 개방 경향은 엉뚱한 유행도 불러온다. 혼외정사, 중국에서 유행하는 말로 훈와이롄(婚外戀)이다.

중국사회과학원의 최근 통계를 보면 전국 기혼 남성 37.5%, 기혼 여성 29.6%가 혼외정사를 정기적으로 즐기는 것으로 조사되고 있다. 게다가 최근 전체 이혼에서 차지하는 배우자의 불륜으로 인한 파경 비율은 전국적으로 가파른 상승세를 보이고 있다. 중국 남녀 기혼자들의 혼외정사는 상당 부분이 유흥업소 주위에서 이뤄진다. 다시 말해 매매춘을 통한 단기적인 즐기기 차원의 혼외정사가 주류를 이루고 있다고 해석할 수 있다.

물론 그렇지 않은 경우도 있다. 우선 평범한 소시민들인 장삼이사들이 조용히 살아가는 항간(巷間), 즉 후통(胡同)으로 불리는 이른바 뒷골목에서 은밀하게 이뤄지는 사례를 꼽을 수 있다. 불륜이 서로 아는 이

베이징 특파원 중국 문화를 말하다

웃이나 인척 사이에서 이뤄지는 경우가 적지 않다는 충격적인 얘기다. 정말 그런지는 중국 남성들이 쉬쉬 하면서도 즐겨 사용하는 익살스러운 농담 하나만 거론해 봐도 알 수 있다. "처제의 엉덩이 반쪽은 형부의 것이다."라는 머리카락 바짝 곤두설 음담패설이 바로 그것이다.

"처제를 손대는 놈은 나쁜 놈, 못 대는 놈은 바보."라는 기가 막힌 Y담과 크게 다를 바 없을 듯하다. 베이징시 차오양구 왕징의 한 파출소에서 일급경독(一級警督·한국의 경정에 해당) 계급의 고위 경찰로 근무하는 왕샤오춘(王小春) 씨의 고백을 들어보자.

"업무상 부부 관계에 대한 민원이 상당히 많이 들어온다. 대부분이 배우자 중 한쪽이 혼외정사를 하는 경우 대개는 우리들끼리 쉬쉬하면서 조용히 덮어둔다. 케이스는 진짜 기가 막히다. 이웃끼리 눈이 맞아 붙어먹는 것은 셀 수 없을 정도로 허다하고 인척으로 엮인 이들의 부적절한 관계도 심심찮다. 가장 흔한 것이 형부와 처제 간의 경우다. 드물기는 하나 시동생과 형수, 장모와 사위, 시아버지와 며느리의 부적절한 관계도 없지 않다. 하도 한심스러워 한국이나 일본 등의 다른 이웃 나라에서도 그러는지 가끔 심각하게 생각할 때가 있다."

혼외정사와 매매춘 만연, 직장불륜도 성행

직장도 불륜이 이뤄지는 주요 무대로 손색이 없다. 동료로 서로 오랜 기간 같이 지내면서 미운 정 고운 정 다 들다보니 엉뚱한 사고가 발생하게 되는 것이다. 상대를 잘 안다는 사실과 언제라도 접촉할 수 있다는 점이 이들의 불륜을 키운다고 할 수 있다. 서로 합의해 즐기는 경우가 대부분이어서 상대에 대한 부담도 별로 없다. 사내 부부가 있듯 사내의 애인, 요즘 말로 하면 오피스 파트너를 두는 것을 대표적으로 꼽을 수 있다. 대유행한다는 표현도 과하지 않다.

베이징의 모 경제신문에 근무하는 국장급 기자 쉬스장(徐師江)은 외국 특파원 경력까지 있는 베테랑 언론인이다. 그는 어느 날 아침 급한 일 때문에 평소보다 두 시간 일찍 회사에 출근했다가 평소 잘 아는 남녀 후배 기자 둘이 간이침대가 있는 편집국 휴게실에서 다정하게 손잡고 나오는 광경을 목도하고 말았다. 그는 순간적으로 당황했으나 바로 정신을 수습하고 어떻게 회사에서 기혼자들끼리 그럴 수 있느냐고 따져 물었다. 하지만 둘의 입에서 거의 동시에 터져 나온 대답은 당당했다. "우리 둘은 몸과 마음이 다 잘 맞는 사이다. 회사에서 이런 모습을 보이게 돼서 주위 사람들에게 미안하지만 서로의 감정에 충실한 것이 나쁘다고는 생각지 않는다. 앞으로도 헤어질 생각은 없다. 더구나 우리 신문사에는 우리와 비슷한 관계를 맺고 있는 남녀가 적지 않다. 최소한 대여섯 명 중 한 명은 그럴 것이다."라는 요지의 말을 들은 것이다. 그는 결국 세상이 변해도 너무 변했다는 생각에 둘의 부적절한 관계를 모르는 체 할 수밖에 없었다고 한다.

온라인 공간에서 살림 차리는 사이버 결혼 유행

언제라도 혼외정사에 나설 가능성이 있는 이런 직장인들이 자신들이 거래하는 기업체나 기관의 사람들과 불륜을 저지르지 않을 까닭이 없다. 사례가 없다고 하면 그것이 오히려 더 이상하게 여겨질 정도다. 심지어 거래를 성사시키기 위해 몸을 적극적으로 이용하는 경우도 있다.

온라인 공간에서 살림을 차리는 소위 사이버 불륜은 최근 들어 그야말로 요원의 불길처럼 번지는 유행이 됐다. 이 경우는 육체적 관계를 맺지 않아도 법적으로는 불륜으로 간주된다. 간통죄가 없기 때문에 처벌은 받지 않으나 이혼 사유는 될 수 있다. 장시(江西)성 신간(新幹)현에 사는 한 젊은 기혼녀인 팡페이페이(方菲菲) 씨는 최근 남편의 행동이 이상하다는 사실을 여자의 직감으로 느꼈다. 그녀는 얼마 후 남편이 인터넷에서 만난 웬 여자와 사이버 결혼을 했다는 사실을 확인했다. 남편인 류후이(劉暉) 씨는 퇴근하자마자 바로 치도곤을 당했다.

"이 인간아, 감히 나를 놔두고 결혼을 해?"

"그게 무슨 소리야?"

남편 류 씨는 일단 오리발을 내밀었다. 유부녀인 상대방과 인터넷에서 결혼을 하고 현실에서도 몇 번 만나 정을 통한 것은 사실이나 증거가 없다는 생각이 그를 용감하게 만들고 있었던 것이다.

"다 알고 하는 소리야. 당신 사이버 결혼을 했잖아?"

"그건 그냥 심심해서 했을 뿐이야. 법적으로 문제가 안 된다고."

"뭐라고. 인터넷과 현실 세계가 뭐가 달라. 또 현실에서도 살림을 차리고 있을지 누가 알아."

"나는 결백해. 마음대로 해 보라고. 법정으로 가도 좋아. 누가 이기나 보자고."

"흥! 후회하지 마. 이혼 소송을 제기할 거야. 분해서 견딜 수 없네."

팡 씨는 진짜 이혼 소송을 제기했다. 결과는 증거를 잡은 그녀의 승리였다. 하지만 승리는 반쪽에 불과했다. 사이버 상의 불륜은 정신적으로 이혼 사유인 정절의 의무를 위반한 것이기는 했으나 중혼죄에 해당하지는 않았던 것이다.

현새 류 씨처럼 인터넷 상에서 사이버 아내나 남편을 둔 네티즌은 전국적으로 대략 300만 명이 넘는다고 한다. 그러나 현재 유행하는 추세나 성에 대해 개방적인 중국인들의 기질로 볼 때 최소한 2배 이상은 될 것이라는 것이 일반적인 예상이다. 더구나 이들 중 상당수는 사이버 세계에서도 만족하지 못해 현실 세계로 나와 불륜을 저지른다고 한다.

중국여성들도 혼외정사, 불륜에 적극적

사이버 불륜보다 더욱 경악할 불륜도 있다. 다름 아닌 서구사회나 한국의 일부 타락한 상류층에서 유행하는 이른바 스와핑이다. 중국어로 하면 환치(換妻)가 된다. 중국의 법 잣대로는 스와핑은 범죄는 아닐 수 있다. 그러나 1997년 개정된 형법에 의해 '집단 음란죄'의 적용을 받을 수 있다. 2009년과 2012년에도 이 범죄를 저지른 대학 교수를 비롯한 기업가 30명이 기소돼 장쑤성에서 재판을 받고 유죄를 선고받기도 했다. 그럼에도 불구하고 이 유행은 상류층뿐 아니라 이제는 중산층에까지 폭넓게 퍼지고 있다. 기자가 알기로도 최소한 전 국민 중 상위 0.1%에 해당하는 초상류층 중에는 이런 취향을 가진 이들이 적지 않다.

더 큰 문제는 최근 들어 여성이 남성보다 각종의 혼외정사에 더 적극적으로 나서고 있다는 사실이다.

중국 여성들의 혼외정사에 대한 적극적 가세 현상은 웬만한 남성들이 다 아는 유행어들에서 확연하게 드러난다. 야쯔(鴨子)라는 단어는 과거에는 여성 전용 호스트바의 미소년 접대부, 이른바 선수들을 의미했으나 요즘에는 나이 지긋한 여성들의 젊은 애인을 뜻한다. 각각 호스트바와 남성 마담을 의미하는 야뎬(鴨店)과 야뎨(鴨爹)라는 말도 빼놓을 수 없다. 전국적으로 유행하고 있다.

팡젠얼(傍肩兒)은 베이징 사람들의 방언이었다가 최근 들어 전국적으로 퍼진 유행어다. 어깨를 기대는 사이라는 뜻에서 보듯 불륜 관계에 있는 남성 애인을 의미한다. 방푸(傍夫)라고도 하는데 첩을 팡치(傍

妾)로 부른 데에서 유래했다. 라오톄(老鐵)도 팡젠얼과 비슷하다. 혼외정사에서 한발 더 나아가 뭔가 특별해지고 싶어 하는 상류사회의 기혼 여성들이 애용하는 단어로 알려져 있다. 나이가 지긋함에도 힘이 넘치는 변강쇠를 의미한다.

　여성들의 혼외정사는 당연히 남성들처럼 장기적으로 즐기지 않는 것을 특징으로 하고 있다. 물불을 안 가리기보다는 많은 대상과의 짧은 만남을 더 선호한다는 것이 경험 있는 여성들의 증언이다.

　불륜은 중국만의 문제는 아니다. 또 인류 역사와 함께 하고 있다고 해도 과언이 아니다. 바이러스가 인간과 공존하듯 남녀 사이에 존재하는 영원한 테마가 아닌가 싶다. 돈에 관한 냄새를 귀신 같이 맡는 중국인들이 이 현상의 틈을 파고들지 않을 이유가 없다. 산업화로도 이어지고 있다. 얼마 전 미 주간지 『뉴요커』에 실린 한 기사의 요지를 보자

　중국에 급격한 경제 성장과 함께 불륜이 증가하고 있다. 자연스럽게 이 현실을 파고든 신종 직업들이 생기고 있다. 바로 내연녀 퇴치 전문가나 사설탐정 같은 불륜 해결사 직업이다. 이 직업의 사람들은 부부 상담을 기본으로 하면서 고객이 원할 경우에는 다양한 방법을 동원해 내연녀를 남편으로부터 떼어놓는 역할까지 한다. 최근에는 회사도 생겨났다. 상하이에 소재한 자칭 '중국 최초의 다국적 사랑 전문 병원'인 '웨이칭(維情)그룹'이 대표적이다. 현재 중국 전역에 59개의 사무소를 두고 성업 중에 있다. 이 회사는 이 사업을 통해 매년 5000쌍의 커플을 구제하고 있다고 주장한다.

위에 사례를 든 웨이칭그룹은 최근 들어 드물기는 하나 내연남을 부인으로부터 떼어놓는 서비스까지 하는 것으로 알려지고 있다. 이 경우 서비스 요금은 여성 의뢰자가 의뢰했을 때보다 최소 3배 이상에 이른다. 여성들의 불륜이 점점 더 늘어나는 현실을 보면 그렇지 않은 것이 이상하다고 해야한다. 중국이 불륜 권하는 사회로 급속도로 접어들고 있는 것은 부인하기 어려운 사실이다.

근절 불가의 영원한 사이클
– 불륜은 부패, 부패는 다시 불륜을 낳아

부패는 불륜과 불가분의 관계를 가진다. 가슴을 뛰게 하는 불륜을 즐기려면 누구나 할 것 없이 부패에 물들 수밖에 없고 부패한 돈으로 할 수 있는 것 중 제일 좋은 것이 불륜이기 때문이다. 한마디로 둘은 세트로 붙어 다니는 쌍둥이라고 할 수 있다.

불륜과 부패의 악순환 구조는 사실 어제 오늘의 일이 아니다. 성사명사(姓社名社·성도 사회주의, 이름도 사회주의라는 의미의 완벽한 사회주의)의 철저한 이념의 시대였던 지난 1970년대 후반에도 이런 구조는 존재했다. 그러니 성사명자(姓社名資·성은 사회주의, 이름은 자본주의인 허울뿐인 사회주의) 시대인 지금은 더 말할 나위가 없다. 이는 장쩌민 전 총서기 겸 수석이 권력을 손에 틀어쥐고 있던 2001년 7월 창당 80주년 기념식에서 "모든 당원들은 미녀의 유혹을 이겨내야 한다."라는 입에 담기 어려운 말을 공개적으로 한 데에서도 엿볼 수 있다.

사례도 많다. 한국으로 따지면 장관급에 해당하는 추샤오화(邱曉華) 전 국가통계국장의 낙마가 대표적이다. 고위 관료로는 드물게 경제학 박사 학위도 있는 그는 2006년 말까지는 시쳇말로 잘 나갔다. 고작 48세의 어린 나이에 부장급 자리에 올랐으니까. 별 문제가 없다면 최소한 부총리는 따 놓은 당상이라고 할 수 있었다. 그러나 그는 이런 소리가 들리기 무섭게 바로 낙마했다. 사회보장기금을 유용한 데다 뇌물수수와 중혼죄를 저지른 혐의였다. 본부인 외에 둘째 부인까지 두는 불륜을 저지르다보니 돈이 필요했던 것이다.

불륜 즐기기 위해 부패 저지르는 관료들 속출

류즈화(劉志華) 전 베이징 부시장 사건도 전형적인 불륜과 부패가 연결된 사례로 부족함이 없다. 내연녀인 왕젠루이(王建瑞)와의 애정 행각을 이어가는 데 필요한 자금을 마련하기 위해 몇 년에 걸쳐 7000만 위안(119억 원)의 뇌물을 챙긴 것이다. 그에게 제공된 뇌물 중 상당 부분은 내연녀가 대신 받았다고 한다. 이 정도가 되면 부창첩수(夫唱妾隨)라는 신조어를 만들어야 할 판이다. 류즈화의 부패와 애정행각은 사형선고를 받으면서 종말을 고했다.

더 기가 막힌 경우도 있다. 광시(廣西) 장(壯)족 자치구 라이빈(來賓) 시의 한펑(韓峰) 전 담배전매국장은 지난 2007년부터 2년 동안 국장으로 재직하면서 무려 9명의 부하 여직원과 밀회를 즐겼다. 여러 애인을 거느리기 위해서는 상당한 돈이 필요했기에 현지 기업 등으로부터 700만 위안(11억9000만원)의 뇌물을 받아 챙겼다. 심지어 그는 여직원들로부터 성상납과 술 접대를 받은 정황 등을 일기로 남기는 변태성까지 보였다. 일명 섹스 일기로 불리는 이 기록은 인터넷에 유포돼 당

중국에서 축첩의 본고장으로 유명한 광둥성 선전의 황강춘(皇崗村) 모습. 주민 대부분이 전국 각지 유력 인사들의 첩으로 하나의 타운을 형성하고 있다

정의 최고 지도부까지 분노하게 만들었다. 그는 현재 징역 13년을 선고받고 복역 중에 있다. 곧 출소할 예정이나 인생이 망가진 것은 크게 달라지지 않는다.

드넓은 대륙에서 벌어지는 일들인 만큼 영화보다 더 스릴 넘치는 사연도 부지기수다. 범죄와의 전쟁을 진두지휘했다 자신이 놓은 덫에 걸린 보시라이 전 충칭(重慶)시 서기에 의해 전격 체포돼 2010년 형장의 이슬로 사라진 충칭시 전 사법국장 원창(文强)은 이러한 3류 영화에서 단연 주연급에 속한다.

그는 보시라이 서기를 대신해 앞장 서서 범죄와의 전쟁을 벌여도 시원찮을 판에 자신이 관할하는 시의 조직폭력배들을 비호했다. 폭력배들로부터 수뢰한 돈을 미성년 소녀, 가수, 배우 등과 성관계를 갖는 네 탕진했다. 게다가 공연차 충칭을 방문한 배우나 가수들 중에 마음에 드는 여자가 있으면 온갖 수단을 다 동원해 자신의 침대로 끌어들였다. 돈이 안 통하면 여자 스타들의 사생활 비밀을 들춰 협박했다. 한때 전 대륙에서 시청률의 여왕으로 불린 탤런트 인타오(殷桃)가 3년 동안 그의 정부로 있었다는 미확인 소문이 파다하게 나돌 정도였다.

충칭시 전 사법국장 원창, 부인의 폭로로 불륜 발각

급기야 참다못한 그의 부인이 당국에 남편의 비리를 폭로했다. 이 제보로 충칭시 경찰은 2000만 위안(34억 원) 상당의 현금뭉치가 은닉된 그의 비밀 금고를 찾아내기에 이른다. 이어 원창의 어마어마한 범죄 행각이 백일하에 드러났다. 그는 놀랍게도 부정축재한 돈의 상당수를 정부를 동원해 관리한 것으로도 알려졌다. "성공한 남자 뒤에 아리따운 정부가 있다."라는 말이 최근의 TV 드라마 대사에도 등장하는 것에는 그의 공이 컸다고 해도 과언이 아니다.

"권력으로 흥한 자는 불륜이나 부패로 망한다."라는 말은 남자뿐만 아니라 여자에게도 해당한다. 묘하게도 이에 해당하는 인물은 원창 동생의 부인인 셰차이핑(謝才萍)이다.

사건 발생 당시 40대 후반이었던 그녀는 한때 시아주버니 원창의 도움으로 충칭시의 한 세무서에서 일했다. 처음에는 일을 잘하는 모범 공무원이었다. 그러나 선천적으로 몸이 뜨거웠던지 얼마 지나지 않아 불륜과 부패를 밥 먹듯 자행했다. 이후 아예 시아주버니를 등에 업고 불법 도박장을 열어 돈을 끌어 모으기 시작했다. 자신을 수사하려는 경찰들에게는 부하들을 동원해 압박을 가했다. 폭력도 불사했다.

결국 그녀는 원창의 낙마와 함께 체포됐다. 죄목은 다양했다. 조직 폭력단 결성, 도박장 개설, 불법 구금, 마약 흡입 방조, 뇌물 제공 등이었다. 무려 16명이나 되는 정부(情夫)도 두고 있었던 것으로 드러났으나 이 부분은 기소되지 않았다. 불륜과 부패에 관한 한 앞으로도 이런 옹녀는 다시 나오기 어렵지 않을까 싶다. 그녀는 징역 18년을 선고받고 복역 중에 있다.

물론 이 분야에서 단연 톱클래스에 있는 주인공은 별명이 백계왕인 저우융캉 전 정치국 상무위원이다. 수백여 명의 정부들을 먹여 살리기 위해 엄청난 부정부패를 저지르지 않으면 안 됐다. 그에 비하면 정부가 손가락에 꼽을 정도밖에 없었던 쑨정차이 전 충칭 서기는 양반이라고 해야 한다.

몸 로비 위해 한국에 와서 성형수술까지

이른바 몸 로비도 희귀한 게 아니다. 대표적인 사례가 2006년 전 대륙을 떠들썩하게 한 상쥔(尚軍) 사건이다. 그녀는 중졸 학력의 안후이성 푸양(埠陽)시 말단 공무원이었으나 해마다 직급이 올라가는 고속 승진을 했다. 나중에는 푸양시 부서기를 거쳐 상당한 고위직인 위생청 부청장 자리까지 올랐다. 당연히 주변에서는 의아하게 생각했다. 이 추측은 틀린 게 아니었다. 그녀는 말단 공무원 시절부터 안후이성의 왕자오야오(王昭耀) 부서기, 왕화이중(王懷忠) 부성장과 오랫동안 불륜 관계를 맺고 있었던 것이다. 가끔씩 깨끗하지 못한 거금도 주고받았다. 물론 주는 쪽은 권력이 더 막강한 두 왕 씨였다.

비슷한 시기에 터진 랴오닝(遼寧)성 안산(鞍山)시 류광밍(劉光明) 국세국장의 불륜과 부패 사건은 정말 충격적이었다. 몸 로비를 하기 위해 무려 500만 위안(8억5000만 원)을 투자해 한국과 홍콩에서 얼굴과 가슴, 엉덩이 등 전신 성형수술까지 받은 사실이 밝혀진 것이다. 그녀는 투자 효과를 톡톡히 봤다. 고작 5년여 만에 하위직에서 막강한 국세국장 자리까지 초고속 승진을 할 수 있었으니까.

또 20여 명의 남자 부하 경찰관으로부터 성상납을 받은 완전 '엽기적인 그녀'같은 사건도 나왔다. 현대판 측천무후라고도 할 수 있는 이 사건의 주인공은 광둥성 선전시 뤄후(羅湖) 공안국의 안후이쥔(安惠君) 국장이었다. 그녀는 젊은 남자 경찰관들을 승진시켜주는 대가로 성상납을 강요한 것 외에 매매춘 산업과 조직폭력배에 대한 비호 대가로 거액의 뇌물도 챙겼다. 그녀는 불륜과 부패를 즐기다가 전격 체포돼 15년 징역형을 선고받았다.

이처럼 불륜과 부패의 사이클이 사회 문제로 대두되자 당국은 대책 마련에 부심하고 있다. 우선 성 뇌물 예방 및 처벌법 제정을 적극적으로 검토하고 있다. 이뿐만이 아니다. 불륜을 불러오는 부패가 터무니없는 임금과 직접적인 관련이 있다는 판단 아래 이를 현실화하는 노력도 적극 기울이고 있다. 지금이야 많이 좋아졌으나 청백리로 유명한 주룽지 전 총리가 월급이 5000위안에 불과한 탓에 재임 시에 무척이나 고생했다는 일화가 있고 보면 나름 합리적인 대책이라고 할 수 있다. 물론 그럼에도 불륜을 저지르는 케이스는 급감하지는 않고 있는 것이 현실이다.

2020년 말까지 모든 결혼 자료를 전산화해 배우자가 상대의 결혼 여부를 확인하도록 하는 계획도 추진되고 있다. 베이징과 상하이에서는 이미 일찍부터 시범적으로 서비스가 개시됐으니 노력 여하에 따라 상당한 성과를 올릴 수 있을 것으로 보인다. 이 밖에 범법자들에 대한 처벌 수위를 높이는 방법도 모색되고 있다.

그러나 불륜이나 부패는 속성상 은밀하게 이뤄진다는 특징이 있어 적발하기가 쉽지 않다. "세상에는 피하기 어려운 것이 세 가지 있다. 하

베이징 특파원 중국 문화를 말하다

나는 날아오는 주먹이다. 또 다른 하나는 싸들고 오는 돈, 나머지는 홀딱 벗고 달려드는 이성이다."라는 말도 있듯이 불륜과 부패의 사이클에 한 번 발을 들여놓기 시작하면 빠져나오기가 무척 힘들다. 여기에 첩이나 정부를 두는 현상이 개혁·개방이 본격적으로 추진되기 시작한 지난 세기 이후부터 고질병으로 퍼진 것이라는 사실까지 더할 경우 더욱 그렇다. 부패와의 전쟁만이 아니라 불륜과의 전쟁까지 덤으로 치러야 하는 중국 당국의 입장이 측은하기만 하다.

6

혼전 동거와 이혼 열풍

– 더욱 빠른 속도로 늘어날 수밖에 없어

사회주의 이념이 모든 것에 우선한 1970년대 말까지만 해도 중국에서 혼전 동거는 거의 범죄로 치부됐다. 이혼도 비난과 손가락질의 대상이었다. 당이나 정부에서 허가하지 않으면 법률적으로 남남이 된다는 것은 연애를 통해 결혼하는 것보다 훨씬 더 어려웠다. 이 때문에 개혁·개방 정책이 본격 추진되기 직전인 1977년 중국의 이혼율은 기록적이라고 해도 좋을 0.1%에 지나지 않았다.

그러나 상전벽해라는 말이 있듯 지금은 아예 상상조차 하기 어려울 정도로 변했다. 대학가를 둘러보면 확실해진다. 기숙사가 충분히 있으나 일부러 캠퍼스를 나와 이성과 동거하는 남녀 학생이 그야말로 부지기수다. 대표적인 장소로 전국 최고 명문 대학들이 몰려 있는 베이징의 중관춘(中關村) 인근 지역을 꼽을 수 있다. 앳된 대학생 차림으로 함께 슈퍼마켓 같은 곳에서 쇼핑을 하는 남녀 커플이 1년 365일 거의

베이징 특파원 중국 문화를 말하다

매일이다시피 열에 두, 세 쌍은 눈에 띈다. 조금 많다 싶을 때는 너댓 쌍까지 보인다. 오죽하면 런민대학 중문과의 마샹우(馬相武) 교수가 혀를 끌끌 차면서 한탄하겠는가.

"우리가 대학을 다니던 당시만 해도 연애하는 남녀가 손도 제대로 못 잡았다. 그러나 80년대 후반부터는 손잡는 것은 기본이고 누가 보든 말든 끌어안고 키스를 하는 게 이상하지 않을 정도가 됐다. 지금은 혼전 성관계에서 한참 더 나아가 동거를 밥 먹듯 하고 있다. 아마 20대 중 20% 전후는 이런저런 형태의 동거를 하지 않나 싶다. 이러다가는 조만간 동거가 정식 결혼과 비슷한 수치에 이른 유럽 사회처럼 되지 않을까 걱정된다."

마 교수의 말이 절대 지나치지 않다는 사실은 최근 광둥성 주하이(珠海)에서 미혼 여성을 대상으로 실시한 결혼 관념에 대한 설문조사가 잘 보여준다. 이른바 1990년대 이후 태어난 주링허우 세대 중 90% 이상이 결혼에 앞서 동거를 할 수 있다는 입장을 밝힌 것이다.

젊은이들 90% 혼전동거에 찬성

장쑤성이 수년 전 결혼 증명서 없이도 남녀가 동거를 할 수 있도록 허용하는 조례를 통과시킨 조치도 놀랍기만 하다. 장쑤성 당국은 조례를 통과시키면서 "그동안의 동거 금지 규정은 계획경제 시대의 유물이었다. 시장경제인 지금의 상황에 맞지 않다. 또 동거는 사생활로 국가가 간섭할 수 없다."라는 코멘트까지 달았다. 현재 분위기로 보면 다른 지방 정부들도 장쑤성처럼 조례까지 통과시키지는 않을지라도 상황을 묵인하는 경우가 생길 가능성이 높다. 전국적인 현상이 되는 것은 시간문제가 아닌가 한다.

그러나 현실적으로 동거는 여러 가지 문제점을 지닌다. 우선 만에 하나 임신을 해서 아이를 낳으면 호적에 올릴 수 없다. 법을 완전히 뜯어고치기 전에는 사생아가 양산될 가능성이 높다. 당사자들의 감정에 균열이 생겨 헤어졌을 때 대체로 여자 쪽의 피해가 더 크다는 것도 문제로 꼽힌다. 위자료를 받는 것은 둘째 치고 정신적, 육체적 피해를 당하지 않는 것만도 다행인 게 현실이다.

"오늘 결혼하고 내일 이혼하는 것은 서구에서만 있는 일이 아니다."라는 말이 유행어가 될 만큼 이혼 열풍도 심각하다. 항간에 이혼은 필수, 재혼은 선택, 삼혼 이후부터는 버릇이라는 황당한 농담까지 유행하고 있으나 말도 안 되는 소리라고 반박하는 이들이 드문 것이 현실이다. 2018년 한 해에만 전국에서 무려 450만쌍 정도가 이혼한 것으로 확인되고 있다. 2002년 117만쌍이 이혼한 것에 비하면 거의 네 배 가까이나 늘어난 수치다. 500만쌍 이상이 이혼하는 시대가 머지않았다고 봐도 좋다. 상황을 비관적으로 보는 일각에서는 늦어도 2021년 전후를 그때로 보고 있다.

결혼한 다섯쌍 중 한쌍은 이혼

결혼한 부부가 이혼하는 이른바 이혼율도 상당히 충격적으로 다가온다. 2019년 말을 기준으로 도시의 경우 대략 20%를 상회하는 것으로 추산되고 있다. 결혼한 부부 다섯 쌍 중 한 쌍이 갈라서는 것이다. 베이징과 상하이 등 대도시에서는 이 수치가 40%를 넘나든다. 이혼율(인구 1000명 당 이혼율)을 보면 상황이 더욱 심각하다는 사실을 알 수 있다. 2004년 이 비율은 1.3%에 지나지 않았다. 그러나 이후 가파르게 늘어 2013년 2.3%, 2016년 3.0%, 2019년 3.3%에 이르고 있다. 가정이

이혼 열풍을 억누르기 위한 대책 회의를 열고 있는 상하이 민정국 직원들

붕괴되고 있다는 결론을 내려도 무방할 지경이다. 이혼 문제를 해결하지 못할 경우 중국도 인구 절벽에 직면해 국가 경쟁력이 하락하게 될 가능성이 매우 높다.

이혼이 느는 것은 개정된 법률을 최우선 배경으로 꼽을 수 있다. '치녠쯔양(七年之癢·결혼한 지 7년이 지나면 몸이 가려워진다는 의미. 그러나 빅데이터에 의하면 결혼 3년째 이혼이 최고조에 이르는 것으로 분석되고 있음)'이라는 말에서 보듯 부부 간의 애정이 깨지는 감정파열조차 이혼 사유로 인정하기 시작한 1980년의 새 결혼법의 영향이 크다. 이로 인해 1980년의 이혼율은 1977년에 비해 무려 7배나 늘어났다.

2003년 제정된 혼인등기조례는 보다 더 결정적인 역할을 했다. 관리라는 단어가 삭제돼 결혼과 이혼을 할 때 정부나 직장의 비준 등이 전혀 필요하지 않게 된 것이다.

꾸준한 여권의 신장도 언급해야 할 것 같다. 베이징 유수 기업인 베이천(北辰)그룹 쑤이란(隋嵐) 이사의 설명을 들어보자.

"중국은 전통적으로 여권이 강했지만 10여 년 전까지만 해도 가정의 주도권을 완전하게 틀어쥘 정도는 아니었다. 그래서 당시까지는 남편에게 외면적으로 순종하는 여성들이 있었다. 하지만 요즘 이런 여성들은 드물다. 이런 상황의 변화가 결과적으로 여성들에 의한 적극적인 이혼 요구로 이어지고 있다."

한마디로 여성들이 결혼의 질과 내면의 감정을 더욱 중시하고 더는 가정 생활에 있어 억울함을 참지 않는다는 말이 된다.

미국이나 유럽 등 서방이 안고 있는 고질적 이유도 없지 않다. 이미 언급한 바 있는 혼외정사다. 모르면 모를까 알면서도 결혼생활을 유지하겠다는 기혼자들이 많지 않은 것이다. 최근에는 부인들의 혼외정사에 격분해 이혼을 결행하는 남편이 늘고 있다.

하루 7000쌍 이혼하자 이혼전문 변호사 상종가

이혼의 유행은 새로운 사회 현상을 초래하고 있다. 이혼클럽의 등장이 대표적이다. 비교적 자유분방한 도시들인 상하이와 광둥성 광저우등 남방 쪽에서 유행하다가 전국적으로 번지고 있다. 이혼한 경험과그에 따른 상처를 서로 공유하면서 새 출발을 다지는 모임이다.

저명 여성 작가인 왕하이링(王海鴒)의 소설『중국식 이혼』이나『신결혼시대』등이 연속 공전의 히트를 기록하고 드라마로 선보인 것도 이런 분위기 조성에 한몫했다.

이혼은 자연스럽게 재혼으로 연결된다. 재미는 이혼남들이 훨씬 더많이 본다. 최근 통계에 따르면 70% 가까운 이혼남들이 재혼을 하는것으로 나타나고 있다. 반면 여성들은 50%를 넘지 않는다. 그러나 최근에는 여성들도 재혼에 적극 나서 총각들과 인연을 맺는 '은인자중,

대기만성'의 성공사례까지 생겨나는 것으로 알려지고 있다.

안타까운 것은 재혼의 파경이 초혼보다 훨씬 높다는 사실이다. 초혼의 이혼보다 통상 3~4배 높다고 한다. 삼혼, 사혼까지 하는 엽기적인 사례도 빠르게 늘어나는 추세다. "한번 이혼한 사람은 익숙해져 계속 이혼하는 것이 그리 어렵지 않다. 요즘에는 결혼을 매년 연례행사처럼 하는 사람들까지 있다." 남성 이혼 경력자 왕다오중(王道中) 씨의 푸념이다.

하루에도 1만쌍 이상이 이혼하는 현실이 마냥 즐거운 이들도 있다. 요즘 한참 뜨고 있는 변호사들이다. 일부는 아예 이혼 전문으로 나서고 있다. "이혼 전문 변호사는 한때 능력 없는 초년병들의 전유물이었지만 지금은 이혼만 전문으로 맡으려는 능력 있는 변호사들이 적지 않다. 재력이 튼튼한 부부 간의 이혼과 관련해 법률 자문을 하면 몇 년을 일해야 벌어들일 수입을 단 한 건으로 올릴 수 있다. 나도 유혹을 느낀다."라는 변호사 진웨이잉(金維迎) 씨의 충격적 술회는 그래서 별로 이상하게 들리지 않는다.

정부 당국도 당연히 이혼의 열병을 막아보려고 노력하고 있다. 이혼 수속을 어렵게 한다든가 간통죄의 부활을 모색하고 이혼을 막기 위한 국가 차원의 캠페인도 벌이고 있다.

그러나 전망은 어둡다. 중국이 세계 최고 이혼 대국이 되는 것은 완전 시간문제인 것이다. 동거 및 이혼 대국 중국의 부상이 현실로 나타나고 있다.

베이징 특파원 13인이 발로 쓴
최신 중국 문화코드 52

· 제3장 ·

뒷골목 문화

중국 화장실은 언제부터 문이 없었을까?

문도 칸막이도 없는, 지저분한 중국의 화장실은 언제부터 생겨났을까? 1949년 중화인민공화국이 출범했을 때까지도 대만 국민당 세력 중 일부가 본토에 잔류했다고 한다. 당시 공산당의 장악력이 확고하지 않아 간첩들이 준동했는데 화장실에서 많은 정보가 교환됐으므로 문을 다 떼어버렸다. 60년대 문화대혁명을 거치면서 불신과 감시가 더 깊어져 이런 습관이 굳어졌다. 자연스럽게 공공장소뿐만 아니라 주택가에서도 문 없는 공동 화장실이 생겨났고 아침이면 동네 사람들이 화장실에 모여 볼일을 보며 담소를 나눴다. 중국은 올림픽을 치르면서 문도 있고 칸막이도 있는 수세식 화장실로 과감하게 교체했다. 근래 새로 지은 중국의 화장실은 호텔처럼 스타 표시로 등급을 매긴 표지판을 달고 있다. 아주 깨끗한 호텔에는 별 4개, 유명 유적지의 화장실은 별 3개, 공원 화장실은 별 2개가 많다.

공자의 나라 맞나
— 도덕 불감증과 노출증

대체적으로 먹고살기에 여유가 있는 선진국일수록 민도가 높다. 『사기』의 저자 사마천이 "곳간이 가득 차야 백성들이 염치를 안다."고 설파한 것처럼 사람들은 배가 부른 다음에야 예의를 차리는 법이다. 미국이나 유럽의 선진국, 일본, 싱가포르 등은 공중도덕의 수준이 높다. 프랑스만 봐도 길을 가다가 주위의 사람과 어깨를 스치거나 조금이라도 민폐를 끼쳤다고 생각하면 누구의 입에서나 바로 미안하다는 의미의 '빠동'이라는 단어가 절로 터져 나온다. 일본 사람들도 '스미마셍'을 입에 달고 산다. 선진국이 그냥 선진국이 되는 것이 아니다.

그러나 중국은 G2라는 말이 옥스퍼드 영어 사전에 올라갈 정도로 세계적 슈퍼 파워가 됐음에도 불구하고 평균적인 민도는 상당히 떨어진다. 염치와 예의, 공중도덕을 운운하는 것이 민망할 정도다.

공공장소에서 아무데나 마구 침을 뱉는 행위가 대표적이다. 남녀노소, 시간과 장소를 불문하고 뱉어댄다. 심한 경우는 몸 저 밑에서부터 확 끌어올린 가래까지 퉤 하고 뱉는다. 이는 외국인들이 가장 소름 끼친다고 혀를 내두르는 행태로 전혀 부족하지 않다. 얼굴 예쁘장한 젊은 여자가 공공장소에서 이런 모습을 보이면 누구나 할 것 없이 혀를 내두르게 된다.

공공장소에서 큰 소리로 떠드는 것도 세계 최고 수준이라고 봐야 한다. 이 분야는 지식의 많고 적음, 신분의 높고 낮음, 빈부의 격차 등과는 전혀 관계가 없다. 중국인들 열에 아홉이 그렇다. 중국을 방문하는 외국인들이 대형 식당에서 식사를 마치고 나올 때마다 너나 할 것 없이 머리를 절레절레 흔드는 것은 이런 현실에 비춰보면 전혀 이상하지 않다. 지하철이나 버스에서 휴대전화를 사용하면서 큰 소리로 통화하는 것은 아주 일반적인 현상이다.

공공장소에서 침뱉기, 떠들기, 새치기 일상화

새치기는 거의 모든 중국인의 일상생활이다. 슈퍼마켓에서 계산을 할 때나 버스를 탈 때나 그야말로 어떤 상황을 막론하고 거의 그렇다. 새치기를 당하지 않은 날은 왠지 모르게 찜찜하다는 외국인들의 뼈 있는 농담이 괜히 있는 게 아니다. 중국인들이 질서정연하게 줄을 서는 것을 기대하는 것은 좀 심하게 말하면 완전 연목구어인 것이다. 단 예외는 있다. 세계적으로 주목을 받는 올림픽이나 박람회 등이 열리는 기간에는 다르다. 정부의 적극적인 계도와 시민들의 자각이 어느 정도 효과를 거두기도 한다.

윗물이 맑아야 아랫물이 맑다고 아이도 어른들과 크게 다르지 않다.

중국인들의 노출문화는 대부분 무더운 날씨에서 연유한다

식당이나 공공장소에서 마구 뛰어다니고 떠들면서 주위 사람들을 당혹스럽게 한다. 그런데도 나무라거나 제지하는 부모는 눈을 비비고 봐도 거의 없다.

차창으로 담초꽁초, 가래침, 쓰레기 날아들어

이런 현실이니 공중도덕의 거울이라고 불릴 교통문화의 수준이 높을 리 없다. "교통경찰이 나와 교통정리를 하면 오히려 길이 더 막힌다."는 농담이 진리처럼 통용된다. 운전 예절은 아예 한 술 더 뜬다. 베이징에서 25년째 살고 있는 주중 한국인회 장흥석 부회장의 증언이다.

"처음 중국에 왔을 때는 교통문화에 적응이 안 돼 정말 엄청나게 힘들었다. 도로에 차선이 제대로 그려져 있지 않은 것은 기본이었다. 운전규칙도 지켜지는 것보다 그렇지 않은 것이 훨씬 더 많았다. 그러나 더 괴로운 것은 운전할 때 가끔씩 날아드는 담배꽁초나 먹다 남긴 음식물 쓰레기 같은 오물들이었다. 조금만 방심하다가는 차창으로 날아오는 담배꽁초나 가래침 세례를 받을 수도 있으니 항상 조심해야 했다. 중국에서는 철저한 방어 운전이 필요하다."

중국인들의 이런 도덕 불감증은 자연스럽게 남의 눈을 별로 의식하지 않는 전통적인 기질을 더욱 부채질하는 악영향을 미친다. 추운 날씨만 아니면 전국 어디에서나 볼 수 있는 집단 노출증 현상이 대표적이다. 행정 수도인 베이징과 경제 수도로 불리는 상하이에서도 예외가 아니다. 대로에서도 상의를 훌훌 벗어던지는 과감한 남성이나 속이 다 비치는 잠옷을 걸친 채 쇼핑을 하기 위해 거리를 활보하는 여성을 보는 것은 그다지 신기한 일이 아니다.

혹자들은 "유교의 나라 중국에서 설마?"라고 할지 모르나 현장을 목격하면 이 말은 쏙 들어간다. 베이징과 상하이를 오가면서 20여 년 동안 미디어 사업을 해온 김구정 씨의 술회다.

"상하이에 처음 발을 디뎠을 때 멀쩡하고 세련된 모습의 많은 여자들이 속옷을 입은 채 거리를 활보하는 게 도저히 이해가 되지 않았다. 어떤 때는 난징루(南京路) 같은 대로가 하얀 파자마의 물결로 뒤덮일 정도였다. 속옷 차림으로 차를 운전하거나 백화점에 쇼핑하러 가는 여자들을 보고는 더 놀랐다. 한때 이런 모습은 잠깐 사라지기는 했다. 2008년 베이징 올림픽과 2010년 상하이 박람회, 2018년 상하이 수입박람회 때였다. 하지만 지금은 다시 옛날로 돌아갔다. 앞으로도 이런 모습은 상당 기간 사라지지 않을 것이다. 아마 영원히 그럴지도 모른다."

속옷차림으로 외출하고 문 없는 화장실이 일반적

매년 여름만 되면 대학가에서 웃통을 드러내놓고 다니는 학생들도 쉽게 볼 수 있다. 교수들조차 반바지에 러닝셔츠를 걸친 채 강의를 하는 경우가 적지 않다. 한 여름철 공사장에서는 팬티만 걸친 채 일하는 노동자들이 다반사로 눈에 띈다. 바지를 입고 있는 노동자들이 오히려 이상할 정도다. 예의를 그다지 중시하지 않거나 노출에 대해 부담을 가지지 않는 생활 습관은 그 유명한 화장실 문화와도 밀접한 관련이 있다.

물론 최근에는 중국에도 현대적인 수세식 화장실이 많이 등장하고 있다. 고급 호텔이나 유명 대형 식당의 화장실은 이용하기에 전혀 불편하지 않다. 하지만 대도시의 변두리나 뒷골목, 중소 도시에 이르면 폐쇄보다는 개방을 지향하는 재래식 화장실이 다수다. 필자와 친한 한 상사 주재원 부인의 말을 들어보자.

"베이징 외곽에는 문이 달리지 않은 개방형 화장실이 지천이다. 어느 날 교외의 식당 화장실을 갔다가 황당한 일을 당했다. 한 여성이 문을 열어놓고 용변을 보고 있었던 것이다. 민망해서 문을 슬쩍 닫아줬더니 화를 내면서 문을 활짝 열어 젖혔다. 아마도 열린 공간에서 일을 보는 것이 습관이 돼서 그런 것 같았다."

중국의 화장실 시설이 많이 나아지긴 했지만 아직 중국인들의 화장실 이용 문화까지는 바꾸지 못하고 있다는 얘기다.

중국인들의 도덕 불감증과 노출 습성은 도대체 어디에서 연유했을까?

아무래도 남에 대해 신경 쓰지 말라는 의미의 이른바 부관셴스(不關閑事)나 부리타(不理他) 등의 단어에서 엿보이는 고질적인 국민성을 거론해야 할 것 같다. 너나 할 것 없이 남의 행동에는 도통 나 몰라라 하는 것이 타고난 기질이어서 그런지 굳이 자신들의 행동에만 엄격한 잣대를 들이댈 필요가 있겠느냐는 느슨한 생각을 갖게 됐다고 볼 수 있다.

침을 자주 뱉는 것은 흔히 스모그나 사천바오(沙塵暴)로 불리는 황사의 존재에서 보듯 초미세먼지나 흙먼지가 많이 날리는 환경적인 요인을 언급하지 않을 수 없다. 여기에다 넓은 땅덩어리에서 각기 환경이 다른 사람들이 살아온 역사 때문에 언어 자체가 시끄러운 운명적 요인도 있다. 베이징을 비롯한 대륙 대부분의 날씨가 사람의 인내심으로는 극복하기에 너무 덥다는 사실도 거론하지 않으면 안 된다. 아무데서 침 뱉기나 공공장소에서의 소란스러움, 남에게 폐를 끼쳐도 아랑곳하지 않는 뻔뻔함, 너무나 당당한 노출 습관 등에 대해 면죄부까지는 몰라도 나름의 정상 참작은 해줄 필요가 있다는 얘기다.

중국 당국은 광대한 대륙 전역이 거의 공중도덕의 사각지대라는 사실을 너무나 잘 알고 있다. 2001년 10월 공중도덕 시행 요강을 반포한 이후 계속 관련 법규나 규정을 발표하는 것도 바로 이런 자각에서 비롯된 것으로 보인다. 2005년부터 후진타오 전 총서기 겸 주석의 제창에 의해 국민적 캠페인으로 본격 보급돼 추진되고 있는 바롱바츠(八榮八恥·8가지의 영광스러운 일과 수치스러운 일)라는 사회주의 영욕관도 중국식 도덕 재무장을 위한 국민교육헌장이라고 볼 수 있다.

일부 지방 정부에서는 개별적으로 단속도 적극적으로 하고 있다. 산둥(山東)성 지난(濟南)시를 대표적으로 꼽을 수 있다. 한여름에 티셔츠를 가슴까지 걷어 올리거나 아예 웃통을 벗고 활보하는 남자들을 일컫는 이른바 방예(膀爺)들의 행동을 수년 전부터 단속하고 있다. 베이징 비키니라는 오명까지 불러온 이들의 목불인견의 모습은 이에 따라 적어도 지난에서는 많이 줄어들기는 했다. 톈진시도 마찬가지 아닌가 싶다. 최근 공공장소에서 상의를 벗는 행위에 대한 강력한 단속에 나서고 있다. 우선 경고를 했는데도 무시할 경우 최대 200위안의 벌금을 부과한다.

그러나 이처럼 눈물겨운 중국 정부의 노력은 당장 효과가 나타날 것 같지 않다. 곳간이 차야 예의를 안다는 말처럼 평균적으로 잘 사는 시대가 와야 공중도덕이 그나마 지켜질 것으로 보이기 때문이다.

베이징 특파원 중국 문화를 말하다

돈이 하늘이다

– 배금주의 만연과 만만디의 실종

중국인들은 돈이 있으면 뭐든지 할 수 있다고 믿기에 돈을 하늘처럼 생각하는 아주 현실적 금전관을 갖고 있다.

고대 중국의 속담에 '천금지자, 불사어시(千金之子 不死於市)'라는 말이 있다. "천금을 가진 부자의 아들은 거리에서 죽지 않는다."라는 의미다. 한국말로 전설의 탈주범 지강헌이 유행시킨 '유전무죄, 무전유죄'정도 된다. 이 속담은 지금의 중국에서도 통용된다. 전국을 떠들썩하게 한 큰 범죄가 아니라면 사형 판결을 받았어도 돈을 써서 슬그머니 감형을 받는 경우도 있다. 물론 이 경우는 부모나 가까운 친척이 상당한 재력이 있어 사법 당국에 직접적으로 영향력을 행사할 수 있어야 한다.

요즘에 유행하는 속담도 크게 다르지 않다. "돈 있으면 귀신에게도 연자방아를 돌리게 할 수 있다."라는 말이 대표적이다. "정말 그럴까?"

라고 의문을 표할지 모르지만 귀신이 아니라 청부 폭행이나 살인을 일삼는 조폭이나 킬러들의 행태를 보면 정말 그럴 수 있겠다는 생각이 든다. 지금도 베이징에서 상당한 영향력을 발휘하는 조폭계 거물 저우후이싱(周會星) 씨의 설명을 들어보자.

돈만 주면 청부살인도, 폭행도, 복수도 가능

"내가 아는 몇몇 조폭들은 청부 폭력이나 살인을 직업적으로 자행한다. 예컨대 사람의 목숨을 빼앗아주면 10만 위안(1700만 원), 팔을 하나 잘라주면 1만 위안(170만 원)을 의뢰인으로부터 받는 식이다. 평소 손을 좀 봐줘야 하겠다고 생각한 사람을 흠씬 두들겨 패주는 청부 폭력은 2000~3000위안(34만~51만 원)이다. 이 수고에 대한 대가는 지방으로 내려갈수록 낮아지고 방법은 더욱 잔인해진다. 어떨 때는 중국인들이 귀신에게 연자방아를 돌리게 하는 게 아니라 아예 다시는 귀신 노릇 못하게 할 수도 있을 것 같은 생각이 든다." 한마디로 돈만 있으면 못할 게 없다고 믿는 게 중국 사람들이라는 얘기다.

중국인들과 돈이 얼마나 끈끈한 관계에 있는지는 1930년대 말 일제 식민지 시대에 유행한 이후 지금까지도 종종 불리고 있는 가요 '왕서방 연서'의 가사만 봐도 알 수 있다. 비록 왕서방이 기생 명월의 교태에 녹아 비단 팔아 모은 돈을 몽땅 다 줘버리기는 했으나 당시 화교들의 돈에 대한 집착과 이들이 쌓은 부가 어느 정도였는지를 충분히 엿볼 수 있다.

실제로 화교들은 이런 집념을 바탕으로 1950년대 말까지만 해도 한국 경제를 쥐락펴락했다. 국내 화교 중에 경제적으로 성공한 이도 많다. 현대자동차의 설영흥(薛榮興) 전 부회장, 주식회사 오리온의 담철

곤 회장, 아시안푸드 조미옥 대표, 가수 주현미, 배우 하희라 씨 등이 대표적 인물이다.

중국인들의 배금주의는 그들이 쓰는 일상 언어에서 두드러지게 나타난다. 예컨대 군인이나 공무원들이 입에 올리고 다니는 "인민을 위해 근무한다."는 구호는 요즘 "인민폐를 위해 복무한다."라는 말로 슬그머니 바뀌었다. 또 전도유망하다는 용어인 첸투(前途) 대신 곧잘 쓰이는 첸투(錢途), 앞을 향해 나아간다는 의미의 '샹첸칸(向前看)'을 이미 대체한 '샹첸칸(向錢看)'같은 단어들도 중국인들의 금전지향적 성향을 보여준다. 최근 서명이라는 단어 첸밍(簽名)이 슬그머니 첸밍(錢名)으로 바뀌어 불리기 시작한 것도 전혀 이상한 일이 아니다.

모든 것에 앞서 돈을 가장 중시하는 풍조는 중국인들의 행동이나 습성에서도 여지없이 드러난다. 이를테면 금전 거래를 할 때 반드시 상대방의 면전에서 돈을 몇 번씩이나 세어본다거나 다른 사람에게 절대로 지갑을 보여주지 않는 전통적 습성은 한국인들에게서는 보기 힘든 특징이다. 그러므로 중국인들과 거래를 할 때는 이런 점들을 잘 알아야 한다.

기질이 이러니 경제적인 성공 스토리의 주인공이 되는 사례도 많다. 특히 사회 전반의 개혁·개방 가속화와 맞물린 이후 더욱 그런 것 같다. 그야말로 자고나면 벼락부자가 양산되고 있는 것이다.

정치권력을 등에 업은 부정·부패나 엘도라도와 다를 바 없는 부동산 사업을 통하지 않고도 엄청난 부를 움켜쥐는 졸부 신귀족은 전국 곳곳에 지천으로 널려 있다. 전자 쓰레기 수입, 미녀들을 고위층의 첩으로 소개하는 사업으로 떼돈을 벌고 있는 사람들까지 있다.

그러나 가장 많은 분야는 아무래도 스포츠, 연예, IT 쪽이다. 한마디

중국인의 배금주의를 보여주는 황금승용차와 황금버스. 금도장 비용만 1억 원에 이른다. 여성모델이 입고 있는 황금속옷의 가격은 무려 6억6000만 원이다

로 말해 본인 대에 부호로 떠오르는 이른바 당대발복(當代發福)을 가장 확실하게 담보하는 분야다. 이 때문에 최근 중국 청소년 중 상당수가 장래 희망을 스포츠·연예계 스타, IT 기업인으로 꼽고 있다.

중국의 개혁, 개방 역사가 40년이 넘는 만큼 당대발복한 거부들은 그야말로 셀 수 없을만큼 많다. 지금은 이들의 2, 3세들도 성인이 돼 부를 이어가고 있다. 이들을 이른바 푸얼다이(富二代·부호 2세), 푸싼다이(富三代)라고 한다. 당연히 고생을 모르고 자란 만큼 이들의 소비 행태는 기가 막히다. 하늘에서 마구 돈을 뿌리듯 생활을 한다. 그러다 파산한 케이스도 적지 않지만 말이다. 하지만 이들의 무용담은 손가락질을 받기도 하나 종종 부러움의 대상도 된다. 너 나 할 것 없이 사업에 뛰어드는 이들이 어떻게든 성공하려는 이유다.

이런 배금주의의 만연은 지하경제 범죄를 더욱 창궐하게 만든다. 이 중 밀수와 밀항은 매춘, 마약, 도박 산업 등과 함께 단연 각광을 받는 범죄로 손꼽힌다. 2019년 말을 기준으로 각각 시장 규모가 1조5000억 위안(255조 원), 6000억 위안(102조 원) 규모로 웬만한 국가의 GDP를 훌쩍 뛰어 넘는다. 큰 자본 없이 뛰어들 수 있는 황금알을 낳는 사업인 만큼 앞으로도 더욱 기승을 부릴 것으로 보인다.

숱한 전쟁 겪으며 살아남느라 현금 중시 풍조 굳어져

마약이나 매춘도 크게 다를 바 없다. 자칫하다가는 당국에 의해 목숨을 잃거나 치도곤을 당할 수 있는 위험한 범죄이지만 고부가가치 창출 범죄이므로 물불을 안 가리고 뛰어드는 사람이 많다. 여기에 인생은 한방이라는 생각으로 도박에 빠지는 수많은 사람들을 보면 중국인의 배금주의 DNA는 그야말로 혀를 내두르게 한다. 이에 대해서는 도박으로 아파트 몇 채를 날렸다는 베이징 하이뎬(海淀)구 중관춘(中關村)의 자영업자 저우무신(周慕信) 씨의 얘기를 들어보자.

"내 주변에는 나처럼 도박을 하는 친구들이 많다. 대부분이 카지노에서 도박 하는 친구들이다. 원래 기계와 싸움을 해야 하는 도박은 돈을 딸 수 없게 돼 있다. 그러나 우리는 종종 기적을 창조해내기도 한다. 엄청나게 원리를 연구하니까 그럴 수 있다. 심지어 기계에게 이기는 노하우를 수학적으로 공부한 친구들도 없지 않다. 돈을 주고 배우는 경우도 드물지 않다. 그 머리와 의지로 다른 일을 했으면 크게 성공했을 텐데 말이다. 물론 그 얘기는 나한테도 해당된다."

중국인들의 상상을 초월하는 금전관은 그냥 생긴 것이 아니다. 무엇보다 수천 년을 내려오는 동안 천지가 개벽할 정도의 대동란이 셀 수 없이 많았다는 사실을 꼽아야 할 것 같다. 빨리 몸은 피해야 하고 어떻게든 먹고는 살아야 하니 현금이 아무래도 가장 소중할 수밖에 없었던 것이다. 천성적으로 타고난 저축정신도 반드시 거론해야 한다. 중국인들의 총저축액은 2018년 말을 기준으로 무려 70조 위안(1경1900조 원)을 헤아린다.

돈을 좋아하고 목숨을 걸고 모으는 습성이 나쁜 것은 아니다. 어느 때나 즉시 기업들의 투자로 이어질 수 있는 높은 저축률은 중국 경제 발전에 적잖은 도움이 된다.

유대인도 혀를 내두르는 상술의 달인

그 어느 민족도 쉽게 추월하기 어려운, 몸에 철저하게 밴 상술은 이제 유대인을 능가할 정도다. "과거 뉴욕의 월 스트리트를 비롯한 미국 금융가는 유대인이 장악했다. 그러나 요즘은 중국인들이 유대인의 지위를 서서히 위협하고 있다. 앞으로는 중국인들이 유대인을 대신해 미국의 금융업을 지배할지 모른다.”고 주장하는 재미 화교 취량위(曲良玉)씨의 말이 과장된 말로 들리지 않는다. 그러나 과도한 배금주의는 부작용도 있다. 우선 현금을 너무 좋아하다보니 신용카드 제도의 정착이 더디다. 여기에 지나친 근검·절약으로 인한 소비 시장의 위축, 인간성의 상실도 중국인들의 금전관이 불러오는 문제점이다.

돈이면 안 되는 것이 뭐가 있겠느냐는 천민자본주의 발상도 사회에 만연하고 있다. 앞서 언급한 자본주의 사회 뺨치는 사회악들도 부작용이다.

그러나 민족성으로까지 완벽하게 굳어졌다고 해도 과언이 아닌 중국인들의 금전관은 사실 어떻게 하기 어렵다. 집집마다 돈을 벌게 해주는 이른바 재신을 조상 이상으로 섬기는 현실, 돈과 관련이 되면 만만디가 아니라 ‘빨리 빨리’의 대명사인 한국인들보다 훨씬 더 빨라지는 사람들이 중국인들이라는 사실을 알아야 거기에 맞는 대응책도 나올 수 있을 것이다.

진정한 표준어는 어디에
– 사투리 백화제방

베이징 항간에는 지금도 유행하는 사투리와 관련한 포복절도할 우스갯소리가 하나 있다. 어느 날 오후 베이징 변두리의 한 동네 입구에서 웬 노점상이 길을 건너다가 택시에 부딪치는 사고가 발생했다.

다행히 다친 사람이 생명을 잃을 정도는 아니었다. 사고 처리도 빠르게 종료되는 듯했다. 더구나 사고를 낸 택시기사와 목격자 몇 명은 남의 일에 무관심한 보통의 중국인과는 달랐다. 자발적으로 피해자가 쓰러진 사고 현장에 모여 뒤처리를 의논하는 것처럼 보였다. 그때 신고를 받고 달려온 교통경찰이 구경꾼들을 헤치고 들어가 계속 시끄럽게 다투고 있는 택시기사에게 사고 경위에 대해 물었다. 한참 전부터 열심히 뭔가 얘기를 주고받았으니 모든 정황이 명확해졌을 것이라는 기대를 하고서 말이다. 그러나 그게 아니었다. 그들은 서로 핏대를 올리면서 떠들기만 했을 뿐 사고와 관련해 아무 것도 밝혀낸 것이 없었다. 베이징 출신 택시기사를 비롯해 신장(新疆)위구르자치구 출신 피해자와 각기 다른 지방 출신 목격자들이 모였기 때문에 서로 간에 말이 전혀 통하지 않았던 것이다. 중국의 사투리 현실이 얼마나 극단적인지를 보여주는 사례지만 현실은 이보다 훨씬 더하다.

같은 중국인들도 못 알아듣는 사투리 수두룩

최근 사업차 베이징에 왔다가 낭패를 당한 광둥성 광저우 출신 기업가 류즈화(柳志華)씨 얘기를 들어보자. "시외버스 정류장이 있는 '류리차오'로 가려고 택시를 탄 적이 있었다. 당연히 기사가 목적지까지 데려다 줄 것으로 알고 택시 안에서 기분 좋게 잠을 잤다. 그러나 웬걸, 눈을 떠보니 택시가 '류리창'이라는 문화재 전문 상가에 와 있는 것이 아닌가. 화가 치밀었으나 참을 수밖에 없었다. 내 발음이 잘못된 모양이었다."

그의 생각은 틀리지 않았다. 류리차오(六里橋)라고 한 발음이 택시기사에게는 류리창(琉璃廠)으로 들린 것이다.

또 톈진(天津)대학의 천핑(陳平) 교수가 최근 겪은 해프닝은 더 큰 실소를 자아낸다. 그는 얼마 전 세미나 참석차 후난성 창사(長沙)에 들렀다. 현지 음식이 별로 입에 맞지 않았던 그는 세미나 마지막 날 평소 좋아하는 토란국이 먹고 싶어 어느 식당을 찾았다. 그 식당 메뉴판에 토란을 뜻하는 위터우(芋頭)가 적힌 것을 미리 눈여겨 봐 뒀던 것이다. 그러나 주문 후 그에게 돌아온 것은 토란이 아닌 생선머리 국이었다. 종업원들이 토란을 위터우(魚頭)로 잘못 알아들은 것이다. 그는 속으로 무척 황당했으나 꾹 참고 별로 좋아하지도 않는 생선머리 국을 먹었

다고 한다. 마트에서 바나나인 샹자오(香蕉)를 사려다 샹짜오(香皂)를 받아드는 케이스와 별반 다르지 않다

미국으로 가는 여객기 안에서 어느 여자승객에게 필기구를 의미하는 비(筆)를 빌려달라고 했다가 바로 뺨을 맞을 뻔한 봉변을 당했다는 광둥성 사업가 쿵리밍(孔黎明) 씨의 사례도 비슷한 경우다. 비(逼)는 발음을 잘못하면 여성의 가장 은밀하고도 중요한 신체 어느 부위가 되는 것이다.

중국어에 서툰 외국인들은 비슷한 경험을 훨씬 많이 한다. 예컨대 택시기사에게 차오양구 야윈춘(亞運村)의 테마 파크인 민쭈위안(民族園)으로 가자고 했다가 베이징 근교 순이(順義)의 별장촌인 밍두위안(名都園)에서 내리는 것과 같은 엉뚱한 사례는 전국적으로 거의 매일 일어난다.

기자가 겪은 에피소드도 있다. 몇 년 전 평소 친하게 지내던 지인들이 관광차 베이징을 찾았다. 이후 자연스럽게 베이징의 대표 음식인 카오야(烤鴨), 즉 오리구이 요리를 먹고 싶다는 그들을 교외의 어느 식당으로 데리고 갔다. 10분쯤 지났을까? 카오야를 준비했다는 말을 건네면서 식당 종업원이 비를 맞은 채 오들오들 떨고 있는 양 한 마리를 끌고 나타났다.

기자는 순간 깜짝 놀랐다. 종업원이 카오야를 카오양(烤羊), 다시 말해 양고기 구이로 잘못 들었던 것이다. 기자는 손사래를 치면서 그에게 50위안(8500원)을 내밀었다.

"으윽, 갑자기 식욕이 사라졌네요! 양을 잡지 말고 빨리 돌려주고 오세요. 이건 수고비입니다."

종업원은 기자의 갑작스런 돌변에 고개를 갸웃거렸다. 그러나 웬 횡

재를 했나 하는 표정은 쉽게 감추지 못하고 있었다.

일반 가정에서도 황당한 일은 벌어진다. 3대가 함께 모여 사는 싼스 퉁탕(三世同堂) 가정에서는 사투리 때문에 할아버지, 아버지, 아들 간 의사소통이 잘 되지 않는다. 설마 할지도 모르는 사람들은 중국 TV의 드라마들을 한번 볼 필요가 있다. 대륙 벽촌 출신 할아버지, 그보다는 나은 지방의 자그마한 도시에서 태어나 자란 아버지, 베이징 같은 대 도시 태생인 손자가 서로 말이 잘 통하지 않아 소동을 벌인다.

사투리 때문에 대화가 통하지 않는 가정도 많아

"대륙의 동서남북 각 극단에 사는 사람들을 한데 모아 표준말인 푸 퉁화를 이용해 회의를 연다고 가정해보자. 말이 잘 안 통할 가능성이 100%이다. 아무리 표준말을 쓰더라도 각자가 사는 지방의 사투리와 특유의 억양과 성조는 어쩔 수 없다. 결과적으로 서로 알아듣지 못하 는 황당한 상황이 벌어지는 것이다."

베이징의 유명한 문화계 인사인 진중성(金中生)씨의 보충 설명이다. 그도 지방 출신인 자신의 부친과 아들이 사투리로 인해 의사소통에 어려움을 겪은 경험이 있다고 한다.

중국의 사투리는 지도자들과 관련해서도 적잖은 에피소드를 낳은 바 있다. 가장 대표적 인물은 마오쩌둥 전 주석이다. 그는 후난성 샹탄 (湘潭)현 출신으로 20세가 넘어 베이징으로 올라와 공산당 혁명에 투 신했다. 당시에도 사실상의 표준어였던 베이징 말을 그때까지 입에 올 려볼 기회가 있었을 리 만무했다. 당연히 그의 투박한 후난성 사투리 는 베이징에서 단연 화제가 될 수밖에 없었다. 그래도 거기까지는 괜 찮았다. 그도 베이징 말을 배워보려고 무지하게 노력한 데다 주위에 후난성 출신이 많아 의사소통에는 크게 지장이 없었던 것이다. 그러나 전 대륙을 누벼야 했던 지난 세기 1930~40년대 항일투쟁과 국공내전의 시기에 그의 사투리는 많은 문제를 일으켰다. 결국 소수민족이 많은 벽지에서는 통역을 동원해야 했다. 놀라운 일은 통역이 2명 이상이나 존재했을 때도 있었다는 사실이다. 이를테면 토속어를 현지어로 통역하고 다시 이를 베이징어로 옮긴 다음 후난성 사투리로 전달해주는 식이었다. 마오 전 주석의 사투리는 공산당이 대륙 통일을 이룩한 다음 1949년 10월 1일 베이징의 톈안먼 성루에서 중화인민공화국의 건국을 선포할 때에도 화제가 됐다. 그가 "지금 중화인민공화국의 건국을 선포한다."고 톈안먼 광장에 모인 군중에게 감격에 겨워 외쳤으나 정작 정확하게 알아들은 사람은 그다지 많지 않았다는 것이다.

마오 전 주석과 평생의 라이벌이었던 국민당의 장제스(蔣介石)도 사투리와 관련한 에피소드가 많다. 대중 연설 때마다 '중화민궈'를 '중화민꿰'으로 발음해 주변 사람들을 실소케 한 것으로 유명했다.

저장(浙江)성 펑화(奉化)현 출신인 그로서는 '궈'의 발음이 도저히 되지 않았던 것이다. 그의 이름 장제스가 고향에서는 '장카이섹'으로 불리는 것도 같은 경우다. 먹는 '쌀' 발음이 제대로 안 돼 '살'로 발음했던 YS(김영삼 전 대통령)와 비슷했던 모양이다.

마오쩌둥, 덩샤오핑의 극심한 사투리 탓에 많은 사람 고생

각종 일화의 메이커로 단연 이름 나 있는 덩샤오핑도 예외가 될 수 없다. 1980년대 이후 개혁·개방을 독려하기 위해 전국 각 지방을 숱하게 순시하는 동안 고향인 쓰촨성 광안(廣安)현 사투리를 너무나 완벽하게 구사해 수행하는 측근들이나 현지 관리들을 무수하게 괴롭힌 일화는 지금까지 널리 회자되고 있다.

이처럼 중국은 광대한 영토와 엄청난 인구 대국의 위상에 어울리는 사투리 때문에 겪는 불편이 상당하다. 같은 말이 같은 대륙 안에서 쓰이는데도 영어와 불어의 차이가 나는 것처럼 들리는 것은 솔직히 운명이라고 할 수밖에 없는 것이다.

56개 민족이 쓰는 모든 언어가 중국어

믿기 어려울지는 몰라도 중국에는 공식적으로 중국어라는 것이 없다. 56개 민족이 쓰는 언어를 모두 중국어로 보기 때문이다. 예컨대 소수민족인 티베트인은 티베트·버마어계인 티베트어, 위구르인은 터키어계인 위구르어, 회족(回族)은 아랍어와 터키어의 뉘앙스가 살아 있는 회족어를 사용하나 넓은 의미에서 중국어에 속한다. 다만 가장 인구가 많은 한족이 쓰는 한어(漢語)를 일반적인 중국어로 관례적으로 인정할 뿐이다. 그렇다고 한어도 완전히 동일한 한 종류의 언어라 할 수 없다. 사투리와 억양, 성조에 따라 대략 8 가지로 갈린다. 베이징 일대의 관화(官話)를 비롯해 상어(湘語), 민어(閩語), 월어(粵語), 휘어(徽語), 오어(吳語), 진어(晉語), 감어(贛語) 등이다. 또 이들 방언은 지역적으로 좁혀지면서 계속 세포 분열을 거듭한다. 세부적으로 나눠보면 수천 가지가 된다. 이중 만다린(ManBarin), 즉 푸퉁화(普通話)로 불리는 공식 표준말은 관화에 베이징 말을 합친 것으로 이것이 통칭 공식 중국어로 통한다. 말할 것도 없이 관화 역시 다시 화북(華北)·서북·서남·강회(江淮) 방언으로 나뉜다. 이 중 서남의 쓰촨(四川)어와 강회의 안후이(安徽)·장쑤(江蘇)어는 성조와 억양이 베이징어와 전혀 다르다. 중국인조차 제대로 알아들으려면 적어도 5~6개월은 필요하다.

사투리가 가장 문제가 되는 것은 역시 국가적 통합에 장애 요인이 되기 때문이다. 중국 교육 당국이 1990년대 이후부터 푸퉁화를 보급하기 위해 적극 나선 것도 다 이런 부작용을 해소하기 위해서였다.

그러나 아직 갈 길은 멀다. 푸퉁화를 전혀 할 줄 모르는 사람이 그렇지 않은 사람만큼이나 많다. 그래서 TV 프로그램 중 상당수가 아직도 화면에 푸퉁화 자막을 내보내고 있는 것이다.

하지만 방언이 많은 것은 장점도 될 수 있다. 문화의 다양성을 기할 수 있기 때문이다. 당국에서 일률적으로 표준어인 푸퉁화를 강조할 경우 안 그래도 사라질 위기에 처한 소수민족의 언어들은 부정적인 영향을 받을 가능성이 크다. 극대화하기 위해 푸퉁화 보급에 적극 나서면서도 희귀한 방언이 사라지지 않게 하는 적절한 노력도 병행해야 하는 이유가 여기에 있다.

4

민족보다 동향인이 좋아
– 끼리끼리 문화

중국인들은 민족의식이 상당히 강한 것으로 알려져 있다. 화교라는 이름으로 유대인 못지않게 외국에서 똘똘 뭉치는 습성을 보면 진짜 그렇게 보인다. 게다가 몇 대를 내려가도 모국어인 중국어를 잊지 않는 끈질김까지 가지고 있다. 어디 이뿐인가. "중국인은 중국인을 때리지 않는다."라는 속담까지 있는 걸 보면 중국인의 민족의식은 유대인보다 여러 수 위로 보인다. 배달민족이라는 의식이 강한 한국인, 일왕을 중심으로 이른바 만세일계(萬世一系) 정신으로 뭉치는 일본인도 머쓱해할 정도다.

그러나 속으로 들어가 보면 중국인들이 민족의식이 강하다는 말은 착시 현상일 뿐이다. 자세히 보면 민족의식이 강한 것이 아니라 바로 고향사람, 즉 동향인을 끔찍하게 위하는 기질이 아주 강하다.

유명 번역가 천쉐훙(陳雪鴻) 씨의 설명을 들어 보자.

"우리는 동향 사람이라면 묻지도 따지지도 않고 서로 목숨을 걸고 도와준다. 그러나 범위가 너무 넓어져 듣도 보도 못한 전혀 모르는 지방의 사람이 눈앞에 나타나면 쳐다보는 것조차 귀찮아한다. 극단적으로 대륙의 최고 북쪽 도시인 헤이허(黑河) 사람이 남쪽 끝의 하이난다오(海南島) 사람을 해외에서 만났다고 가정해 보자. 아마 둘은 서로 같은 중국인이라는 사실 외에는 공감대를 찾을 수 없을 것이다. 말이 달라 대화가 안 될 뿐만 아니라 서로가 말을 건네는 것도 꺼려서 대화조차 이뤄지지 않을 가능성이 높다. 중국인들의 민족의식은 따라서 끔찍한 동향의식 그 이상 그 이하도 아니다. 반드시 나쁘다고 하기는 어렵지만 긍정적인 평가를 받기는 쉽지 않을 것이다."

동향사람이면 목숨 걸고 도와줘

천씨의 주장은 해외 중국인들의 네트워크 현실을 조금만 들여다보면 금방 알 수 있다. 가장 활발하게 살아 움직이는 조직이 바로 동향회인 것이다. 특히 이들 동향회는 한국처럼 남의 눈을 의식해 음성적으로 활동하지도 않는다. '우리는 한 가족'이라는 의식을 가지고 당당하게 보란 듯이 간판까지 내건다. 전 세계에 흩어져 있는 화교들이 닝보방(寧波幇)이니 원저우방(溫州幇)이니 하는 출신 지역을 내건 이름들로 불리는 사실에서도 이런 현실을 엿볼 수 있다.

중국인들이 이처럼 같은 민족보다는 동향인에 대한 애착이나 충성도가 더 강한 것은 무엇보다 같은 한족이라도 진짜 DNA가 같을까 싶을 정도로 완전히 다른 외모가 큰 원인이다. 실제로는 같은 민족이 아닐 가능성이 굉장히 높다는 얘기다. 못 믿겠다는 독자들은 상하이를 중심으로 한 연안 지역을 위에서 밑으로 한 번 죽 훑어보는 간단한 여행을 해보라.

예컨대 남쪽 광둥 지역 사람들의 키 작고 가무잡잡한 모양새를 키 크고 잘 생긴 북쪽의 한족과 비교하면 완전히 딴 나라 사람처럼 보인다. 하기야 지금도 조상이 유대인, 로마인인 한족이 대륙 곳곳에서 밝혀지는 상황이고 보면 이 정도 차이는 솔직히 아무 것도 아니다. 분명 한족은 단일 민족이 아닌 것이다. 따라서 동향의식이 민족의식보다 강할 수밖에 없다.

한 번 평화의 시대가 있었다면 그다음에는 난세가 꼭 왔던 이른바 일치일란(一治一亂)의 역사와도 무관치 않다. 목숨과 집안의 재산이 왔다 갔다 하는 대동란이 일어나면 멀리 있는 친척보다는 가까이 있는 이웃이 나을 수밖에 없다. 더구나 중국은 원래 춘추전국 시대부터 수십 개 나라로 쪼개져 있었다. 통합과 분열을 거듭하면서 영토를 키운 나라다. 너나 할 것 없이 고향을 중심으로 모든 것을 보는 인생관에 젖는 게 당연하다. 여기에 말이 서로 통하지 않는 방언에 따른 껄끄러움, 다른 나라 사람을 보는 것 같은 문화적 차이 등이 중국인들의 동향의식을 민족의식보다 더 강하게 만들었다.

최근에는 자신과 관련 있는 가족, 조직 등에 대해서는 엄청나게 신경을 쓰는 끼리끼리 문화가 더욱 유행하고 있다. '우리' 대신 '나'라는 단어가 더 잘 통하는 사회 분위기가 됐고, 한 가족이라는 의미의 '이자런(一家人)'이라는 말을 아예 입에 달고 다닌다.

중국인의 끼리끼리 문화는 중국의 전통적 조직 문화인 이른바 '취안(圈)'을 통해서도 잘 드러난다. '취안'은 원래 영어로는 동호인 모임을 일컫는 서클 정도의 뜻을 가지고 있지만 중국에서는 직업이나 사회 활동과 관련해 평생을 함께 하는 집단이나 조직을 일컫는 엄청난 의미를 내포하고 있다. 때문에 누구라도 그럴듯한 '취안'에 잘 들어가기만 하면 그야말로 평생이 편안해진다. 아무리 능력이 떨어져도 "우리가 남이가!"하는 식으로 서로가 서로를 보살펴주고 끌어주므로 살아가는 데 큰 걱정을 할 필요가 없다.

"우리가 남이가"- 울타리 만들어 끼리끼리 문화

내 식구만 챙기는 이자런이나 '취안' 문화는 정계에서도 종종 위력을 발휘한다. 상하이방이나 산둥방, 광둥방 등으로 대표되는 당정내 파벌의 존재가 이런 현실을 아주 잘 보여준다. 시진핑 총서기 겸 주석의 정치적 기반인 태자당과 산시성 출신들이 최근 당정 인사에서 중용되는 것도 이런 현실과 맥락을 같이한다.

민족보다는 동향인을 중시하는 기질에서 연유하는 끼리끼리 문화는 장단점이 있다. 자기 분수를 알고 현실에 만족하는 문화를 정착시킨다는 것은 장점이다. 이 점에 있어서는 언제 어디서나 꼭 남과 자신을 비교해야 직성이 풀리는 한국인들과는 완연하게 다르다. 부리타(不理他), 즉 남을 신경 쓰지 않는다는 말이 입에 달린 듯한 현실만 봐도 잘 알 수 있다. 당연히 스트레스를 덜 받는다. 남의 일에 전혀 신경을 안 쓰니 대인관계에서 크게 갈등을 빚지도 않는다.

개인 사업을 할 때 거의 조건을 묻지도 따지지도 않고 동업을 많이 하는 경향도 장점이다. 이에 대해서는 베이징 차오양구 마이쯔뎬(麥子店)에서 헤어숍을 하는 한국인 전덕현 원장의 설명을 들어보도록 하자.

"중국인들은 돈이 되는 일이라면 상대를 가리지 않는다. 신분의 높고 낮음, 얼마나 오랜 기간 사귀었느냐 등은 문제가 되지 않는다. 숍에서 손님들을 보면 잘 알 수 있다. 한국인들은 옆에 앉은 사람과는 서로 말도 잘 하지 않으나 중국인들은 다르다. 혹시라도 화제가 돈 문제가 되면 금방 친해지기도 한다. 동향이라면 더 말할 필요조차 없다. 오래 전 세상을 떠난 가족을 만난 듯한 자세까지 보인다. 바로 중국식 카카오톡인 웨이신(微信)을 연결하는 것은 기본이다. 내가 아는 것 중에는 이렇게 연결돼 동업을 하는 경우도 있었다. 그때마다 끼리끼리 문화에 대해 깜짝깜짝 놀란다."

사실 금전이 개입되는 사업에서 동업을 하는 것은 결코 쉽지 않다. 오죽하면 동업을 하면 반드시 깨진다는 말까지 있겠는가. 그러나 중국은 창업할 때부터 바로 동업으로 시작하는 경우가 많다. 중국의 개인사업자들이 사업을 화제로 올릴 때면 늘 지분이라는 단어를 입버릇처럼 말하는 데는 이런 배경이 있다.

고향 사람 챙기는 끼리끼리 문화는 글로벌화에 걸림돌

끼리끼리 문화의 단점은 발전을 위한 동기 부여가 잘 안 된다는 점이다. 싫든 좋든 주어진 현실에 만족하고 남의 시선을 의식하지 않으니 굳이 발전에 대한 욕심이 생기지 않는 것이다. 정치적인 데다 경쟁에 익숙하고 출세지향적인 한국인들과 근본적으로 다르다. 기부 문화가 아예 형성조차 되지 않은 것은 바로 이런 끼리끼리 문화가 가져다주는 가장 대표적 폐해다.

이런 문화는 남이나 다른 집단의 일에 무관심한 이른바 개인주의와 부리타 문화를 더욱 확산시킨다. "자기 집 문 앞의 눈은 치워도 남의 집 기와의 서리는 전혀 상관하지 않는다."는 중국 속담을 되새겨 볼 필요가 있다. 옆에 누가 어떻게 돼도 상관하지 않아 수많은 사람들이 죽어가는 것이 연례행사가 되는 것은 다 까닭이 있다고 해야 한다.

동향의식과 끼리끼리 문화는 중국 전체의 사회 통합이나 글로벌화에 결정적인 걸림돌로 작용하고 있다. 그럼에도 불구하고 이런 풍조는 중국인이 지구상에 존속하는 한 쉽게 사라지지 않을 중국인의 특성이라고 할 수 있다. 오죽했으면 마오쩌둥 전 주석이 넓은 범위에서는 잘 뭉치지 않는 중국인들을 일컬어 산사(散沙·모래알)에 비유하면서 공산주의 혁명을 통해 이런 기질을 개선하겠다는 생각을 했을까.

중국은 누가 뭐래도 세계적 대국으로 대접받기에 조금도 부족하지 않다. 늦어도 2030년이면 G1이 될 수도 있을 것으로 보인다. 코로나바이러스 팬데믹 사태에 잘못 대응해 대국의 민낯이 고스란히 드러난 미국의 현실을 상기하면 더욱 그렇다. 그러나 폐쇄적인 동향의식, 이에 수반되는 끼리끼리 문화를 개선해 인간의 얼굴을 한 문화를 만들어 내지 못하면 진정한 대국으로 불리지 못할지도 모른다. 국제사회에서는 경제력 외에도 남에 대한 관심과 배려, 국제사회에 대한 공헌 등이 국력의 중요한 척도가 된다는 사실을 중국인들 스스로 인식해야 할 것이다.

베이징 특파원 중국 문화를 말하다

동창은 나의 적
− 중국에는 동창문화가 없다

한국인들은 어디를 가나 동창을 중요하게 여긴다. 동기동창이면 더 말할 나위조차 없다. 심지어 친인척보다 더 중요하게여기는 사람도 많다. 이런 사실은 K모 대학 동창회가 전 세계의 한인사회에서 맹위를 떨치는 것만 봐도 알 수 있다. 한마디로 한국은 동창에 죽고 동창에 사는 사회라고 해도 과언이 아니다. 오죽했으면 한국인들은 천당이나 지옥에서도 다른 것은 몰라도 동창회 활동만큼은 활발하게 할 것이라는 우스갯소리가 있을까.

그러나 중국인들은 다르다. 저승에서는 말할 것도 없고 이승에서도동창회는 대단히 생소한 단어다. 동창이라는 단어와 동창 문화도 일상생활에서 큰 비중을 차지하지 못한다. 동창이라는 인연을 자주 들먹이는 사람이 있다면 조금 이상한 사람으로 취급된다. 심하면 왕따까지당할 수 있다. 이에 대해서는 평양과 서울 특파원을 오랜 기간 역임한 쉬바오캉(徐寶康) 전『런민르바오』한국어판 대표의 설명을 들어봐야 할 것 같다.

"중국에서는 동창이라는 관계가 별로 중요하지 않다. 한국과 비교하면 학연이라는 것이 거의 없다고 해도 좋다. 이런 사실을 알면서도 계속 학연을 입에 올리면 사회생활 하는데 문제가 생기지 않겠는가? 모자란 사람 취급을 받는 수밖에 없다."

한국처럼 학교동창 따지면 이상한 사람 취급당해

바로 옆에 사는 이웃이 자신과 같은 학교를 나왔다는 사실을 알았더라도 공공연하게 이를 언급하는 것은 예의 바른 행동이 아니다. 남의 프라이버시를 알고 입에 올리는 무례한 행동으로 치부된다. 그래서 조금 분위기를 띄울 생각에 실수로라도 "저하고 같은 학교를 나오셨네요."라는 말을 무심코 했다가는 "그래서 어쩌라고?"라는 면박을 당할 수 있다. 이렇게 되면 나중에 서로 인간관계까지 틀어져 동창이 원수가 될 수도 있다.

회사에서도 크게 다르지 않다. 한국 유학 경험이 있는 베이징의 변리사 추이정(崔征) 씨의 경험담을 들어보자.

"한국에서 동창 문화를 접하고 솔직히 크게 부러웠다. 베이징으로 돌아와 주변 선·후배들을 모아 어떻게 한 번 동창회를 만들어볼까 한 것도 다 그 때문이었다. 그러나 곧 포기하고 말았다. 주위에서 이상한 눈으로 보는 것이 정말 부담스러웠다. 한국 유학을 같이 한 내 친구도 나와 비슷한 경험을 했다. 같은 회사의 평소 잘 알고 지내던 동창들과 공개적인 모임을 몇 번 가졌으나 주위의 시선이 따가워 포기했다고 한다."

동창 문화에 대한 향수가 가장 강할 것으로 보이는 정치권도 마찬가지다. 학교의 선·후배면 바로 형님, 동생이 되는 한국과는 달라도 너무 다르다. 만약 한국에서처럼 했다가는 진짜 이상한 사람으로 취급을 당할 수 있다.

지금 중국을 지배하는 당정의 파워 엘리트 중에는 베이징대학과 함께 중국의 양대 명문으로 불리는 칭화(清華)대학 졸업생이 많다.

시진핑 주석을 비롯해 후진타오 전 주석, 우방궈(吳邦國) 전 전인대 상무위원장, 국제 금융계에서 '미스터 위안(元)'으로 불리는 저우샤오촨(周小川) 전 런민(人民)은행 행장 등 그야말로 부지기수다. 차관급에 해당하는 현직 부부장만 하더라도 전국적으로 1000명이 넘는다.

베이징대, 칭화대는 공식적인 동창회 없어

같은 칭화대학 졸업생이라고 동문이라는 살뜰한 정에 이끌려 서로 도와주는 경우는 거의 없다. 그랬다가는 이상한 사람이라는 구설수에 휘말리기 십상이다. 당연히 활발하게 활동하는 전국 조직의 공식적인 대형 동창회도 드물다. 이런 현상을 지켜보는 언론의 시각도 우리와는 다르다. 한국 언론 같았으면 '막강 파워 칭화대학 인맥'운운 하는 거창한 제목 밑에 칭화대학 동문들이 중국을 말아먹는다는 자극적 기사를 마구 썼겠으나 지금까지 중국에서 이런 기사는 단 한 꼭지도 본 적이 없다. 사족인지는 모르겠지만 요즘도 한국 언론에 심심치 않게 나오는 칭화대학 동문 어쩌고 하는 기사는 실제 중국에서는 말도 안 되는 웃기는 소설에 해당한다. 칭화대학 출신들이 뛰어난 능력을 바탕으로 출세하는 것은 사실이지만 그것을 동창회 덕분으로 생각하는 사람은 없다. 따라서 자녀들을 베이징대학이나 칭화대학으로 조기 유학을 보내

중국에서 동창생은 협력하는 관계라기보다는 경쟁 상대라는 의식이 강하다. 칭화대학 연극반 학생들의 모습이 화기애애해보이지만 졸업하면 더는 이런 단체 사진을 보기 힘들다

동창 관계라도 돈독하게 쌓아주게 하고 싶다는 요즘 한국 학부모들의 눈물겨운 부정 내지 모정은 괜한 헛수고일 뿐이다.

명문대 졸업했어도 대학동문 결속력은 느슨

베이징대학도 마찬가지다. 전 세계에서도 내로라 하는 명문 대학을 졸업했다는 사실에 대단한 긍지를 가지기는 하지만 동문들 간의 결속력은 느슨하기 짝이 없다. 물론 중국에 동창회 문화의 전 단계인 동문이라는 개념이 전혀 없는 것은 아니다. 중국인들의 말에도 같은 클래스에서 공부했다는 퉁반퉁쉐(同班同學)라는 것이 있다. 또 학교 때 사귄 친구가 평생을 가는 경우도 적지 않다. 그러나 이는 어디까지나 개인적인 관계를 의미하는 것일 뿐 눈덩이처럼 커지는 더 이상의 발전은 없다. 한때 한국 언론이 대대적으로 보도했던 후진타오 전 총서기 겸 주석과 그의 부인 류융칭(劉永淸) 간의 칭화대학 동문 관계에 대해 중국 언론들이 대수롭지 않게 생각하고 보도조차 하지 않은 데에는 이

베이징 특파원 중국 문화를 말하다

런 이유가 있다.

중국에서는 동향의 친구나 선·후배, 같은 직장의 동료 등이 동창보다 훨씬 더 가깝다. 특히 공산당원이 되면 모든 생활이 당을 중심으로 이뤄지는 만큼 같이 학교를 다녔다는 인연은 별로 힘을 쓰지 못한다.

동창을 동반자로 보는 것이 아니라 경쟁자로 인식하는 전통적인 관념도 이런 분위기를 만들었다. 중국에서는 "멀리 있는 자와는 사귀고 가까이 있는 자는 멀리 하라."라는 의미를 가진 '원교근공(遠交近攻)'이 금언처럼 받아들여진다. 가까이 있는 아는 사람은 적이 되기 쉬우나 멀리 있는 타인은 친구가 될 수 있다는, 한국 사람한테는 발상의 전환으로 여겨질 만한 금언이다.

"지식인은 서로 상대를 업신여긴다. 이것은 옛날부터 자연적인 것이다."라는 의미를 가진 고사성어인 '문인상경(文人相輕), 자고이연(自古而然)'도 같은 맥락의 사자성어다. 비슷한 처지에 있는 사람은 라이벌이 되지 친구가 되지 않는다고 생각하는 중국인들의 기질을 드러내는 말이다.

실제로도 그렇다. 같은 직장에 같은 학교를 나온 사람들 몇 명이 근무한다고 치자. 그러면 이들 주변 사람들은 서로를 비교하고 평가한다. 나중에는 "왜 같은 학교를 나온 사람들인데 능력에 차이가 나지?"라는 말이 나올 수밖에 없다. 당사자들도 "저 친구보다 잘해야 한다. 그렇지 않으면 내가 진급이나 인사 고과에서 뒤진다. 학교 성적도 내가 더 좋았는데 절대 그럴 수는 없다."라는 라이벌 의식을 가지는 경우가 대부분이다. 서로를 알뜰하게 챙겨주고 밀어주고 끌어주려는 생각은 별로 하지 않는다.

중국은 출신학교보다 실력을 더 따지는 사회

여기에 학력(學歷)보다는 학력(學力)을 더 중시하는 합리적인 사회 분위기와 각급 학교의 평균적 진학률이 아직 다른 선진국과 비교해 상대적으로 낮은 현실도 동창 문화를 생소하게 만드는 원인이다. 중국의 2019년 말 현재 대학 진학률은 30%대에 불과하다. 이들보다 더 나이 많은 세대로 올라가면 이 비율은 확 떨어진다. 문화대혁명을 전후한 시기에는 채 5%도 되지 않았다. 동창을 운운하기에는 대졸자들이 절대적으로 모자랐다.

동창 문화가 꽃 피우지 못한 현실은 장점이 많다. 연줄보다는 실력을 더 중시하는 실사구시의 자세, 간판보다는 적성을 더 생각해 학교를 선택하는 합리적 진학 분위기 등이 그것이다. 중국에 그렇게도 많은 가짜가 범람하고 있음에도 사회 각계의 유명 인사들이 굳이 학력에 대해서만큼은 속이려 하지 않는 데에는 이런 사회 분위기가 한몫을 하고 있지 않나 생각된다.

학연의 폐해와 비정상적인 교육열에 시달리는 한국으로서는 부러운 대목이 아닐 수 없다.

어린 황제들의 전성시대

– 한 자녀 낳기의 부작용

중국 공산당은 실패한 정책이 상당히 많다. 1950년대 말의 대약진 운동, 1966년 시작돼 10여 년이나 지속된 문화대혁명이 대표적 실패 사례다. 가장 최근의 경우는 1989년 발생한 톈안먼 유혈 사태가 아닌가 싶다. 덩샤오핑에 의해 발탁돼 1980년대 나란히 총서기를 역임한 후야오방(胡耀邦)과 자오쯔양(趙紫陽) 두 지도자의 잇따른 몰락을 가져왔기 때문이다.

그렇다고 성공한 사례가 전혀 없는 것은 아니다. 중국의 오늘을 있게 만든 개혁·개방 정책을 제외하면 독생자, 즉 한 자녀 낳기 정책인 계획생육을 가장 먼저 꼽아야 한다. 지금은 완전히 폐기됐지만 시행 40년을 넘어선 계획생육은 당초 기하급수적으로 늘어나는 인구에 대한 공포 때문에 시행됐다.

지난 19세기 말 중국의 인구는 겨우 2억 명을 넘는 수준이었다. 그러나 이 수는 1950년대 초에 5억여 명에 이르렀다. 1977년에는 8억여 명을 헤아렸다. 리영희 선생의 명저 『8억인과의 대화』는 바로 그때 세상에 나왔다. 그대로 놔뒀다가는 『20억인과의 대화』 운운하는 책이 나오지 말라는 보장이 없었다. 뭔가 특단의 대책을 마련하지 않으면 안 됐던 것이다.

계획생육 정책이 처음 거론된 것은 인구가 5억 명을 넘어서기 시작한 지난 1950년대부터였다. 당시 베이징 대학의 마인추(馬寅初) 교수가 상황을 방치하면 인구 폭발에 의한 대재앙이 올 것이라고 경고하면서 본격화됐다. 결국 2년여 동안의 연구를 거친 끝에 계획생육 정책은 1978년부터 시행됐다. 도시에 거주하는 부부들은 소수민족을 제외하고는 한 자녀만 낳아야 한다는 것이 이 정책의 핵심 요지였다.

40여 년 세월이 흐른 지금은 한 자녀를 갖는 것이 대세가 됐다. 당연히 이 자녀는 각 가정에서 완전히 황제로 군림하고 있다. 조부모와 외조부모, 부부 이렇게 여섯 명이 달랑 아이 하나를 키우니 그럴 수밖에 없다.

계획 생육 정책에 따른 소황제·소공주 문제로 골치

중국어 강사인 주부 왕리(王莉) 씨는 미국계 대기업 중국 현지 법인에 근무하는 남편과 사이에 딸 한 명을 두고 있다. 왕씨 정도면 베이징에서도 중산층에 속한다. 왕씨는 딸 동후이(董輝)를 집 부근 공립 유치원에 보내기 위해 두 살 때부터 주말마다 유치원 공개 프로그램에 참가하는 지극정성을 기울였다.

현재 다섯 살인 후이는 유치원에서 매일 수학과 영어를 공부한 뒤 부모가 퇴근하기 전까지는 미술과 발레 등 특기 학원에 다닌다. 주말에는 어린이 음악 이론반에도 나간다. 지난해 여름부터는 당시(唐詩)를 암송하고 있다. 그야말로 쉴 틈이 없다.

왕씨는 딸의 친구 관계에도 신경을 많이 쓴다. 형제자매가 없는 대신 친구를 만들어 주려고 유치원 학부모들과도 돈독한 관계를 유지하고 있다. 같은 유치원의 허핑(何平)이라는 아이의 가족과 주말에는 공원이나 수영장에 함께 다니는 것도 이 때문이다. 2017년 봄에는 두 가족이 남부 휴양지인 하이난다오에도 같이 다녀왔다. 하지만 그녀는 최근 들어 새로운 고민에 빠졌다. 2년 뒤 초등학교에 입학하는 딸을 좋은 학교에 보내려면 이사를 가야 하기 때문이다. 중국 대도시도 한국처럼 학군 경쟁이 엄청나게 치열하다. 명문학교들은 해당 지역에 최소 3년을 거주해야만 입학 자격을 준다. 그래서 좋은 학군 내 집값은 베이징의 경우 일반 학군 지역보다 ㎡당 1만~2만 위안(170만~340만 원)이나 더 비싸다. 중국의 부모들은 이처럼 "부모는 자식을 쏘아 올리는 활이다."라는 칼릴 지브란의 말을 되새기면서 자녀에게 '올 인'하고 있다. 이렇다보니 대륙 전체가 이른바 샤오황디(小皇帝), 샤오궁주(小公主) 전성시대를 맞고 있다고 해도 과언이 아니다.

샤오황디는 1980년대 이후에 태어났다고 해서 바링허우(八零後), 주링허우, 링링허우 세대라고도 불린다. 각각 1기와 2기, 3기 샤오황디로 구분되는 이들은 총 7억 명 정도로 추산된다. 이 중 1980~1989년에 태어난 바링허우 세대인 1기 샤오황디는 2억 명 전후다. 이 중 일부는 이미 결혼해 역시 샤오황디로 태어난 자녀 양육에 돈을 쓰기 시작했다. 중국의 고도 경제성장기에 태어나 자랐기에 이전 세대 중국인들과는 전혀 다른 라이프스타일을 보이고 있는 것이 특징이다.

이를테면 미래를 대비해 저축하는 전통적인 가치관보다는 현재를 즐기는 소비 패턴을 사회 전반에 확산시킨 주역들이라고 할 수 있다. 때문에 방라오쭈(傍老族·유복한 부모 밑에서 놀고먹는 자녀), 웨광쭈(月光族·월급을 모두 써버리는 사람)라는 그다지 달갑지 않은 별칭도 가지고 있다.

특히 이들 중 하이구이(海歸·미국 등 선진국에서 유학을 마치고 귀국한 인재를 지칭하는 말)들은 과거에 보지 못하던 새로운 엘리트층으로 등장하고 있다. 서구식 소비 패턴과 사고방식, 홈파티나 클럽, 테이크아웃, 명품 브랜드 문화 등에 푹 젖어 있다는 비판을 받기도 하는 이 세대들은 혼수 관련 소비나 자녀 출산과 양육을 위해 지나칠 정도로 사치스러운 소비 행태를 보인다. 이들은 우리나라의 30대 40대와 함께 현재는 물론 미래의 경제, 문화, 스포츠 등 제 분야의 카운터파트너이기도 하다. 이들과 깊은 교분을 쌓아야 한다.

샤오황디·샤오궁주 세대와 깊은 교분을 쌓아야

1990년 이후 태어난 주링허우 세대인 2기 샤오황디는 3억 명으로 추산된다. 첨단 유행을 적극적으로 선도하는 소비층으로 불린다.

1기 샤오황디와는 또 다른 세대 차이가 존재하는데 이들은 어린 시절부터 시장경제를 자연스럽게 몸에 익혔다는 특징을 가지고 있다.

인터넷과 게임기로 시간을 보내거나 스마트폰 등 첨단 통신기기로 소통하는 것이 특징이다. 기계적 암기 중심이 아닌 인지 능력, 사유 능력, 판단력을 중시하는 서구식 교육법에도 익숙하다.

중국 대륙은 이들로 인해 금세기 들어 고급 내수시장이 폭발적으로 형성됐다. 부모들이 어린 자녀를 황제처럼 떠받들다 보니 돈을 아낌없이 펑펑 써대고 있는 것이다. 2017년 초 홍콩 무역 발전국의 통계를 보면 완구, 의류는 판매액이 매년 50%씩 늘고 있다. 전체 소비 증가율인 10%를 5배나 웃도는 수치다. 아동을 대상으로 한 교육시장도 호황을 누리고 있다.

고급 유치원은 주 40시간의 한 달 수업료가 웬만한 도시 근로자의 3~4개월치 임금인 2만 위안을 호가하나 입학 허가를 받기 위한 경쟁이 치열하다. 이미 샤오황디를 자녀로 둔 대황디(大皇帝)로 변신한 바이링후 세대들의 소비는 더욱 눈부시다. 지난 해 여름 이후 베이징을 비롯한 상하이, 광저우 등 주요 도시의 패션 핫 트렌드는 누가 뭐래도 스페인의 명품 브랜드인 자라(ZARA)였다.

베이징의 명동 또는 신주쿠(新宿)로 불리는 왕푸징(王府井) 거리를 거닐다 보면 이런 현실을 피부로 실감할 수 있다. 이곳의 유명한 랜드 마크인 신둥팡(新東方)이라는 대형 쇼핑센터에서 채 100m도 떨어지지 않은 한복판에 대형 자라 매장이 자리 잡고 있는 것이다. 주로 1000~2000 위안(17만~34만 원) 대의 의류와 신발 등을 판매하고 있는데도 20~30대 젊은 쇼핑객이 얼마나 많은지 계산을 하려면 길게 줄을 서서 기다려야 한다.

이 때문에 콧대 높기로 유명한 서구 명품업체들은 앞으로 5년 안에 세계 1위 명품 시장으로 부상할 중국을 공략하기 위해 총력전을 펼치고 있다. 오로지 샤오황디 출신 중국 소비자들만을 위한 맞춤 제품까지 내놓는 업체도 있다. 프랑스 명품 브랜드인 에르메스의 행보가 대표적이다. 현지 브랜드인 상샤(上下)를 출시해 젊은 샤오황디 출신들의 기호와 특성을 제품에 반영하고 있다.

중국의 한 자녀 정책은 샤오황디의 왕성한 구매력을 촉진해 내수를 진작시키는 긍정적 측면이 확실히 있었다. 그러나 사회적으로는 갖가지 부작용을 낳고 있다. 우선 전통적인 남아 선호 사상 탓에 남초(男超)

현상이 극심해졌다. 2012년의 경우 여아 100명당 남아의 출생 수가 무려 120명을 넘어섰다. "이 상태로 가면 중국이 신부 수입국이 되는 것은 시간문제다. 나아가 성비 불균형으로 인한 성범죄도 기승을 부릴 것으로 우려된다. 뭔가 근본적인 대책을 강구하지 않으면 안 된다."는 리인허(李銀河) 사회과학원 연구원의 주장은 공연한 호들갑이 아니다.

미래의 국가경쟁력인 어린이들의 숫자가 급감하고 있는 현실도 문제로 꼽힌다. 1995년에는 중국의 14세 이하 인구가 3억3400만 명에 이르렀다. 그러나 2018년에는 8500만 명이나 적은 2억4900만 명으로 줄어들었다. 제2 인구대국인 인도는 14세 이하 인구가 2018년 4억 명 가까이나 돼 중국보다 60% 이상 많다. 10 수년 후에는 국가경쟁력이 인도에 밀릴 가능성이 높다고 우려하고 있는 것은 결코 엄살이 아니다. 이 밖에 한 자녀 정책이 시행된 지 40년이 지나면서 자녀 한명이 부모와 조부모 세대의 부양을 모두 책임져야 하는 시대가 본격적으로 도래한 사실도 국가경쟁력을 떨어뜨리는 중요 요인이다.

패륜행위 저지르는 소황제들로 사회문제 심각

더욱 심각한 문제는 샤오황디들이 너무 곱게 자라다보니 거의 대부분이 독립심이 부족한 나약한 어른으로 자라난다는 사실이다.

2012년 5월 세계 최대 전자부품 업체인 대만 팍스콘의 선전 공장에서 20대 젊은 근로자들 10여 명이 연쇄적으로 자살한 사실은 무엇보다 이런 현실을 잘 보여준다. 지금 중국 전역에서는 상사가 조금이라도 질책하면 바로 집으로 돌아와 버리는 이른바 마마보이, 파파보이 직장인이 부지기수다.

샤오황디들의 충격적인 패륜행위도 심각한 사회문제가 되고 있다.

얼마 전 한국 언론에는 일본에서 유학하다가 귀국한 중국의 20대 남성이 헌신적으로 뒷바라지를 해준 모친을 공항에서 살해하는 반인륜적 범죄를 벌여 중국 사회가 경악하고 있다는 뉴스가 실렸다. 일본 유학생 왕양쭝(王陽中·23·가명)이 상하이 푸둥(浦東)공항에서 마중을 나온 어머니와 말다툼을 벌이던 중 흉기로 아홉 차례나 찌른 뒤 도망친 것이다. 엄청난 유학자금을 감당하려고 어머니는 옷장사까지 하며 아들을 뒷바라지했지만 아들은 생활비가 적다고 불평을 늘어놓았고 "더는 돈이 없어서 유학비용을 대줄 수 없다."고 말하자 흉기로 찔렀다는 것이다.

샤오황디들의 패륜은 여기에 그치지 않는다. 얼마 전에는 베이징 길거리에서 소년이 "장남감을 사달라"며 어머니의 목을 조르고 머리채를 잡아끌면서 폭행하는 사진이 중국 대형 커뮤니티 사이트에 실려 한바탕 뜨거운 논란이 됐다.

샤오황디의 폐해는 신조어에서도 확인된다. 그게 요즘 중화권을 달구고 있는 바쮜(覇座)라는 단어다. '좌석 패권자' 내지 '자리 점거자'라는 뜻으로 고속철도에서 남의 자리에 앉은 채 좌석 주인이 와도 비켜주지 않는 철면피 승객을 의미한다. 한두 번 이런 일이 있었으면 사소한 문제로 넘길 수 있지만 요즘에는 비슷한 사건들이 계속해서 터지고 있다. 중국인들의 시민의식이 다시 도마 위에 오를 수밖에 없다. 자신밖에 모르고 남들은 안중에도 없는 샤오황디들이다. 중국에서조차 "언제까지 이럴 건가……"라는 탄식이 나오는 것은 당연한 일이다.

지난 40년여 동안 시행된 계획생육정책은 인구를 억제하는데 상당한 기여를 했지만 이제는 역사의 뒤안길로 사라져버렸다. 그럼에도 워낙 오랫동안 이 정책이 유지되다 보니 하나를 낳는 것이 관례가 돼버렸다. 다 그런 것은 아니지만 대부분의 독생자들이 결혼을 하면서 한 명의 자녀를 두는 것을 당연하게 생각하게 된 것이다. 아이러니하게도 바로 이 때문에 중국 정부 당국이 2016년 두 자녀를 허용하는 정책을 도입하게 된 것이다. 불행히도 독생자 정책의 유산인 샤오황디의 폐해 는 현재진행형이지만 말이다.

베이징 특파원 중국 문화를 말하다

우리도 기러기 공화국
─ 해외 진출 신드롬, 지금은⋯⋯

경제적으로 여유가 생기면 여행업이 발전한다. 중국인들도 예외가 아니다. 2019년 한 해에 해외로 떠난 여행객만 웬만한 대국의 인구보다 훨씬 많은 1억6300만 명이나 됐다. 이들이 해외에 뿌린 돈만 1500억 달러가 넘었다. 지금은 부산의 자갈치시장은 말할 것도 없고 서울 소공동 롯데백화점 9층 면세점도 위안화를 한국 돈처럼 받으니 이 정도 돈에 굳이 놀랄 필요는 없다.

『런민르바오』의 국제뉴스 전문 자매지『환추스바오(環球時報)』의 최근 기사를 보면 "부유층의 해외 투자 이민이 줄을 이으면서 지난 3년 동안 총 600억 위안(10조2000억 원) 가까이 해외로 빠져나갔다."라는 내용이 눈에 확 들어온다. 혹자는 90억 달러 정도에 불과한 금액을 가지고 뭘 그러느냐고 대수롭지 않게 생각할지 모른다. 그러나 중국이 해외 투자 이민을 아직 자유화하지 않은 상황이라는 것을 고려하면 애기는 달라진다. 게다가 저우허우먼(走後門·뒷문으로 들어가거나 나간다는 의미)이라는 말에서 알 수 있듯 불법적으로 빠져나가는 돈까지 합치면 밖으로 새는 중국의 달러는 훨씬 더 많을 것으로 추산된다.

통계에 따르면 최근 5년 동안 미국과 캐나다, 호주 등지로 떠나는 중국인들의 투자이민 행렬은 해마다 30% 전후씩 늘어나고 있다. 어떻게 보면 중국 부유층의 엑소더스가 이어지고 있다고 해도 무방하다.

이들이 이민에 나서는 목적은 다양하다. 자녀들에게 현재보다 훨씬 나은 교육 환경을 만들어주기 위한 것이 첫 번째다. 부유층인 자신들과는 아무래도 엇박자가 날 수밖에 없는 사회주의 체제에서 벗어나고자 하는 갈증도 작용하고 있다.

투자이민이나 장단기 해외체류를 결행하는 가정 중에는 떳떳치 못한 방법으로 재산을 축적한 고위 당정 관료들이 가장인 경우가 상당히 많다. 심지어 이들 부패 관료들은 아주 일찌감치 가족을 해외로 보내놓고 뒤에 남아 문제가 생기면 언제든지 나라를 등질 준비를 하고 있다. 이런 이들을 지칭하는 신조어가 바로 뤄티관위안(裸體官員), 즉 뤄관(裸官)이다. 말 그대로 돈만 가지고 언제든지 알몸으로 튈 수 있는 관리들이다. 한국어로 옮기면 기러기 탐관오리쯤 된다.

사례도 깜짝 놀랄 정도로 많다. 위안화(遠華) 그룹의 전 회장 라이창싱(賴昌星) 사건의 관련자인 란부(藍甫)라는 인물이 대표적인 선구자이다. 지난 세기 말 푸젠성 샤먼(廈門)시 부시장으로 재직하면서 당시로는 거금인 500만여 위안의 뇌물을 받은 혐의로 조사를 받게 되자 진짜 돈을 든 채 튀었다고 한다. 최종 목적지는 처자식들이 미리 가서 살고 있던 호주였다. 그 이후에는 장지팡(蔣基芳)이라는 부패 관료가 크게 한 건을 했다. 허난성의 연초전매국 국장이라는 요직에서 쏠쏠하게 콩

고물을 챙기다가 발각되자 수백만 위안의 거금을 들고 미국으로 도망쳤다. 공항에 내렸을 때는 마치 개선장군처럼 처자식의 열렬한 환영을 받고 깊은 포옹을 나눴다고 한다.

비교적 최근 사례로는 산시(陝西)성 정협 부주석인 팡자위(龐家鈺) 사건이 꼽힌다. 그는 이로 인해 뇌물 수수와 직무 태만으로 12년 징역형을 선고받고 복역 중에 있으나 가족은 2002년 이미 캐나다로 이민을 떠난 것으로 확인됐다.

중국 사법 당국은 상황이 이처럼 심각해지자 2010년부터 전국적으로 '뤄관 감독관리 규정'을 마련해 시행하고 있다. 이에 따르면 처자식들을 외국에 거주하게 한 다음 이들 명의로 재산을 빼돌린 의혹이 있는 부현장(副縣長·부군수)급 이상 공무원은 여권 발급이 엄격하게 통제된다. 또 설사 불법 의혹이 당장 불거지지 않은 관리라고 하더라도 가족이 해외에 있다면 재산 관계 등에 대한 철저한 조사를 받아야 한다. 의혹이 조금이라도 있다면 승진에서 제외되고 업무 정지 조치도 당할 수 있다.

그러나 아무리 방역을 철저히 한다고 해도 구멍은 생기는 법이다. "위에서 정책을 세우면 아래에서는 대책을 마련한다."는 우스갯소리처럼 가족을 해외로 보내고자 하는 관료들은 이런저런 구실을 대고 적당하게 빠져나가게 마련이다.

당연히 중국 당국은 이처럼 해외로 튀어버린 뤄관들을 끝까지 처벌하려는 노력 역시 기울이고 있다. 이른바 '톈왕(天網)', 즉 '하늘의 투망'이라는 이름의 프로젝트를 대표적으로 꼽을 수 있다. 지구 끝까지 쫓아가 체포해 처벌한다는 계획으로 2020년 상반기 현재까지 수십여 명이 투망에 걸려들었다.

중국은 2015년부터 움직이는 사물을 추적·판별하는 인공지능 폐쇄회로(CCTV)와 반부패·반범죄 용의자 데이터베이스를 연동해 해외로 도주하는 고위급 관료를 체포하고 있다. 그러나 전국민에게 등급을 매겨 사생활까지 감시한다는 비판을 받고 있다. 하늘의 그물망인 '톈왕'을 상징하는 만평

　이런 저런 이유로 지금 중국은 조기 유학을 비롯한 유학이 급증하고 있다. 2017년 말을 기준으로 해외로 공부하기 위해 떠난 각급 학교의 학생은 대략 250만 명에 달한다. 상황이 어느 정도인지는 공식 및 비공식 유학원이 최소 수백여 개에 이르는 베이징의 경우를 살펴보면 잘 알 수 있다. 자식들을 유학 보내려는 학부모와 상담사들이 일요일도 없이 공개 상담을 하는 광경이 아무렇지 않게 보이는 것이 현실이다. 이에 대해 아들을 부인과 함께 캐나다에 보낸 인싱이(尹星一) 씨는 이렇게 현실을 설명한다. "내 주변에는 자녀들을 해외에 보내지 않은 사람을 찾는 것이 훨씬 쉽다. 경제적 여유가 어느 정도 있는 경우라면 모두들 자녀를 외국에 보내는 유행에 합류하고 싶어 한다. 앞으로는 더욱 그럴 것으로 보인다. 솔직히 문제라고 생각한다."

　베이징 특파원 중국 문화를 말하다

상하이, 선전, 광저우, 난징 등 베이징과 비슷한 소득 수준을 자랑하는 대도시들도 매년 최소 수천 명에서 수만 명이 해외로 조기 유학을 가거나 떠나기 위해 준비하고 있다. 미국을 비롯한 캐나다, 호주, 유럽 등 선진국 초·중등학교들도 황금알을 낳는 거위들인 중국인 학생들을 유치하기 위해 안간힘을 쏟는 상황이다. 뤄관과 이들의 처자식들을 굳이 포함하지 않더라도 중국의 기러기 가족 현상은 이미 대세로 굳어진 지 오래다.

기러기 아빠 급증, 미국과 유럽으로 조기유학 붐

기러기 가족 현상이나 해외 진출 신드롬은 탐관오리나 일부 상류층 가정에만 해당되는 문제가 아니다. 최근에는 노무 수출이 많아 일반 가정에서는 자식이 남고 부모가 해외로 떠나는 정반대의 현상도 적잖이 나타나고 있다. 특히 조선족이 많이 거주하는 지린(吉林)성 옌볜(延邊)이나 랴오닝(遼寧)성 선양(瀋陽)에서는 더욱 그렇다.

기자가 베이징 특파원으로 활동하던 시절에 우리 가족을 8년 동안이나 돌봐주던 아주머니가 있었다. 유난히 기자의 두 딸을 아끼던 그녀는 어느 날 우리 가족과 갑작스런 작별을 고했다. 고향에 급한 일이 있어 간다고 하는 데야 말릴 방법이 없었다. 하지만 그게 인연의 끝이 아니었다. 9년 동안 특파원 생활을 마치고 한국으로 귀임한 지 2년이 됐을 즈음 뜻하지 않게 그녀로부터 연락이 온 것이다. 당시 한국에 가기 위해 우리와 어쩔 수 없이 헤어져야 했다는 사과의 말과 함께였다. 필자는 당시 그녀가 사과할 이유는 없다고 생각했다. 베이징에서보다 한국에서 얻는 수입이 최소한 5~6배는 더 많았으니 말이다. 그러나 본인을 비롯해 며느리, 출가한 딸까지 다 데리고 왔다는 말을 듣고는 깜짝 놀랐다. 그녀의 집안은 부유층과 정반대되는 생계형 기러기 가족이었던 셈이었다.

중국에서는 기러기 공무원을 '예거쯔(野鴿子)'라고 부른다. 들비둘기라는 뜻이다. 그럴 수밖에 없다. 무엇보다 가족이 해외에 있으니 들비둘기처럼 아무 데나 마음대로 다닐 수 있다. 또 아무 음식이나 원하는대로 먹을 수 있다. 그러다가 정부나 주변의 눈치가 심상치 않으면 그대로 훨훨 날아 처자식이 있는 곳으로 달아나면 그만이다. 중국의 미래를 위해서도 이런 예거쯔의 확산은 별로 바람직한 현상이 아니다. 하지만 당국으로서는 막을 방법이 마땅치 않다는 점에서 고민이 크지않나 싶다.

8

열등감에 기인한 외국 국적은
특권층 액세서리
– 실종된 노블레스 오블리주

중국인들은 국민성이 한국인들과는 많이 다르다. 개인이든 국가를 대표로 하는 집단이든 마치 약속이나 한 듯 강자 앞에는 약하고 약자 앞에는 강한 스타일 하나만 봐도 알 수 있다. 강자 앞에는 강하고 약자 앞에는 약한 스타일인 한국인들과는 완전 반대의 국민성을 지니고 있다. 기분 나빠 하는 중국인들을 위해 사례를 하나 들어 보겠다. 주지하다시피 중국인들은 이민족의 지배를 많이 받았다. 10세기 이후만 봐도 바로 알 수 있다. 몽골족과 만주족이 세운 원나라와 청나라의 지배를 400년 가까이 받았다. 이 경우 한국인들을 비롯한 일반적인 민족들이었다면 끊임없이 이민족 왕조에 저항했을 것이다. 하지만 중국인들을 전혀 그렇지 않았다. 가능하면 철저하게 굴종을 한 채 목숨을 부지하려 했다. 심지어 원나라 때는 3등 백성으로 노예 취급까지 당하면서도 찍 소리 한 번 내지 못했다. 삼별초가 끝까지 원나라에 항전한 고려인들과는 달라도 너무 달랐다. 강자에 약한 기질을 보여주는 대표적인 케이스가 아니었나 싶다.

약자에 강한 스타일은 세계 각국과 외교를 비롯한 각 분야의 마찰이 일어날 때를 봐도 알 수 있다. 미국이나 유럽연합(EU)에는 강하게 나가지 못하나 주변 한국을 비롯한 동남아 각국들에게는 마치 동네 조폭 내지 일진 노릇 하려는 것이 바로 중국이다. 2020년 상반기에 전 세계적으로 코로나19가 창궐하면서 외국인 혐오증이 최고조에 이르렀을 때 중국 내 아프리카 출신들에게 가혹하리만치 대했던 것에는 이런 배경이 있었던 것이다.

루쉰이 개탄한 이런 민족적 열등감과 무관하지 않은 국민성을 중국인들은 모르지 않는다. 가능하면 숨기고 싶어 한다. 가장 좋은 방법은 루쉰의 대표작 『아Q정전』의 아Q처럼 정신승리를 하는 것이다. 실제로도 중국인들은 이런 성향이 강하다. 21세기 들어서는 더욱 확실하게 보여주고 있다. 국뽕 분위기가 물씬거리는 중국몽, 강군몽 등의 슬로건이 넘치는 현실을 보면 진짜 그렇다. 그럼에도 불구하고 중국인들의 가슴 저 밑바닥에 숨겨져 있는 강자에는 약한, 이른바 열등의식은 완전히 사라졌다고 하기 어렵다. 종종 일상생활에서 잘 드러나는 것이 현실이다. 굳이 필요하지도 않을 것 같은 사람들이 영어 이름을 웬만하면 하나씩 다 가지고 있는 사실만 봐도 알 수 있다. 이에 대해서는 베이징에서 작은 엔터테인먼트 회사를 경영하는 인징메이(尹敬美) 사장의 설명이 가장 설득력 있다.

"중국인들은 자국인들끼리 명함을 건넬 때도 영어 이름을 사용하는 경우가 적지 않다. 그게 자신의 영어 이름이라고 말을 하면서 말이다. 딱히 필요하지도 않은 것 같은데 그렇게 한다. 왜 그러느냐고 물어보면 외국에 나갈 때 필요해서라고 대답한다. 또 외국인들과 만날 때 상대를 배려하기 위해서라고도 한다. 그러나 정작 이런 사람들 중에 영어를 제대로 잘 하는 사람은 거의 없다. 개인적으로는 집단적 열등감의 발로라고 본다."

이런 열등감을 반영하는 희한한 행보는 굳이 절실할 것 같지 않은 외국 국적을 얻으려는 노력에서도 볼 수 있다. 이 고군분투는 이른바 특권층, 부유층에서 유난히 두드러진다. 거의 신드롬 수준이다. 한마디로 외국 국적을 성공의 액세서리로 생각하는 노블레스 오블리주의 실종이 사회 지도층 사이에 만연하고 있는 것이다.

중국인들에게 잘 알려진 공인의 대표격인 연예인들의 국적 취득 케이스를 살펴보면 확연해진다. 월드 스타 궁리(鞏俐)는 2008년 싱가포르의 화교 출신 기업인 황허샹(黃和祥)과 결혼하면서 중국 국적을 포기했다. 여기까지는 그래도 이해할 만하다. 그러나 곧 이혼하고 2019년 5월 프랑스 음악가인 장 미셸 자르과 재혼하면서 프랑스 국적으로 갈아탔다.

대만 출신 감독 리안(李安)이 메가폰을 잡은 「색계(色戒)」에 출연해 파격적인 섹스 신으로 세계를 놀라게 한 탕웨이(湯唯)도 빼놓을 수 없다. 한국의 김태용 감독과 결혼하기 전에 이미 홍콩 영주권을 얻은 그녀는 출산을 한국과 중국이 아닌 홍콩에서 했다. 딸에게 홍콩 영주권을 물려주고 싶어서 그런 것이었다.

장쯔이(章子怡)는 한술 더 떴다. 그녀는 수년 전 미혼 시절 미국 미디어 재벌 비비 네보와 연애를 할 당시 한 잡지와 가진 인터뷰에서 "장차 낳게 될 아들과 딸은 미국인이 될 것이다."라는 발언을 해 구설수에 올랐다, 불행히도 결혼에까지 이르지 못해 이 발언은 현실이 되지는 못했다. 그러나 이 일로 인해 그녀는 미국 여권을 가지고 있을 가능성이 높다는 소문에 휩싸였다. 결국 가수 왕펑(汪峰)과 결혼한 후 딸과 아들을 각각 미국에서 출산해 오랜 비원을 실현했다. 출산할 때마다 자녀에게 미국 국적을 물려주기 위한 원정 출산이라는 비난이 쇄도했지만 이에 대해서는 전혀 해명을 한 적이 없다. 본인도 홍콩 영주권을 보유 중이라는 논란에 대해서는 입을 함구하고 있다.

어지간한 유명 영화배우들은 외국 영주권 하나씩

내친 김에 더 사례를 들어보도록 하겠다. 한국에서도 여러 차례 연주회를 가진 바 있는 국민 피아니스트 랑랑(郎朗)과 리윈디(李雲迪)를 먼저 꼽을 수 있다. 국민이라는 수식어가 부끄럽게 이미 홍콩 시민으로 선서를 한 바 있다.

궁푸 스타 리롄제(李連杰)의 국적 갈아타기도 충격적이다. 현존하는 유일한 리샤오룽(李小龍)의 분신으로 불리는 그는 2009년 전격적으로 싱가포르 국적을 취득해 중국인들을 격분시켰다. 더구나 현지에서 1500만 달러짜리 부동산을 구입해 국부를 유출시켰다는 비난까지 받았다. 이 때문에 중국에서의 인기는 예전보다 못하다. 하지만 중국보다는 할리우드와 세계 각국의 시장에 신경을 더 쓰는 그의 처지에서는 별로 아쉬울 것도 없고 타격도 크지 않다.

더 기가 막힌 경우도 있다. 그건 바로 2009년 정권 수립 60주년을 기념해 중국 영화계가 총력을 기울여 제작해 개봉한 역사적인 블록버스터 대작 「젠궈다예(建國大業)」 출연 배우 중 상당수가 외국 국적자이거나 영주권자였다는 사실이다. 이 영화에는 청룽(成龍)을 비롯해 장쯔이, 리롄제 등 월드스타와 중화권 스타 무려 172명이 동원됐다. 이들

대부분은 약속이나 한 듯 무보수로 출연했다. 그야말로 감동이라는 말이 아깝지 않았다. 그러나 감동은 오래가지 않았다. 국적과 관련한 이들의 숨겨진 이력이 알려진 탓이다. 이후 영화 관람을 집단 보이콧하자는 안티 팬들의 시위가 벌어졌다.

당시 언론에 밝혀진 바에 따르면, 감독 천카이거(陳凱歌)를 비롯해 천훙(陳紅), 류이페이(劉亦菲), 천충(陳沖), 구창웨이(顧長衛), 장원리(蔣雯麗), 후징(胡靜), 왕지(王姬) 등도 미국 국적이었다. 앞서 언급한 랑랑, 리윈디, 장쯔이, 탕웨이를 필두로 한 후쥔(胡軍), 류쉬안(劉璇) 등은 홍콩 여권을 소유한 것으로 나타났다. 여기에 퉁안거(童安格), 쉬판(徐帆) 등은 캐나다, 장톄린(張鐵林)은 영국 국적이었다. 천카이거에 못지않은 감독 겸 배우인 장원(姜文)을 비롯한 쉬칭(許晴), 웨이웨이(韋唯), 선샤오천(沈小岑), 쓰친가오와(斯琴高娃), 후빙(胡兵)도 프랑스, 일본, 독일, 호주, 스위스, 태국 등 다양한 여권을 은밀히 소지했던 것으로 확인됐다.

매년 3만~4만명의 중국인들이 미국 국적 취득

국적 문제에 있어서는 부유한 기업가, 의사, 변호사, 고위 공무원들도 중국 국민의 따가운 눈총에서 자유롭지 못하다. 미국 국적의 경우 영주권자를 포함한 매년 3만~4만 명의 중국인들이 마치 쇼핑몰에서 물건을 바구니에 담듯 취득하고 있다. 유럽과 홍콩, 한국, 일본 등까지 범위를 넓히면 이런 중국인들은 더욱 늘어난다.

외국 국적이나 영주권 취득을 거의 일상사로 여기는 사회 지도층 인사들의 행보는 장쯔이처럼 원정 출산으로도 이어지고 있다. 이들이 가장 선호하는 목적지는 헌법 규정에 따라 자국 영토 안에서 출생한 아이는 모두 자국민으로 취급하는 미국이다. 1년에 최소한 1만여 명의 중국 아이들이 이런 식으로 검은 머리 미국인이 된다고 한다. 원정 출산에 관해서도 세계 최고 수준인 한국을 완전히 제칠 날이 머지않았다.

앞에서도 언급했듯 중국인들은 천성적으로 양다리 걸치기를 잘하는 민족이다. 그러나 어쩐 일인지 국적에 관해서는 철저하다. 이중 국적이라는 말은 씨알이 먹히지 않는다. 중국이냐 외국이냐 양자택일을 반드시 해야 한다. 교묘한 레토릭으로 이중 국적을 복수 국적으로 부르면서 일부 허용하기 시작한 한국과는 달라도 완전히 다르다. 아마 이 때문에 최근에는 연예인들을 대상으로 한한령과 비슷한 한적령(限籍令), 즉 외국 국적인 이들은 작품 출연에 제한을 두는 규정이 생겼는지도 모를 일이다.

9

술 권하는 사회

- 음주의 생활화

술을 지나치게 마시면 좋지 않다. 단순히 육체적인 해악만 있는 것이 아니다. 과도하면 정신건강에도 나쁘다.

그러나 백해무익한 것 같은 마약이 진통제나 마취제로 쓰이듯 술도 적당하게 마시면 보약이 된다. '술은 생명의 물'이라고 극찬하는 스코틀랜드의 그럴듯한 속담은 괜히 있는 것이 아니다. 중국에서도 술에 관한 관용은 스코틀랜드 못지않다. 조금 심하게 말하면 술 없이는 아무것도 안 되는, 그야말로 술 권하는 사회가 바로 중국이다.

음주의 생활화가 어느 정도에 이르렀는지는 식당에서 식사를 할 때보면 쉽게 알 수 있다. 하다못해 맥주 한 병이라도 시켜야 종업원들에게 이상한 사람으로 취급당하지 않는다. 전국 어느 지역, 어느 식당을 가더라도 메뉴판에 각양각색의 술 종류가 요란스레 적혀 있다.

중국인들과 술의 불가분의 관계는 무엇보다 이들의 입에서 매일 터져 나오는 사업이라는 단어와 관련이 있다. 솔직히 몇 명이 동업으로 하든 수십 명이 단체로 하든 사업을 통해 돈을 벌기 위해서는 그럴듯한 아이디어와 의견 조율이 필요하다. 이럴 때 술이 단연 최고 약발을 발휘한다. 중국에서 술 없이 제대로 진척이 되는 사업이 드문 이유다.

협상도 사업과 대동소이하다. 돈에 관한 한 셈과 행동이 전광석화처럼 빠르기는 해도 단호하게 예스와 노를 토해내지 않는 특징을 가진 중국인들과 상대하기 위해서는 아무래도 술 몇 잔이 도움이 될 것이다.

사업이나 협상을 하려면 중국인과 술 잘 마셔야

한국 기업들이 중국에 대규모 투자를 모색하던 때였다. 한국에서 잘 나간다는 재벌그룹이 중국에 대규모 투자를 한다는 소식이 들려 왔다. 현지 특파원들은 당연히 현장으로 달려갔다. 중국 특유의 거나한 술자리가 있은 뒤 투자를 계획한다는 해당 그룹의 회장과 한국 언론사 특파원단과의 특별 기자회견이 마련됐다. 기자들은 당연히 촉각을 곤두세웠다. 뭔가 중요한 말 한마디를 할 것이라는 기대로 모두들 그 그룹 회장의 입만 쳐다보고 있었다. 그러나 이게 웬일인가, 그의 입에서는 엉뚱한 횡설수설만 흘러나왔다. 그가 중국 측 카운터파트와 협상을 하기 위해 이곳저곳에서 권하는 술을 사양하지 않고 마시다가 속된 말로 완전히 꼭지가 돌아버렸던 것이다. 그나마 다행인 것은 지금도 이 회사의 중국 내 사업은 잘 되고 있다는 사실이 아닌가 싶다.

관시는 더 말할 필요도 없다. 흉금을 터놓고 대작 한 번 하지 않는 사이에 관시라는 것은 존재하기 어렵다. 더구나 관시라는 것은 거의 대등하고 오붓한 분위기에서 만들어지기에 술이 없으면 될 일도 안 된다. 술을 잘하지 못해도 어떻게든 호쾌하게 마셔야 관시가 빨리 발전할 수 있다. 필자는 진짜 이 관시를 트기 위해 중국인들이 권하는 술을 넙죽 넙죽 받아 마시다가 진짜 죽을 뻔한 적도 있다.

권하는 술 다 받아마시다가는 죽을 수도

특파원으로 부임한 지 3년차 되던 해였다. 기자는 인민해방군 쪽에 대단한 관시를 가지고 있는 유력 인사를 통해 당정 최고위층 지도자들의 공식 의전행사 음악을 담당하는 교향악단을 소개 받았다. 인민해방군 중앙교향악단 제3악대인 이 악단의 70여 명 대원들은 모두 장교로 하나같이 음악을 전공한 뛰어난 연주자들이었다. 그중 일부는 재즈악단인 진줴하오(金角號)를 결성해 종종 일반인들을 상대로 위문공연을 하는 등 실력이 뛰어났다. 필자는 당시 베이징 외곽에 위치한 이 악단을 소개하는 기사를 보도해 좋은 반응을 얻었다. 며칠 후 KBS 베이징 지국장으로부터 기자의 관시를 동원해 취재를 할 수 있도록 도와달라는 협조 요청을 받은 것도 당시의 보도 덕분이었다. 필자는 요청을 흔쾌히 수락했다. 우리 일행이 두 시간여에 걸친 촬영을 끝내고 돌아가려고 할 즈음이었다. 악단 단장인 인상 좋은 거구의 더우(竇) 대교(대령과 준장 사이 계급)가 우리를 붙잡았다.

"아니 두 시간 동안이나 고생을 해서 촬영을 했는데 그냥 돌아가면 어떡합니까? 식사라도 하고 가야지. 이미 부대 안에 다 준비가 돼 있는데……."

기자도 그냥 가는 것은 예의가 아니라고 생각했다. 게다가 본사에서는 처음 기사가 나갔을 때 악단의 한국 초청을 검토해보라는 지시도 내렸던 터였다. 그러기 위해서는 관시를 강화할 필요가 있었다. 기자는 더우 대교의 말을 선배들인 두 특파원과 오디오 맨에게 전했다. 밥 정도는 먹고 가는 것은 좋다는 대답이 바로 돌아왔다. 그러나 우리를 위해 준비한 오찬 자리는 말이 식사자리였지 사실은 술자리였다. 테이블마다 한국의 맥주병보다 훨씬 큰 56도 대중 술인 얼궈터우(二鍋頭) 몇 병씩 놓여 있었다.

필자 일행과 헤드 테이블에 앉아 있던 더우 대교가 큰 물컵으로 그 독한 얼궈터우를 콸콸 그득하게 따랐다. 술 좋아하기로 둘째가라면 서러워할 기자도 독주 따르는 소리에 대낮부터 머리털이 바짝 곤두섰다. 더우 대교는 드디어 취재를 와줘서 고맙다면서 우선 방송국 지국장인 김용관 기자에게 한 잔을 건넸다. 그러나 그는 오후에 바로 위성으로 오전에 녹화한 화면을 송출해야 한다는 그럴듯한 핑계를 대고 정중하게 거절했다. 카메라 담당인 이주영 기자도 마찬가지였다. 세트로 움직이는 입장에서 따로 마신다는 것은 있을 수 없는 노릇이었다. 급기야 악마의 독배 같은 그 잔은 마지막 타자인 필자에게 자연스럽게 돌아왔다. 필자마저 마시지 못하겠다고 하면 관시 강화는 고사하고 분위기마저 깨질 상황이었다. 다행히 필자는 당시 호주가로서 꽤나 명성을 날리고 있던 때였다. 다소 많은 양이었으나 그래도 어렵지 않게 들이킬 수 있었다.

아뿔싸, 문제는 그다음부터였다. 다른 테이블에 있던 단원들이 왜 내 잔은 안 받느냐면서 필자에게 무차별 공세를 가한 것이다. 할 수 없이 도대체 몇 잔인지 모를 독한 얼궈터우를 두꺼비 파리 삼키듯 넙죽넙죽 받아마셨다. 나중에는 누가 따라주는지도 모른 채 수없이 많은 잔을 들이켰다. 필자는 거의 모든 단원들의 무지막지한 물컵의 얼궈터우를 다 받아 마시고 보무도 당당하게 선배들이 타고 온 방송사의 차에 올랐다. 그러고는 차의 뒷좌석에 오르는 순간 그대로 스르르 무너졌다.

이후 필자는 업무용인 방송사 차에 실려 거의 10시간 가까이 완전 졸도한 채 베이징 구석구석을 돌아다녔다고 한다. 그나마 다행인 것은 선배들이 필자를 필자의 사무실로 데려다줬다는 사실이었다. 물론 필자는 그 이후에도 깨어나지 못하고 다음날 저녁에야 눈을 뜨고 쓰린 속을 해장국으로 달래야 했다. 이 얘기는 필자와 선배들이 모두 귀임한 후에도 베이징 특파원 사회의 전무후무한 전설이 됐다. 지금껏 중국인들이 주는 술을 넙죽넙죽 받아먹어서는 안 된다는 반면 교훈으로 통하고 있다. 관시 강화를 좋아하고 자존심을 내세우다가 완전히 지옥 문턱까지 갔다가 생환한 사례라고 하겠다.

중국인들은 술잔 돌리지 않고 한 손으로 술 받아

예부터 중국인들과 술은 불가분의 관계였다. 광대한 대륙 곳곳마다 특산 명주가 존재한다. 수도 베이징만 해도 대표적 대중주인 징주(京酒)와 뉴란산(牛欄山) 얼궈터우를 비롯한 지역 명품 술이 무려 10여 가지나 된다. 전국적으로는 4만종 가량 된다.

평생 술에 취해 살다가 호수에 빠져 생을 마감했다는 이백(李白), '공자 100호(壺·호는 병을 의미함)'라는 말을 만들어냈을 정도로 호주가였던 공자, 자연과 술을 벗한 죽림칠현(竹林七賢) 등의 후예라는 자긍심이 엉뚱하게 중국을 술 권하는 사회로 정착시키는 데 기여했다고도 볼 수 있다.

중국인들이 즐겨 마시는 술의 종류는 대략 5가지로 나뉜다. 도수 높은 고량주인 바이주(白酒)를 위시해 20도 이하 낮은 도수의 황주(黃酒·청주), 홍주(紅酒·포도주), 맥주, 과일주 등이다. 각 종류의 술을 대표하는 브랜드는 헤아릴 수 없이 많으므로 세는 것은 일찌감치 포기 하는 것이 훨씬 낫다.

술의 종류가 많다보니 세계적 명주도 많다. 8대 명주로 불리는 브랜드가 대표적이다. 지역별 또는 전문가별 시각에 따라 차이가 있을 수는 있겠으나 대체로 마오타이주(茅台酒)를 비롯해 펀주(汾酒), 화댜오주(花彫酒), 주예칭주(竹葉淸酒), 사오싱주(紹興酒), 우량예(五粮液), 수이징팡(水井坊), 칭다오(靑島) 맥주를 일컫는다. 물론 명주를 베낀 가짜 술도 부지기수로 많다.

명주를 베낀 가짜술도 많아

중국인들의 술버릇이나 주법도 재미있다. 가장 흔한 것이 원샷 원킬의 의미를 가진 '간베이(乾杯)'를 자주 외친다는 것이다. 그냥 인사치레로 간베이를 외치는 것이 아니기에 무조건 다 마셔야 실례가 되지 않는다. 이쯤 되면 술을 못하는 외국인들로서는 중국인들과 식사 한번하는 것이 더할 수 없는 고통스러운 행사가 된다.

술잔이 조금이라도 비어 있으면 계속 따라주는 습성은 술을 못하는 쪽에서 볼 때 간베이 못지않은, 세상에 무식하기 이를 데 없는 주법이다. 눈치껏 마시면 되지 않느냐고 할지 모르나 언제 '간베이'라는 단어가 들릴지 모르므로 소용이 없다.

술잔을 돌리지 않는 술버릇은 그나마 좋은 습성이다. 자신이 마신잔은 무슨 일이 있더라도 끝까지 고수하는 것이 전국 공통의 주법이다. 위생적으로도 그럴 수 없이 좋다. 그러나 최근에는 한국인들과 자주 접촉하는 중국인들이 폭탄주와 함께 술잔 돌리기 악습까지 익힌탓에 이 주법도 변하고 있다.

중국인들은 남녀노소 구별 없이 한 손으로 술을 따르고 받는다. 유교적 가치관이 몸에 밴 한국인들로서는 좀처럼 받아들이기 어려운 주법이나 중국인들의 문화이므로 탓할 수는 없다.

술 권하는 사회의 폐해는 많다. 가장 무시하기 어려운 것이 술 생산량 증가에 따른 식량 부족이다. 지금도 식량의 일부를 수입하는 상황이라는 사실을 감안하면 심각한 문제가 아닐 수 없다.

공무원들이 공금으로 술판을 벌이는 것이 당연시되는 문화도 폐단이다. 매년 최소한 약 5000억 위안(85조 원)의 공금이 술값으로 날아가는 것으로 추산된다. 그러나 중국인들의 일상생활에서 술을 떼어 놓는다는 것은 상상하기조차 어렵다. 정부 당국에서 금주령이라도 내리면 하늘이 두 쪽 나는 것만큼이나 충격을 받을지도 모른다. 때문에 술 문화를 보다 건전하게 이끌고 부작용을 최소화는 길이 술을 마시지 말자는 캠페인보다 훨씬 현실적이고 효용성이 있지 않을까 생각한다. 그런데 시진핑 총서기 겸 주석이 집권한 2012년 말 이후 놀랍게도 진짜 마오타이주 금주령이 공직사회에 떨어졌다. 이에 따라 주가도 곤두박질하면서 과거 이름이 무색하게 돼버렸다. 이런 분위기는 시진핑 집권 2기인 앞으로도 계속 이어질 것으로 보인다. 마치 우리나라에도 신임 대통령이 취임하면 골프 금지령이 떨어지는 것처럼 말이다. 그런 점에서 볼 때 근본적인 변화라고 보기는 어렵지 않을까 하는 분석이 나온다.

10

의식주가 아니라 식의주
– 과도한 식도락 문화

요리에 관한 한 둘째가라면 서러워할 중국은 세계 최고 식도락 천국이다. 브라질 사람들이 놀고 마시고 춤추는 것에 목숨을 걸듯 중국인들은 먹는 것에 인생을 건다. 우리는 의식주라는 말을 쓰지만 중국에서는 식의주라고 할 정도다.

『사기』를 보면 유방(劉邦)이 항우를 물리치고 한나라를 건국하는데 힘을 보태는 역이기(酈食其)라는 인물이 등장한다. 당시 유방은 형양(滎陽)에서 항우에게 포위를 당한다. 그러자 유방은 곡창지대인 형양을 버리고 다른 곳으로 철수하려고 한다. 이에 역이기는 "형양은 곡창지대입니다. 군량미 수송의 요충지이기도 합니다. 이런 요충지를 빼앗기면 천하를 잃습니다."라고 진언한다. 이어 그는 "임금은 백성을 하늘처럼 생각하고 백성은 먹는 것을 하늘로 생각합니다."라고 말한다. 먹는 문제를 무시하면 절대로 항우를 이기지 못한다는 주장이다.

『예기(禮記)』도 "음식과 남녀(식욕과 성욕)는 인간이 가지고 있는 가장 큰 욕망이다."라는 공자의 말을 빌려 먹는 것이 얼마나 중요한지를 강조하고 있다.

중국이 먹는 것을 얼마나 중요하게 생각하는지는 유독 먹는다는 단어가 많이 들어가는 유행어에서도 엿볼 수 있다. 우선 츠푸무(吃父母)라는 말이다. 글자 그대로 해석하면 부모를 먹는다는 의미로 패륜아를 뜻하는 것 같지만 실제로는 부모에게 용돈이나 생활비를 얻어 쓰는 백수를 의미한다. 말하자면 새끼 캥거루쯤 된다. 캥거루족을 의미하는 컨라오쭈(啃老族)라는 말도 그래서 생겨났다.

부드러운 밥을 먹는다는 의미인 츠루안판(吃軟飯)은 아내가 버는 돈으로 밥을 먹는다는 뜻으로 한국말로는 셔터맨 신세를 의미한다. 또 공짜 밥을 먹는다는 뜻인 츠바이판(吃白飯)은 속된 말로 하면 빈대 붙는다는 얘기다.

사업얘기나 협상 때는 생선 요리, 잉어요리가 좋아

주지하다시피 중국 문화는 범위가 엄청나다. 그러나 이해하려고 마음만 먹으면 크게 어렵지 않다. 중국인들이 하늘처럼 여기는 음식 문화를 알면 된다.

중국에서 식사를 할 때는 둥근 원형의 식탁에서 하는 경우가 많다. 사각형이 대세인 한국과는 완전히 다르다. 원탁은 화목과 단합을 상징한다. 소수민족이 55개나 되고 분열의 역사가 전체 역사의 절반인 중국으로서는 이것보다 좋은 의미를 담은 유형의 식탁이 있을 수 없다. 물론 가운데 부분을 회전시키는 편리함도 있다.

음식을 먹을 때 앉는 자리에도 의미가 있다. 집에서라면 손님이 안

쪽, 주인이 입구에 앉는 것이 일반적이다. 때로는 주인과 손님이 옆좌
석에 나란히 앉기도 한다. 초대를 받았을 경우에는 자리를 안내 받을
때까지 기다리는 것이 예의다. 초대했을 경우에는 앞에서 말한 원칙에
따라 자리를 권한다.

음식점에서 격식을 갖춘 비즈니스 접대를 할 때는 일반적으로 호스
트가 출입구를 마주보는 가장 안쪽에 앉는다. 또 호스트의 오른쪽에
주빈, 왼쪽에 그 다음 서열의 주빈이 자리를 잡는다. 요리가 나오면 손
님이 먼저 맛을 보도록 그 앞에 놓는다. 생선 요리는 머리가 좌중의 최
고령자나 신분이 가장 높은 손님에게 향하도록 놓는다.

중국 요리는 예쁜 모양으로 장식돼 나오는 경우가 많다. 새의 형상
으로 조각을 하거나 산수를 그려놓은 모양 등으로 식탁에 오른다. 이
경우 모양을 심하게 훼손시키지 않도록 가장자리나 밑에서부터 조금
씩 덜어서 담는 것이 예법이다. 호스트는 손님의 개인 접시에 음식을
덜어주면서 권하는 것이 좋다. 초대를 받았을 경우에는 호스트가 자신
에게 술이나 차를 따라줄 때 고맙다는 표시를 말로 할 수 있으나 둘째
와 셋째 손가락을 모아 식탁을 가볍게 두세 번 두드릴 수도 있다.

중국인들은 음식 중에서도 특히 생선을 좋아한다. 물고기 위(魚)의
발음이 여유롭다는 의미의 위(裕)와 비슷하기 때문이다. 특히 새해에
는 1년 내내 풍요롭고 여유가 있으라는 기원을 담아 생선요리를 먹는
다. 생선 중에서도 특히 좋아하는 것은 잉어다. 잉어를 뜻하는 리(鯉)
라는 글자가 이익을 의미하는 리(利)와 발음이 같기 때문이다. 중국인
과 사업이나 협상 문제로 만났을 때 잉어를 대접하면 분위기가 자연
스럽게 좋아질 수밖에 없다.

중국 음식에는 금기 사항도 적지 않다. 예컨대 후이(回)족은 이슬람

교도들이 많기 때문에 돼지고기를 먹지 않는다. 후이족 출신을 데리고 돼지고기를 먹으러 간다면 아마도 다시 만나게 되는 일은 없을 것이다.

후이족은 돼지고기, 만주족은 개고기 먹지않아

북방 민족인 만주족은 개를 신성시하기 때문에 개고기를 먹지 않는다. 언제인가 여름에 한국 유학생들이 개고기를 먹는 야만족이라는 폭언과 함께 중국인들에게 심한 폭행을 당한 불상사가 있었다. 여러 정황을 감안하면 아마도 범인들은 개를 먹지 않는 만주족이거나 북방계 사람이었을 개연성이 다분하다.

식탁에서 술이나 차 주전자의 입이 사람을 향하지 않도록 주의하는 것은 이제 외국인들에게도 상식이 됐다. 주전자의 입 부분이 사람을 향하면 당사자가 구설수에 오른다는 미신이 있기 때문이다. 생선을 뒤집어 먹지 않는 것도 반드시 지켜야 할 예의다. 생선을 뒤집어 먹으면 잘 나가는 인생에 마가 끼어 인생이 뒤집어질 수 있다는 미신이 아예 문화로 굳어졌다.

계란 요리를 할 때는 두 개를 조리해 한꺼번에 떡하니 내놓아서는 안 된다. 계란 두 개라는 뜻의 얼딴(二蛋)에 얼간이 내지는 멍청이라는 뜻이 있다는 사실을 모르는 중국인은 거의 없다. 배를 쪼개 먹는 것도 금기시 돼 있다. 배를 뜻하는 리(梨)와 이별의 리(離)는 발음이 같다. 그런데 그것조차 쪼개 먹는다는 것은 결별을 뜻한다. 식사를 같이 하는 상대방이 동업이나 협상을 해야 하는 사람이라면 이것에 각별히 주의할 필요가 있다. 결혼 피로연 음식을 할 때는 파가 들어가는 요리를 내놓지 않는 것이 원칙이다. 파를 의미하는 총(蔥)의 발음이 싸우거나 충돌한다고 할 때의 충(衝)과 발음이 같아 신혼부부가 헤어질 것을 우려하기 때문이다.

중국인들은 주로 원탁에서 식사를 한다. 원탁은 화목과 단합을 상징하며 가운데 부분을 회전시킬 수 있는 편리함이 있다

찬요리, 더운요리, 탕과 밥, 디저트 순으로 주문해야

식탁에서 수저로 밥그릇을 두드리는 사람이 있는데 이건 중국에서는 큰일 날 일이다. 밥 빌어먹는 거지나 하는 행동이기 때문이다.

식사가 다 끝난 후에는 주인이 손님보다 절대로 먼저 일어나지 않는 예절도 중국인들은 철저하게 지킨다. 손님이 가지 않은 상황에서 빈 접시를 치우거나 식탁을 닦는 행위는 더 말할 것도 없다.

중국 요리는 외부에서 먹을 때에도 다 정해진 원칙이 있다. 일반적으로 애피타이저를 시작으로 찬 요리, 더운 요리, 탕과 밥, 디저트 순으로 시킨다. 나오는 순서도 똑같다. 애피타이저인 샤오차이(小菜)는 정식 요리가 시작되기 전에 차를 마시면서 먹는, 이를테면 입맛을 돋워주는 것들이 대부분이다. 보통 삶은 땅콩이나 오이피클 같은 가벼운 야채 종류가 나온다.

다음에는 차가운 음식인 량차이(凉菜)가 등장한다. 몇 가지 요리가

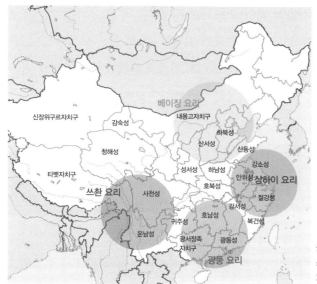

중국요리는 상하이,
쓰촨, 베이징, 광둥
요리로 구분 된다

작은 접시에 나오기도 하고 큰 접시에 인해전술식으로 등장하기도 한다. 서양 요리의 메인 디시에 해당하는 뜨거운 요리인 러차이(熱菜)는 그다음에 나온다. 사업이나 관시를 위해 손님을 정식으로 우아하게 접대할 경우에는 일반적으로 생선요리로 마무리한다. 또 주요 요리를 다 먹을 때쯤이면 탕으로 입가심을 한다.

다음은 주식이다. 쌀밥이나 국수, 만두 등을 개인의 입맛에 따라 주문을 받아 가져다준다. 마지막으로 초콜릿과 같은 서양요리 디저트에 해당하는 달콤한 음식을 먹을 수 있다.

식도락의 천국에서 요리가 발달하지 않는다는 것은 말이 안 된다.

중국은 세계적으로 명성을 떨치는 프랑스요리를 질과 양 모두에서 단연 압도한다. 오죽하면 '현대 룸펜의 기준은 미국 집에 살고 독일 차를 몰면서 일본 아내와 프랑스 애인을 둔 중국 음식 애호가'라는 우스갯소리가 서양에서 유행하겠는가.

중국요리는 기름에 볶거나 튀기는 게 원칙

중국요리는 한국요리나 일본요리와 결정적으로 다른 특징이 있다. 웬만하면 날 것으로 먹지 않는다. 반드시 기름에 볶거나 튀기는 것을 기본으로 한다. 사정상 볶거나 튀기기가 어려우면 굽거나 삶기라도 한다.

칼질의 예술이라는 사실도 눈여겨봐야 할 특징이다. 이 점에서는 일본요리와 상당히 비슷하다. 자르다, 베다, 나누다, 찍다, 벗기다, 돌려깎는다는 등의 의미를 각각 가진 절(切), 참(斬), 비(批), 감(砍), 삭(削), 선(旋) 같은 칼질의 종류만도 100가지가 넘는다.

불의 세기나 기름 종류 등에 따라 같은 요리가 수십 가지로 나뉘는 것은 그 어떤 나라의 요리도 흉내내기 어려운 특징이다. 특히 기삼화칠(技三火七·요리 기술이 30%, 불이 70%) 이라는 말에서 알 수 있듯 불의 세기는 요리의 종류와 질, 맛을 결정하는 가장 중요한 요인으로 꼽힌다.

중국요리는 거시적으로 보면 창강(長江·양쯔강이라고도 함)을 기준으로 남방과 북방 요리로 나뉜다. 기본 주식은 북방은 국수와 만두, 남방은 밥과 생선이다. 조금 더 범위를 좁히면 동서남북의 4분법에 의해 분류된다. 상하이, 쓰촨, 광둥, 베이징 및 산둥 요리 등 4대 요리가 이들이다. 더 세분하면 8대 요리로 나뉜다.

이 중 대륙 서부 음식을 대표하는 촨차이(川菜), 즉 쓰촨 요리는 매운 것으로는 세상에 적수가 거의 없다고 해도 좋다. 샤부샤부로도 불리는 쓰촨식 칭기즈칸 요리 마라훠궈(麻辣火鍋)의 뜻만 봐도 잘 알 수 있다. 입이 마비될 정도이니 얼마나 매운지는 미뤄 짐작할 수 있다.

이 매운 맛에 관한 한 할 말이 많은 사람들이 바로 쓰촨성과 인접한 후난성 주민들이다. 자신들의 고향 요리인 상차이(湘菜)가 지구상에서는 가장 맵다는 자부심을 거의 바이블처럼 믿고 있다. 후난성 출신 마오쩌둥이 "매운 것을 먹지 않는 사람은 혁명을 말할 수 없다."고 한 것을 보면 아마 진짜 그럴지 모르겠다.

그러나 매운 맛의 지존을 따진다면 아무래도 촨차이와 쓰촨성 주민들의 손을 들어줘야 할 것 같다. 후난성 주민들이 "우리는 매운 것을 두려워하지 않는다."라는 의미의 부파라(不怕辣)라는 말을 즐겨 하는데 반해 쓰촨성 주민들은 "맵지 않을까 두렵다."라는 뜻의 파부라(怕不辣)를 입에 달고 다니니 그렇게 판정할 수밖에 없다.

요리 천국에 역사와 전통을 자랑하는 요리가 없다면 그것도 생각할 수 없는 일이다. 가장 먼저 꼽을 수 있는 요리는 푸젠성을 대표하는 포탸오창(佛跳墙)이다. 스님이 담을 넘어가 탐했을 정도로 맛있다는 의미를 담고 있다.

상하이는 민물게 요리, 광둥은 통돼지 구이가 유명

통돼지구이 요리는 광둥요리를 대표한다. 특히 한국어로 애저라 불리는 루주(乳猪)가 그렇다. 광둥 사람들은 식사 초대를 받으면 식탁에 돼지구이 요리가 올라와 있는지를 먼저 본다고 한다.

통칭 다자셰(大閘蟹)로 불리는 민물게 요리는 상하이를 중심으로 한 창강 유역의 4억~5억 명 주민들이 말만 들어도 군침을 흘리는 요리다. 시선 이백조차 '게 알은 황금 액체'라고 읊었다고 하니 유행한 역사도 상당히 오래된 듯하다. 조리는 기호에 따라 다양하게 할 수 있으나 쪄서 먹는 것이 보통이다. 껍질 채 쪄냈을 경우는 먹기 위한 준비가 다소 복잡하다. 젓가락, 방망이, 빋침대, 집게, 대나무칼 등 온갖 보조 도구들이 필요하기 때문이다. 그러나 이 모든 것이 준비돼 있으면 먹는 방법은 간단하다. 껍질을 분해한 다음 곳곳에 갈퀴 같은 홈이 파진

기다란 젓가락으로 열심히 살을 파내서 먹으면 된다.

샅샅이 훑어먹기 위해서는 최소한 30분 정도는 신나게 파내야 한다.

잘 먹는 사람은 앉은 자리에서 성인 주먹만한 게를 4~5마리씩이나 먹어 치운다고 한다.

저장요리의 대표 주자인 둥포러우(東坡肉)는 이름 때문에라도 반드시 짚고 넘어가야 하는 요리다. 이름에서 보듯 송(宋) 나라 때 대문호 소동파(蘇東坡)가 항저우(杭州) 태수 시절 개발해 오늘날까지 전해지고 있다. 돼지의 비계에 파, 생강, 간장 등의 양념을 넣은 다음 진흙 가마와 시루로 두 번 쪄낸 요리다.

엽기적인 면에서는 둘째가라면 서러울 기이한 음식도 많다. 이 요리들은 잔인한 음식이라는 의미에서 찬스(殘食)로도 불린다.

뱀, 고양이, 쥐, 원숭이도 고급요리

우선 한국에서는 음식이라기보다는 정력제로 쓰이는 뱀요리이다.

이 음식의 역사도 무지하게 오래 됐다. 고전『회남자(淮南子)』에 지금의 광둥 일원 주민들이 뱀요리를 최고로 쳤다는 기록이 나온다. 수프로 먹는 것이 가장 일반적이다. 싼스겅(三蛇羹)이라는 뱀요리 브랜드는 특정 지역을 가릴 것 없이 전국적으로 통용된다.

그러나 식도락가들로부터 가장 사랑을 받는 요리는 고양이와 닭을 함께 넣고 끓인 룽후펑다후이(龍虎鳳大會)이다. 뱀을 용, 고양이를 호랑이, 닭을 봉황에 비유한 발상이 무척이나 재미있다. 하지만 서민들은 부담스러울 정도로 비싸다.

영화『인디아나 존스』에 나와 수많은 관객들을 오싹하게 만든 원숭이 골 요리는 잔인하다는 점에서 전 세계 동물 애호가들로부터 거

중국의 서민들이 원탁에서 식사하는 모습

센 비난을 받는 요리다. 이 요리는 무엇보다 둥그런 구멍이 뚫린 식탁을 필요로 한다. 살아 있는 원숭이 머리가 겨우 빠져나올 정도의 구멍이 있는 식탁이면 된다. 살아 있는 원숭이를 식탁 아래에 꿇어앉히고는 은으로 만든 망치로 원숭이의 두개골을 부순 다음 은으로 만든 칼로 골을 파서 은수저로 떠먹는다. 이때 식탁 밑에서는 사지가 묶인 원숭이가 단말마의 비명을 내지른다. 보통 강심장이 아니면 먹을 엄두가 나지 않을 요리다.

한국 여성들은 기겁하겠지만 중국에서는 쥐도 고급요리다. 태어난 지 이틀이 넘지 않은 새끼 쥐가 단연 최고 요리 재료로 꼽힌다. 젓가락으로 집어 꿀에 찍어 먹으면 된다. 대문호 소동파도 즐겨 먹었다는 기록이 있다. 최근에는 들쥐가 새끼쥐 만큼이나 요리 재료로 인기를 끌고 있다고 한다.

방방지(棒棒鷄)는 이름 그대로 몽둥이로 닭을 흠씬 두들겨 팬 다음 만드는 요리다. 닭고기 자체는 아무 문제가 없겠으나 잡는 방법이 잔인해 엽기 요리로 분류된다.

엽기적 요리는 이 밖에도 곰 발바닥을 비롯해 지네, 주샹(竹象)으로 불리는 바퀴벌레, 구더기 요리, 냄새가 코를 찌르는 처우더우푸(臭豆腐) 등 이루 헤아릴 수도 없이 많다.

중국인의 보통 식사량은 한국인의 1.7배

사람의 신체를 이용한 엽기 요리도 있다. 젊은 여자의 나체 위에 회나 초밥 등의 각종 요리를 얹어 제공하는 이른바 뉘티성(女體盛)이 대표적이다. 만드는 것은 방법이라고 할 것까지도 없다. 웬만한 연예인 뺨치는 젊고 예쁜 여자가 온탕에서 소금을 잔뜩 발라 몸을 깨끗이 씻은 다음 식탁 위에 눕기만 하면 된다. 이 위로 미리 준비한 각종 요리들이 올라가는 것이다.

젊은 여자의 모유를 가공한 요리 런루옌(人乳宴)은 뉘티성 뺨칠 만큼 엽기적이다. 공개적으로 파는 음식점은 드물지만 먹어봤다는 변태적인 식도락가들은 많다. 전국적으로 100여 가지가 넘는 요리가 개발돼 있다고 한다. 뉘티성과 마찬가지로 맛보다는 기이한 경험을 했다는 뿌듯함이 요리의 인기 비결로 보인다.

중국인들은 위장도 커서 평균적으로 먹는 양이 한국인의 1.7배나 된다고 한다. 잘 먹는 여자들은 웬만한 한국남자 뺨친다. 이런 대식 습관은 전국의 식당들이나 환경 당국을 골치 아프게 한다.

어마어마한 잔반이 나오기 때문이다. 최근 중국 행정당국이 한국의 종량제를 철저하게 벤치마킹해 일부 지방에서 실시하고 있는 것은 모두 이런 현실과 관계가 있다. 중국인들은 의식동원(醫食同源·음식과 의약은 근원이 같다)이라든가 식보(食補·음식으로 몸을 보한다) 같은 말을 철썩같이 믿고 있다. 때문에 화려한 요리 문화에 깃들인 이런 폐해는 어쩌면 영원히 사라지지 않을 가능성이 높다.

암묵적인,
너무나 암묵적인
첸구이쩌 문화

호적 못 오른 '어둠의 자식'이 수천만 명?

계획생육 정책이 사실상 폐기된 불과 얼마 전만 해도 중국에서 도시에 사는 한족은 결혼해서 한 자녀 이상을 둘 수 없었다. 이 규정을 위반하면 벌금이 부과되고, 두 번째 아이는 학교에 갈 수도 없는 데다 취업·결혼에도 불이익을 당했다. 그래서 호적에 올라가지 못한 어둠의 자식이 많아졌는데 이를 헤이런헤이후(黑人黑戶)라고 부른다. 이들은 먹고살기 위해 무슨 일이든 다 하는 '비공식적 중국인'으로 사회불안세력인 이들의 숫자가 얼마나 되는지는 중국 정부조차도 몰랐다.

골머리를 앓던 중국 정부는 2010년 인구조사를 하면서 "무호적자를 호적에 올려주겠다."며 헤이런헤이후들의 자진신고를 유도했는데 그 결과 1,300만 명이 신고를 했다. 중국 인구의 1%가 조금 안되지만 우리나라 인구의 25%, 그리스나 쿠바 인구를 뛰어넘는 숫자다. 하지만 중국 전문가들은 자진신고에 응하지 않은 무호적자들이 신고한 무호적자보다 훨씬 더 많을 것으로 본다. 무려 40년여 동안 시행된 정책인 만큼 수천만 명 또는 수억 명이 될지도 모를 일이다. 계획생육 정책이 기본적으로 폐기됐으니 앞으로는 이런 어둠의 자식들이 획기적으로 줄어들 수밖에 없다.

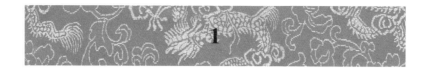

연예계의 첸구이쩌
– 뿌리 깊은 성 상납 관행

듣기 좋은 말로 관행이라는 것이 있다. 제도나 원칙은 아니나 암묵적으로 용납되는 행동이나 관례를 의미한다. 중국에서는 이걸 첸구이쩌(潛規則)라고 부른다. 글자 그대로 물 밑에 숨어 있는 규칙이니 딱 들어맞는 말이다. 첸구이쩌는 중국의 모든 곳에 존재한다. 심지어 유치원이나 병원의 신생아실에도 있다.

때는 2011년 7월, 무대는 선전시의 펑황(鳳凰)의원이라는 병원이다. 친(秦)이라는 산모가 아이를 별 탈 없이 출산했다. 그런데 후속 조치가 전혀 무사하지 않았다. 자오(趙)라는 간호사가 산모의 치질을 치료한 다면서 그만 항문을 꿰매어버린 것이다.

통상 중국의 병원에서는 아이를 낳으면 의사와 간호사에게 일정액의 사례비를 주는 것이 관례화돼 있다. 그러나 산모는 1000위안(17만 원) 정도는 준비해야 했음에도 100위안만 병원 측에 건넸다. 턱도 없는 사례비였다. 어떻게 보면 의료진을 우습게 봤다고 할 수 있었다. 의료진은 분노했다. 바로 엉뚱한 시술로 복수를 했다. 이 결과 산모는 극심한 고통과 엉덩이 통증을 겪은 끝에 거의 죽었다가 살아났다. 의료계 첸구이쩌를 무시한 탓에 당한 날벼락이었다.

이런 첸구이쩌는 아무래도 연예계에서 가장 많이 발생한다. 중국도 연예계는 급속도로 자본주의화가 된 만큼 한국에도 만연하고 있는 성상납 첸구이쩌를 따르고 있는 것이다. 이 관행은 미국의 할리우드에서는 캐스팅 카우치(Casting couch), 즉 캐스팅되기 위해 침대에 눕는 행위를 말한다.

연예계 스타가 되기 위한 성상납은 공공연한 관행

혹자들은 사회주의 국가에서 정말 이런 일이 벌어지겠느냐고 할지 모르지만 엄연한 현실이다. 연예인 지망생 중 대략 40%가 몸 로비를 통해 데뷔한다는 비공식 통계도 있다. 베이징의 유명 연예인을 다수 알고 있다고 소문이 난 기자도 비슷한 경험을 한 적이 있다.

때는 무더위가 기승을 부리던 어느 해 7월 말이었다. 평소 잘 아는 지인이 연락을 해 왔다. 본격적으로 활동을 하기 원하는 미모의 젊은 가수 지망생이 한 명 있는데 노래나 한 번 들어보라는 부탁이었다. 마침 시간이 비어 있었으므로 마다할 이유가 없었다. 과연 기가 막히게 노래를 잘 했다. 미모도 지인의 말대로 출중했다. 간간이 밤업소에 선다고도 했다. 그러나 소위 말하는 '배경'이 없었다. 기자도 그 점이 안타까웠다. 그저 앞으로 잘 하라는 격려를 해줄 수밖에 없었다. 문제는 그 다음이었다. 얼마 후 "잘 계시느냐?"면서 저녁식사나 같이 하자고 전화가 온 것이다. 그녀는 식사가 끝나자 한참을 망설이다 입을 열었다.

"선생님께서 친한파로 유명한 쑨(孫) 모 여가수와 매니저를 잘 안다는 소문이 있던데요."

"아주 잘 알지는 못하고 그저 서로 알아보는 사이입니다."

"그래서 말인데요."

"예, 말해보세요."

"한 번 소개를 해주시면 제가 대가를 지불하겠습니다."

"어이구, 돈 같은 것은 필요 없습니다."

"그게 아니라 다른 것으로……."

"무슨 말인지?"

"왜 그러세요, 첸구이쩌를 잘 아시잖아요."

기자는 기가 막혔다. 그런 짓을 하다가 외교부나 공안의 안테나에 걸리면 추방을 당할 수도 있다는 현실을 그녀는 모르는 것 같았다.

물론 기자는 스무 살 가까이 차이가 나는 어린 그녀에게 흑심을 품을 정도로 부도덕한 사람은 아니었다. 조용히 웃으면서 다음에 보자는 말을 하는 것밖에는 다른 할 말이 없었다. 그녀는 그걸 오케이 사인으로 알았는지 몇 번 연락을 더 해왔다. 하지만 기자는 더는 그녀를 만나지 않았다.

연예계 첸구이쩌가 명명백백한 사실이라는 점을 말해주는 사례는 많다. 가장 유명한 것이 2006년 11월 장위(張鈺)라는 여배우의 폭로 사건이다. 영화의 배역을 따내기 위해 지금은 은퇴한 유명 감독 황젠중(黃健中) 등에게 몸 로비를 했다는 사실을 폭로한 것이다. 그것도 별로 유명하지 못한 자신의 동료와 함께였다면서 충격적 증언을 덧붙였다. 게다가 그녀는 두 차례 성관계를 맺는 모습을 담은 비디오 등 확실한 증거도 제시했다. 연예계 종사자들이 쉬쉬 하는 첸구이쩌가 100% 사실이라는 게 다시 한 번 확인된 것이다.

그러나 이후 상황은 엉뚱하게 흘러갔다. 우선 당시 치매가 걸리기도 힘든 연령대인 60대에 갓 진입한 황 감독은 기억이 안 난다면서 오리발을 내밀었다. 반면 입에 올려서는 안 되는 연예계 최고 금기를 폭로한 그녀는 완전히 왕따를 당했다. 20대 후반의 나이에 은퇴의 길도 걸어야 했다. 이후 몇 명의 여배우와 아나운서 등이 자신들도 비슷한 경험이 있다는 사실을 잇달아 고백했으나 사건은 시간이 지나면서 유야무야됐다.

중국판 '장자연 스캔들' 셀 수도 없이 많아

강위 사건이 발생한 지 10여 년 흐른 다음에는 『인민일보』까지 보도한 중국판 장자연 사건이 터졌다. 주인공은 당시 유망한 신인 탤런트로 활동하던 24세의 판쓰쉬안(范思璇·가명) 씨. 무슨 억울한 일이 있었는지 랴오닝성 선양 유명 호텔의 욕조에서 손목을 그어 자살을 했다. 수사에 들어간 공안 당국에 의해 밝혀진 진실은 정말 충격적이었다. 한 방송국의 드라마 PD와 함께 투숙했다는 사실이 확인됐기 때문이었다. 하지만 참고인으로 경찰 조사를 받은 PD의 말은 더욱 기가 막혔다. "그녀는 나 외에 여러 방송 관계자들과 성관계를 맺고 있었다. 그로 인해 최근에는 광고에도 출연하게 됐다. 그녀가 방송계 첸구이쩌로 인해 상당한 스트레스를 받았을 것으로 생각하나 나만의 잘못은 아니다."라면서 연예계에 첸구이쩌가 만연해 있다는 사실을 고백한 것이다. 공안당국의 수사 결과 인기 연예인이 되기 위해 해야 하는 몸 로비를 이기지 못한 스트레스가 자살의 원인인 것으로 확인됐다.

이런 사례는 발표가 되지 않거나 공론화돼도 유야무야돼 그렇지 무

베이징 특파원 중국 문화를 말하다

지하게 많다. 2012년 한 대형 연예기획사의 대표가 난데없이 공안 당국에 긴급 체포됐다. 당시 경찰의 발표에 따르면 쥐하오잉(居昊英)이라는 이 사람은 19세에 불과한 쌍둥이 자매를 스타로 키워주겠다면서 번갈아 성관계를 가지는 등 전형적인 연예인 킬러의 행보를 벌였다고 한다. 또 툭하면 소속 연예인들을 스폰서들과의 술자리 접대에 참석하도록 강요한 것으로 밝혀졌다.

챈구이쩌를 폭로했다고 해서 장위처럼 은퇴의 길로 내몰리는 경우만 있는 것은 아니다. 완전히 뜬 스타도 있다. 쓰촨성 청두에서 가수로 활동 중이던 저우쉬안(周璇)이 이 사례에 해당한다. 그녀의 주장에 의하면 그녀는 2003년을 전후한 시기에 국민 배우로 유명한 장톄린으로부터 은근한 제안을 받았다고 한다. 제안은 자신에게 성상납을 하면 띄워주겠다는 요지였다. 그녀는 제안에 응하는 대신 폭로를 선택했다. 결과는 놀라웠다. 졸지에 무명에서 유명 가수로 확실하게 뜬 것이다. 이 경우는 사실 여부조차 확인되지 않았는데도 말이다.

중국에서 여성 연예인들의 몸은 주로 영향력이 막강한 감독이나 유명 배우, 제작자, 제작 스폰서 등에게 상납되는 것이 일반적이다. 이들과 몸으로 엮이면 스타로 탄생하는 것은 일도 아니기 때문이다.

드문 경우이기는 하나 적극적으로 몸 로비를 하는 여성 연예인들도 없지 않다. 특히 이 경우는 자발적으로 이뤄지는 만큼 거의 비밀이 샐 염려가 없다. 영화에서 찰떡궁합을 자랑하는 중국의 국민 배우 궁리와 감독 장이머우는 한때 이런 관계를 유지한 것으로 소문이 자자했다.

이 분야에서는 천하가 다 알아주는 대가도 있다. 천페이스(陳佩斯)와 함께 코미디계 황제로 불리는 자오번산(趙本山·63) 씨가 대표적이다. 중화권 최고 인기를 이용해 갑의 위치에서 을이라는 약자의 자리에

영화에서 찰떡궁합을 자랑한 장이머우와 궁리

있는 수많은 연예인들을 농락한 것으로 유명하다. 최근에는 제자와의 불륜설까지 불거져 처지가 더욱 난처하게 됐다. 증거를 대면 독자들은 아마 뒤로 자빠질 정도로 놀랄지 모른다. 검색 엔진에 그의 이름으로 페이원(緋聞), 즉 추문이라고 치면 대략 200만 건의 기사가 나온다. 조금 뜸하다 싶으면 각종 성추문으로 고소와 맞고소를 남발하는 연예계의 대표적 트러블 메이커로 유명하다. 가끔 함께 호흡을 맞추는 제자뻘의 젊은 개그맨이 부인 외의 다른 여성 연예인과의 사이에서 낳은 사생아라는 소문까지 나돈다.

부유층이 돈으로 성을 사는 사례 급증

중앙 무대의 고위급 정치인이나 지방의 유력한 당정 간부들도 성상납을 받는 특권층이다. 만약 잘못 보이면 자신이나 소속 회사가 죄를 뒤집어쓰거나 여러 가지 불이익을 받을 수 있다. 때문에 지명된 연예인은 울며 겨자 먹기 식으로 첸구이쩌를 따르지 않을 수 없는 것이다.

최근 탈세 문제로 곤욕을 치른 판빙빙(范冰冰)의 이름이 종종 언론에 등장하는 데에는 다 까닭이 있다.

2010년 이후부터 부유층이 돈으로 성을 사는 사례가 급증하고 있다. 이렇다 보니 연예인들의 팁도 종종 언론에 거론되곤 한다. 가장 비싼 스타는 40대 중반 나이에도 대만 최고 미인으로 불리는 린즈링(林志玲)이라고 한다. 재력가들과 한 번 밥이나 술을 마시는 대가로 100만 위안(1억7000만 원)을 받는다는 것이 공공연한 비밀이다.

2019년 일본인 연하남과 결혼한 그녀는 2011년 3월에는 하룻밤 매춘의 대가로 3억8000만 원을 받은 것으로 알려져 중화권이 발칵 뒤집혔다. 실제로 린즈링은 2009년 5월 후난위 성 TV의 『배후의 이야기』라는 한 토크쇼에 출연해 "만약 돈 많은 사람이 500만 위안(9억 원)을 주면 기꺼이 만나주겠다."는 말까지 했다. 그녀는 연예계 데뷔 이전에 초일류 호스티스였다는 소문에 휩싸이기도 했다.

린즈링 다음으로는 그녀와 동갑인 국민 가수 겸 배우 저우쉰(周迅)이 유명하다. 60만 위안(1억200만 원)의 몸값을 자랑한다는 것이 정설이다. 지금은 완전 최고 스타가 된 판빙빙도 마찬가지다. 물오른 30대 후반의 나이가 몸값을 무려 5000만 위안(85억 원)이나 나가게 하는 원동력이라는 게 연예계 주변의 전언이다. 이러니 장쯔이가 보시라이 전 충칭 서기에게 성상납을 한 대가로 1000만 위안(17억 원)을 받았다는 소문이 파다했던 것도 결코 이상한 일이 아니다.

남성 연예인들도 초일류 여성손님 상대해

드물기는 해도 미스 차이나 등 미인대회 입상자들도 대회가 끝나면 이런저런 유혹을 받는다. 유력자들이나 재력가들이 매니저나 주변 인사들을 통해 대놓고 전달하는 강요와 다름 없는 은근한 제안 때문에 늘 시달린다고 한다.

밖으로 잘 드러나지는 않지만 남성 연예인들도 신인 시절이나 돈이 궁할 때는 이런저런 유혹에 노출된다. 본인이 직접 발 벗고 나서는 경우도 있다. 이런 연예인들은 데뷔 전에 이른바 VVVIP로 분류되는 초일류 여성 손님만 상대하는 호스트바에서 이름을 날린 경우가 대부분이다. 또 이때 여성 재력가의 도움으로 데뷔하기도 한다.

연예계의 관행이 된 첸구이쩌는 기획사와의 관계에서 연예인들에게 다소 불리하게 작용하는 불평등 계약, 신인일 때 감수하지 않으면 안 되는 노개런티 출연이나 쥐꼬리만한 출연료, 거의 세금에 가까운 성금 출연을 강요받는 데서 오는 그들 세계의 불가피한 생존방법일 수도 있다.

이런 점에서 보면 중국 연예계도 한국 연예계와 조금도 다를 바 없는 환경에 놓여 있다고 할 수 있다.

베이징 특파원 중국 문화를 말하다

문화·학술계의 첸구이쩌
– 대필과 성상납, 조작, 사기 그리고 침묵

문화·학술계라고 하면 일단 투명하고 깨끗하다는 느낌을 준다. 치사하고 쩨쩨하다는 의미의 샤오치(小氣)보다는 데카당스하고 호방하다는 뜻인 다팡(大方)이라는 단어가 자연스럽게 떠오른다. 그러나 불행히도 지금 중국의 문화·학술계는 일반 사회에서 볼 수 있는 모든 부조리가 첸구이쩌라는 이름으로 자행되고 있다. 심지어 연예계보다 더 추한 첸구이쩌가 가끔 신문이나 방송뉴스를 타는 경우도 있다.

우선 출판계를 보면, 100%는 아니더라도 대필이 상당히 뿌리박힌 관례로 돼 있다. 전국에서 알아주는 정·재계 등 각계 유명 인사들, 특히 한때 중국을 쥐락펴락한 최고위 정치인들의 회고록은 대개 이런 형태로 출간된다. 대표적으로는 부총리급 고위 관리를 지낸 첸치천(錢其琛) 씨가 생전에 출간한 저서가 꼽힌다. 베스트셀러가 돼 적잖은 인세가 본인에게 돌아갔으나 대필 작가는 지금도 쥐꼬리만큼 받은 원고

문화예술계에도 유명작가의 도움을 얻으려는 첸구이쩌가 판을 친다. 사진은 중국을 대표하는 작가 라오서 기념관

료에 분을 삭이지 못하고 있다고 한다. 그러나 말 한마디 뻥끗 했다가는 유령 작가를 뜻하는 고스트 라이터라는 단어가 주는 뉘앙스대로 어디로 사라질지 모른다.

재계 인사들의 저서를 대필하는 작가들은 그래도 조금 낫다. 원고료도 짭짤할 뿐더러 대필을 위해 이런저런 교류를 하다가 신뢰가 쌓이면 해당 저자가 일하는 회사에서 한 자리를 차지할 가능성도 있다. 여기에다 받는 월급까지 두둑해지면 밥은 먹여줘도 영혼은 곯게 만드는 대필 생활은 종을 쳐도 된다.

대필문화 만연, 베스트셀러 작가는 이름 빌려주는 대명도

대필을 필요로 하지 않을 것 같은 유명 작가들도 이런 관행을 이용한다. 도저히 그렇게 많은 양을 써낼 수 없을 것이라는 의혹을 받는 작가들이 이 경우에 해당한다. 기자와 꽤 친분이 있는 중국 최고 다큐멘터리 작가 예융례 씨의 말을 들어보면 충분히 그럴 수도 있겠다는 생각이 든다.

"70평생 300권 가까이 냈다. 그런데 언제부턴가 내가 대필을 한다는 소문이 들렸다. 기분이 상했지만 그러려니 했다. 왜? 내가 생각해도 너무 많은 책을 썼으니 말이다. 그러나 지금은 나보다 더 빨리, 더 많이 내는 작가들이 한 둘이 아니다. 이들 중 상당수는 자료를 주고 집필 방향을 지시한 다음 글발이 되는 무명작가에게 대필을 부탁한다."

대필이 있다면 이름을 빌려주는 대명(貸名)도 있다. 출판사가 의뢰하는 글을 다 쓰기 어려운 베스트셀러 작가에게 이 첸구이쩌는 엄청난 유혹으로 다가온다. 출판만 되면 일단 수익이 보장되니 그럴 수밖에 없다.

고인이 된 작가 되살리기, 짜깁기, 무단 번역, 쌍둥이 같은 비슷한 유형의 책 출간 같은 첸구이쩌는 워낙 빈번하기 때문에 비난의 대상도 아니다. 대만의 유명한 무협 작가 워룽성(臥龍生)과 구룽(古龍)의 신작이 지금도 꾸준히 서점에 진열되는 현실이 이런 상황을 잘 보여 주고 있다. 평소 무협소설을 좋아하는 베이징의 대학생 추이젠궈(崔建國) 씨는 2019년 말 한국의 명동에 해당하는 왕푸징(王府井)의 한 서점에서 이미 고인이 된 작가 진융(金庸)의 신작을 구매했다. 설레는 마음으로 책을 읽기 시작한 그는 곧 실망을 했다. 아무리 생각해도 무협소설의 대가 진융의 작품이 아닌 것 같았다. 그는 책의 표지를 자세히 들여다봤다. 아뿔사, 책은 진융의 신작이 아니라 진융신(金庸新)이라는 작가의 작품이었다. '진융신 지음'을 '진융 신작'으로 잘못 읽었던 것이다. 출판사가 사기를 쳤다고 해도 좋았다.

놀라운 것은 문인들 사이에서도 성상납이나 성희롱, 한국으로 하면 미투 현상이 가끔씩 화제로 떠오른다는 것이다. 시인이나 소설가, 작가로 이름을 날리기가 쉽지 않은 현실에서 '을'에 해당하는 신인이나 작가 지망생이 확실한 '갑'인 문단의 중견이나 원로의 요구에 복종하고 피해를 입는 것은 이처럼 구조적이라고 할 수밖에 없다. 심지어 "크고 싶거든 내 침대에 올라오라."는 반 명령조의 막말을 황송하게 생각하는 신인이나 작가 지망생도 상당하다는 것이 문인들 주변의 전언이다. 그래도 문단은 연예계보다는 점잖아 사례도 크게 많지 않고 소문도 덜 나는 편이다. 금전 거래도 드물다.

이런 문단의 첸구이쩌는 중국 문학사의 오랜 전통이기도 하다. 유명 문인들이 자신들을 스승처럼 따르는 문학소녀들을 몸으로 가르친 사례도 허다하다. 소동파라는 이름으로 더 유명한 송나라 때의 대문호 소식(蘇軾)이 그랬고, 화가로도 유명한 원나라 때 조맹부(趙孟頫)도 이 방면에서는 유명했다. 당나라 때 대시인 원진(元稹)은 자신보다 열 살이나 많은 연상녀인 당대의 예인 설도(薛濤)와 어울려 지내다가 본인이 시인으로 더 유명해졌다. 학계에서 벌어지는 첸구이쩌는 연구와 관련한 논문 조작, 표절이다. 교수나 학자들의 도덕적 타락, 연구능력과 시간 부족을 이유로 이런 관행이 유지된다. 여기에다 업무 평가와 승진, 주택 및 장려금 지원과 연구 실적이 연계되는 현실도 무시하기 어렵다.

대학가도 논문표절, 짜깁기 횡행

학계의 첸구이쩌는 한 번씩 중국 전역을 떠들썩하게도 만든다. 지난 세기 말 베이징 대학의 왕밍밍(王銘銘) 교수가 "어떻게 중국에서 이런 책을 낼 수 있는가?"라는 찬사를 들을 만큼의 수작인 『상상의 이방(想

베이징 특파원 중국 문화를 말하다

像的異邦)』이라는 저서를 출판했다. 그러나 곧 그의 저작은 미국의 저명 인류학자인 윌리엄 하빌랜드의 필생의 역작인 『당대 인류학』의 내용을 상당수 표절하거나 그대로 실은 것으로 드러나 충격을 줬다.

경제·경영학계도 표절이나 남의 논문을 짜깁기해 출판하는 일이 적잖게 일어난다. 베이징 대학 장웨이잉(張維迎), 홍콩 중원 대학 랑셴핑(郎咸平) 등과 함께 중견 경제학자로 유명한 리더웨이(李德偉) 국가공상총국 행정학원 부원장은 수년 전 200여 편의 논문과 10권에 달하는 자신의 책들이 무단 도용당한 수많은 사례를 자신의 블로그에 장문으로 실어 큰 충격을 줬다. 이름만 대면 알 만한 수많은 학자들이 거론됐으나 어느 누구 하나 반박조차 하지 않았다고 한다. 공연히 긁어 부스럼 만들 필요가 없다는 묵계가 당사자들 사이에 있었다고 한다.

이처럼 학술계에 남의 글이나 논문을 훔치는 관행이 횡행하다보니 아예 대필을 전문적으로 하는 업체까지 전국 대학가 주변에서 성업 중에 있다. 큰 업체는 100~200여 명의 고급 인력을 확보하고 고객이 원하는 대로 마구 짜깁기를 해준다고 한다. 보통 학술 논문은 보수가 5000 위안(85만 원) 정도로 알려져 있다. 부르는 데가 너무 많아 시간이 없는 교수, 반대로 능력 미달인 교수나 학자들에게는 꽤 참기 힘든 유혹일 수밖에 없다. 이에 대해 베이징대학의 조선족 김경일(金景一) 교수는 "최고 명문이라는 베이징대학 주변에도 학위 논문을 대신 써준다는 전단지를 돌리는 아르바이트 학생들이 적지 않다. 문제는 고객들이 엄청나게 많다는 사실이 아닐까 싶다. 정말 큰일이 아닐 수 없다."면서 터져 나오는 한숨을 애써 꾹꾹 삼킨다.

학술계에서는 프로젝트 아이디어 표절도 다반사로 일어난다. 예컨대 이쪽 대학에서 100만 위안(1억7000만 원)이 들어가는 중국어 사전인 『사해(辭海)』를 만든다고 하면 저쪽 대학에서는 비슷한 개념의 『사원(辭原)』을 만들겠다고 발표하는 식이다. 대개 대학의 프로젝트는 교육부나 중앙 정부에서 지원금이 대폭 나오므로 이 경우는 아이디어 표절이 국고까지 낭비하는 케이스에 해당한다.

학술계에 공공연한 비밀 같은 관행은 또 있다. 박사 학위를 기가 막히게 위조하거나 적당하게 사들여 사계의 권위자로 행세하는 경우다. 한마디로 학위 사기를 치는 것이다. 이 같은 학위 사기꾼이 전국적으로 10만~20만 명에서 최대 수십만 명에 이른다는 것이 학술계 주변의 추산이다. 학술계 주변에는 교수 채용 때 인맥, 학맥 등을 동원한다거나 석·박사 학위 심사 때 졸업 대상자가 을의 입장에서 갑인 교수들에게 화끈하게 대접을 하는 관행들이 그것이다. 이 점에서는 한국과 이란성 쌍둥이라고 해도 좋을 듯하다.

재계의 첸구이쩌

– 탈세 로비, 비자금

한국에서 사업을 원리·원칙대로 하면 이득이 굉장히 빠듯하다. 심지어 적자나 부도가 나서 창업한 지 얼마 되지도 않은 시점에서 회사가 바람처럼 사라질 수 있다. 중국에서도 마찬가지다. 제대로 세금을 낼 것 다 내고 원칙대로 사업을 하다가는 반드시 끝이 나는 잔치인 '메이유부싼더옌시(沒有不散的宴席)'는 커녕 잔치가 시작하기 전에 흔들릴 가능성이 높다. 그렇다면 방법은 탈세밖에 없다. 이런 사실은 중국의 주요 도시 시민들 중 51%가 탈세한다는 중국 당국의 통계를 감안하면 충분히 이해가 간다. 일반인이 이럴 정도라면 기업은 더 교묘하게 탈세를 한다.

탈세의 관행은 당연히 업자와 세금 담당 관료들이나 고위층의 부패와 밀접한 관계가 있다. 상식적으로 뒷돈을 마다하는 관리는 거의 없다. 100만 위안(1억700만 원)을 뇌물로 바치면 최소 200만~300만 위안

(3억4000~5억1000만 원) 정도는 절약할 수 있으니 누이 좋고 매부 좋고 서로 확실하게 남는 장사다. 더구나 걸리지 않고 꾸준히 이어지면 사업은 승승장구할 수 있다.

탈세를 위해서는 중국 전역에 걸쳐 사업체를 복잡하게 벌여놓는 것이 좋다. 이렇게 하면 제대로 된 영업세나 부가가치세가 합산돼 걷히는 경우가 드물다. 아무래도 덜 낼 수 있고 관리들도 대가를 조건으로 적당한 선에서 눈을 감아준다. 분식회계의 전형적인 수법이다.

탈세하고 페이퍼컴퍼니 만들어 비자금 조성

방법은 또 있다. 해외에다 조세 피난용 페이퍼 컴퍼니를 설립한 후 중국에 진출하면 된다. 이러면 중국인들이 유령 오너인 회사는 외국 회사가 된다. 자연스럽게 세금 혜택을 받고 적당하게 담당 관료에게 통 크게 집어주면 만사 오케이다. 그러다 보니 세금 내면 바보라는 소리까지 나오는 것이다.

그렇다면 중국에서 기업들이 연간 탈세하는 금액은 얼마나 될까? 2019년 말을 기준으로 최소 1조5000억 위안(255조 원)은 되는 것으로 추산된다. 한국 정부 예산의 절반 가까이에 해당한다. 이 중에서 무늬만 외국 회사인 중국 회사들과 외국 기업들이 자행하는 탈세 규모는 2017년만 해도 2000억 위안(34조 원)에 달했다.

중국 당국은 탈세와 뇌물 수수 등을 방지하기 위해 2006년 '반(反)자금세탁법'을 제정하고 탈세와의 전쟁을 벌이고 있다. 그러나 기업이나 기업인들이 탈세를 관례라고 생각하고 있으므로 그다지 효과는 보지 못하고 있다. 그저 시범 케이스로 1년에 1~2명 정도의 재벌이나 기업인들을 손봐주는 식으로 엄포를 놓고 있는 것이 현실이다.

중국어로 유쉬(游說)로 불리는 로비는 탈세와 찰떡궁합이다. 로비가 바로 사업의 성공이라는 등식의 첸구이쩌가 성립한다. 다소 시간이 흐르기는 했으나 2011년 벽두에 터진 이른바 '철도 게이트'를 보면 알 수 있다. 로비의 첸구이쩌가 그야말로 눈에 확연히 들어온다. 수면 아래의 관행인 이 첸구이쩌를 물 위로 드러낸 장본인은 무려 40년 동안이나 철도계의 전설로 불린 류즈쥔(劉志軍) 전 철도부장이다. 그를 첸구이쩌의 제물로 만든 로비 업체는 고속철 설비업체인 보여우(博有) 그룹이다. 로비 액수는 그야말로 입이 딱 벌어질 정도였다. 무려 100억 위안(1조7000억 원)을 뇌물로 받았다고 한다. 더구나 그는 철도계의 전설답게 이 엄청난 돈으로 무려 18명의 정부를 전국 곳곳에 두고 인생을 즐겼다. 로비의 첸구이쩌가 당정 고위 간부가 정부를 두는 첸구이쩌까지 이어진 경우다.

저우융캉 전 상무위원도 로비자금 받고 낙마

로비의 첸구이쩌는 적잖은 당정 고위층을 감옥으로 보냈다. 2017년에만 무려 10만 명 전후의 공직자들이 적발됐다. 가장 대표적인 인물이 2007년 낙마한 장쩌민 전 국가주석의 최측근인 천량위(陳良宇) 정치국원 겸 상하이시 당 서기다. 시진핑 총서기 겸 주석에 의해 숙청된 저우융캉(周永康) 전 정치국 상무위원도 크게 다르지 않다.

재계의 당정에 대한 로비의 수단은 말할 것도 없이 돈이다. 그것도 한국처럼 쩨쩨하게 한두 푼이 아니다. 통 큰 중국인들답게 0이 1~2개가 더 붙거나 앞의 숫자가 웬만하면 10을 향해 달려간다. 그래서 로비로 인한 사건이 터졌다고 하면 류즈쥔 전 철도부장의 경우처럼 억 단위, 조 단위다. 중국에서 한국처럼 돈 몇 푼으로 어설픈 로비를 시도하려면 아예 안 하는 게 좋다.

향응이나 성접대도 무시할 수 없는 첸구이쩌다. 외국 특파원들과도 좋은 관계를 맺고 있었던 양빈(楊斌) 전 어우야(歐亞)그룹 회장을 대표적 사례로 들 수 있다.

기자는 네덜란드 황궁을 2분의 1로 축소해 지었다는 그의 집무실 빌딩을 취재차 방문한 적이 있다. 빌딩 입구에 들어서자마자 양빈 회장이 국내외 유명 인사들과 연회를 하면서 함께 찍은 사진들이 전시돼 있었는데 그 면면들이 대단했다. 그의 비서인 바오푸징(包富城·가명) 씨는 이에 대해 "이 수많은 사람들을 접대하느라고 양 전 회장은 엄청난 돈을 썼다. 물론 낭비만 한 것은 아니다. 이를 통해 적잖은 이권을 챙겼다. 이권을 챙기면 양 전 회장은 또 다른 방법으로 자신에게 도움을 준 국내외 실력자들에게 충분히 보은했다."면서 묘한 암시를 주기도 했다. 모르긴 해도 황제 부럽지 않은 향응과 접대가 이뤄졌을 것이다.

상대를 100% 흡족하게 만드는 향응과 성접대와 관련해서는 지금은 미국으로 도피한 전설적 부동산업자 궈원구이(郭文貴)가 대표적으로 꼽힌다. 또 캐나다로 도피했다 송환돼 현재 수형 생활을 하고 있는 푸젠성 샤먼의 위안화(遠華)그룹 라이창싱(賴昌星) 전 회장은 양빈과 궈원구이의 대선배격이라고 해야 한다. 그는 세상에 존재하는 모든 종류 유흥업소를 입주시킨 홍루(紅樓)라는 이름의 빌딩을 지은 다음 이 건물의 밀폐된 룸에서 1996년부터 대략 4년 동안 당정 고위층 인사들에게 온갖 향응과 성접대를 했다. 이로 인해 그는 단기간에 530억 위안(9조 원) 상당의 석유, 식용유, 자동차, 담배를 밀수할 수 있었다. 더불어 300억 위안(5조1000억 원)의 세금도 손쉽게 포탈했다. 사건이 백일하에 드러나자 그는 캐나다로 돈을 들고 튀었으나 재수 나쁜 수백 명의

베이징 특파원 중국 문화를 말하다

당정 고위 간부들은 줄줄이 구속돼 중형을 선고받았다.

이들 중에는 사형을 선고받은 14명, 무기징역을 선고받은 12명의 최고위급 간부들도 있었다. 자칭린(賈慶林) 전 정협 주석과 츠하오톈(遲浩田) 전 국방부장도 당시 연루됐다는 소문이 파다했으나 든든한 배경으로 인해 겨우 살아남을 수 있었다. 중국 최고 로비 귀재로 불리던 라이창싱은 이 재주를 유감없이 발휘해 망명지인 캐나다에서 호의호식하다 체포돼 종신형을 선고받고 수감됐다.

기업들은 당고위층의 스폰서 맡아 로비

기업들도 한국처럼 당정 유력 인사들의 스폰서가 되기도 한다. 판공비를 포함해 연봉이 아무리 많아야 10만 위안(1700만 원)이 넘기 어려운 지방의 당정 최고위급 인사들이 하나같이 골프광이거나 유명 스포츠카를 몰고 다니는 것은 스폰서 문화가 팽배해 있다는 사실을 입증한다. 로비 대상이 되는 갑은 심지어 자신이 원하는 골프장, 골프 용구 세트나 특정한 스포츠카를 지정해 요구하기도 한다. 문제는 골프장의 그린피를 비롯한 골프 용구와 스포츠카의 가격이 엄청나게 비싸다는 사실이다. 그러나 놀랄 필요는 없다. 이 중 상당한 액수는 로비 대상에게 돌아가는 첸구이쩌를 통해 조달되기 때문이다. 스포츠카는 대개 차명으로 넘겨진다는 것도 알 만한 사람은 다 안다.

최근에는 로비 대상의 자녀들을 해외로 보내고 모든 경비를 대는 유학 스폰서가 단연 두드러진다. 로비를 해야 하는 기업의 오너나 임직원들의 자녀를 함께 보내면 금상첨화가 따로 없다. 로비 대상의 자식을 이른바 신의 직장에 취업시켜주는 것은 일도 아니다. 주지하다시피 요즘은 중국도 대졸 실업자가 많다. 그럼에도 대학을 갓 졸업하고 은행과 공기업 같은 평생직장에 다니는 젊은이들이 없지 않다. 하늘의 별따기 같은 이런 취업에 성공하는 것은 물론 당사자의 피나는 노력이 있었기 때문이다. 하지만 거의 기업이 도움을 절실히 필요로 하는 당정 고위층의 자녀들이 낙하산을 타고 내려가는 경우가 대부분이다.

탈세와 로비는 자연스럽게 엄청난 비자금 조성으로 이어진다. 이걸 샤오진쿠(小金庫·기업이나 협회, 정부 각 부처에서 조성해서 쓰는 자금)라고도 한다. 당연히 비밀이 철저하게 지켜져야 한다. 그래서 이 비자금은 중국이 아닌 홍콩이나 스위스의 은행 등에서 차명 계좌로 만들어진다. 비자금 조성은 물건 값이나 공사대금을 부풀리는 게 가장 흔히 쓰이는 방법이다. 규모는 알 길이 없다. 중국의 지하경제가 GDP의 30%에 가깝고 이 중 비자금이 20%가량을 차지한다는 사실을 감안하면 1조 달러 전후가 되는 것으로 추산된다. 동남아 웬만한 나라의 GDP는 발 아래 때처럼 우습게 봐도 좋을 규모다.

재계에서 첸구이쩌가 유행하는 것은 이렇게 하지 않으면 생존하기 어렵기 때문이다. 이를테면 위기 상황에 대비한 뭉칫돈이나 배경, 즉 허우타이(後臺)를 확실하게 마련하지 않으면 언제 조용히 업계에서 퇴출될지 모른다는 위기의식을 누구나 느끼고 있다는 얘기다. 특히 지하경제 같은 불법 사업을 하는 기업들은 더욱 그렇다. 만약 이 첸구이쩌가 고쳐지지 않으면 중국이 G1이 될 것이라는 전망은 그래서 공허한 메아리가 될지도 모른다. 시진핑 총서기 겸 주석이 취임 이후 강한 개혁 드라이브를 걸고 있는 것은 괜히 그러는 것이 아니다.

정·관계의 첸구이쩌
– 태자당과 샤오진쿠

중국의 정계나 관계에도 첸구이쩌는 있다. 가장 흔한 것이 당정 고위층 원로 자녀들인 태자당 출신들의 고속출세다. 아마도 중국이 자랑하는 고속철도인 허셰호(和諧號)보다 빠른 첸구이쩌가 아닐까 싶다. 실제로 이들은 서로를 따거(大哥·큰형님이라는 뜻), 따제(大姐·큰누님이라는 뜻) 또는 샤오디(小弟·동생이라는 뜻), 샤오메이(小妹·여동생이라는 뜻)라고 부르면서 밀어주고 끌어주고 한다. 아버지나 어머니 세대부터 당정 최고위층들의 집단 거주지인 중난하이(中南海)에서 어울려 살았기에 서로를 너무나 잘 아니 이렇게 부를 수밖에 없다.

따라서 태자당 출신인데도 승진이 늦다면 굉장히 무능하거나 아예 현실적인 야망이나 욕심과는 담을 쌓은 사람이다.

정말 그런지는 태자당 출신들의 면면을 보면 알 수 있다. 우선 사실상 종신 집권 기반을 확실히 닦아놓은 시진핑 총서기 겸 주석이 그렇다. 부총리를 지낸 아버지 시중쉰(習仲勳)의 후광과 아버지 친구들, 그리고 서로를 형님, 동생으로 부르는 주변의 유력 인사들의 후원을 등에 업고 30대 후반부터 출세가도를 달렸다. 예상대로 2012년 가을에 열린 제18차 전국대표대회에서 총서기로 선출됐다. 딱 60세에 그 자리에 오른 후진타오보다 더 젊은 58세에 대권을 장악했다.

최고 지도자 시진핑도 태자당 첸구이쩌와 무관치 않아

지금은 정치적으로 낙마한 미남 터프 가이 보시라이 전 충칭 서기도 언급할 필요가 있다. 본인의 능력이 출중하기도 했으나 재정부장과 국가경제위원회 주임 등 요직을 역임하면서 덩샤오핑에 필적할 만한 당 원로였던 아버지 보이보(薄一波)의 후광이 없었다면 상무부장을 거쳐 충칭시 서기가 되지 못했을 것이다. 2012년에 정원이 7명인 정치국 상무위원회에 진입할 가능성이 거의 100%였으나 바로 직전에 스캔들에 휘말려 낙마했다. 전인대 위원장이나 정협 주석 자리를 차지할 가능성이 높았음에도 낙마하고 만 것이다. 무기징역형을 받고 복역하다 석방됐다는 설도 있으나 중국의 정치 특성상 재기할 가능성은 제로에 가깝다.

2010년 7월 고작 40세의 나이로 장군이 된 마오신위(毛新宇) 소장(한국의 준장에 해당)은 조상의 음덕을 톡톡하게 본 경우에 해당한다. 다름 아닌 마오쩌둥이 바로 그의 할아버지니까 말이다. 북한의 김정은 국무위원장이 대장으로 불리는 바람에 기네스북에 올라갈 기록을 세우지는 못했으나 근래의 중국 군부에서는 최연소 장군 승진이라는 기록은 남겼다. 나이로 보나 배경으로 보나 최고 계급인 상장(한국의 중장에 해당)까지 최연소 승진 기록을 계속 세울 가능성이 매우 높다.

당·정 간부 중에 대중 연설을 가장 잘 하는 것으로 정평이 나 있는 루

고작 40세의 나이로 장군이 된 마오신위 소장은 할아버지 마오쩌둥의 은덕을 톡톡하게 본 경우다

하오(陸昊) 자연자원부 부장(장관)도 언급하지 않으면 섭섭해 할 것이다. 2003년 35세 나이로 최연소 베이징 부시장이 된 것이나 2008년 최고 정치 지도자로 가는 지름길인 공산주의 청년단(共靑團) 제1서기로 영전한 것은 중앙선전부장과 문화부장을 역임한 할아버지 루딩이(陸定一)와 밀접한 관계가 있다. 이 상태로 가면 헬리콥터가 아니라 제트기를 타고 최고위급 관료로 올라가는 기록을 남길 것으로 보인다. 50대 중반이 되는 2022년께 부총리 수준의 자리로 승진할 수 있는 몇 명 안 되는 태자당 안의 다크호스로 꼽힌다.

현재 전국에서 태자당이라는 간판을 무기로 승승장구하는 중요 인물들은 1만 명 정도다. 당연히 이들은 지역을 중심으로 끼리끼리 은밀한 모임을 자주 가진다. 이른바 이너 서클을 비밀리에 운영한다고 보면 된다. 모임에서는 말할 것도 없이 이번에는 누구를 밀어주자는 얘기 등이 화제로 오른다.

베이징의 태자당 큰형님은 완바이아오

베이징에서는 70대 중반의 완보아오(萬伯翱)가 태자당 멤버들을 제일 많이 모으는 따거로 손꼽힌다. 그는 전인대 상무위원장을 지낸 완리(萬里)의 장남으로 잡지사 사장을 지냈다. 추진력과 친화력, 로비력이 뛰어나 따르는 태자당 후배들이 굉장히 많다. 시진핑조차도 사석에서 그를 만나면 함부로 대하지 못한다고 한다. 태자당 출신치고는 드물게 스포츠 스타들을 후원해주는 것으로도 널리 알려져 있다. 기자도 만나서 식사를 할 때마다 올림픽 금메달리스트들 같은 스타들을 대동하지 않은 그의 모습을 본 적이 없을 정도다. 성격도 자유분방해 문인으로 정식 데뷔하기도 했다.

중국 정·관계 인사들은 한국과는 비교를 할 수 없을 만큼 힘이 막강하다. 특히 경제 부처나 인·허가권을 가지고 있는 부처 관리는 더욱 그렇다. 따라서 기업들로서는 위기에 처하면 관리들에게 로비를 할 수밖에 없다. 이때 금품이 자연스럽게 오간다.

그러나 양쪽 모두 이걸 뇌물이라고 부르지 않는다. 우아하게 말해서 쑤퉁페이(疏通費)라고 부른다. 막힌 곳을 뚫게 한다는 뜻을 가지고 있는 은어다. 안 되는 것을 되게 하는 만큼 오가는 돈의 액수는 단순한 사례비 수준을 훌쩍 뛰어넘는다. 갑과 을이 은밀하게 일을 진행할 경우 이 쑤퉁페이는 관료인 갑의 몫이 된다. 그러나 내용을 아는 정부의 관계자들이 많거나 주위에서 그럴 것이라고 뻔히 알 정도로 소문이 난 경우는 이 돈들은 이른바 샤오진쿠(小金庫)로 들어간다. 작다는 뜻의 샤오라는 단어가 들어가 있으나 액수는 쑤퉁페이보다 더 많다고 보는 게 맞다. 힘센 부처는 수억 위안 규모의 샤오진쿠를 가지고 있는 경우도 있다. 쑤퉁페이 등으로 샤오진쿠를 만드는 이 첸구이쩌가 어느 정도로 철저하게 실행되고 있는지는 중국 최고 부자 성인 광둥성의 사례를 보면 알 수 있다.

최근 성 기율검사위원회가 조사한 바에 따르면 대략 500개에 이르는 샤오진쿠가 있는 것으로 파악됐다. 여기에 묻힌 돈은 대략 30억 위안(5100억 원) 정도였다. 전국적으로 볼 때 최소한 1만개의 샤오진쿠와 1000억 위안(17조 원)대 돈이 있다는 것이 일반적인 관측이다. 웬만한 대기업의 자산을 훨씬 웃도는 엄청난 금액이다.

정·관계 부처 중 약 30%는 샤오진쿠(小金庫) 보유

정·관계 각급 부처 중 약 30%는 샤오진쿠를 가지고 있는 것으로 보인다. 쑤퉁페이는 웬만하면 관료들의 주머니 속으로 들어가나 이 정·관계의 샤오진쿠는 개인이 사용하지는 않는다. 기관장이 먹고 마시고 오락을 즐기는 데 사용되거나 심지어는 단체 성매매용으로 전용된다고 한다.

샤오진쿠를 만드는 첸구이쩌는 탐관오리 개인이 은밀하게 실행하는 경우도 있다. 이럴 경우는 동료 관료들도 모르게 100% 비밀로 한다. 광둥성의 대표적 부자 도시이자 석유화학공업 도시인 마오밍(茂名)시 양광량(楊光亮) 당서기는 수년 전부터 주로 부동산 개발 기업들로부터 수시로 거둬들인 막대한 쑤퉁페이를 알뜰살뜰 모아 개인 샤오진쿠에 집어넣었다. 이렇게 해서 모은 돈이 대략 1억 위안(170억 원)이나 됐다. 그는 우선 이 샤오진쿠의 돈으로 수십 채의 주택을 사들여 월세를 받기 시작했다. 채권과 주식도 마구 사들였다. 연 18%의 고리대금업에도 진출했다. 그는 그러나 너무 드러내놓고 개인 샤오진쿠를 운용한 것이 적발돼 구속되고 말았다. 이 도시에서는 뤄인궈(羅蔭國) 전 당서기 등을 비롯한 고위 공직자들이 샤오진쿠를 가지고 있다가 줄줄이 체포돼 구속되기도 했다. 한 도시의 고위급 공무원들 대부분이 뇌물로 받은 쑤퉁페이로 샤오진쿠를 운용하다가 완전히 풍비박산이 난 것이다. 욕심이 과하면 화를 부른다는 사실을 모르지 않았으나 인간적 욕망을 주체하지 못했다.

베이징 특파원 13인이 발로 쓴
최신 중국 문화코드 52

· 제5장 ·

전통문화와
대중문화
그리고 청년문화

중국에서 시계 선물은 하지마라

한국인들은 개업식이나 결혼식 때 시계를 곧잘 선물한다. 그러나 중국인들은 시계를 절대로 선물하지 않는다. 왜 그럴까? 시계를 나타내는 단어 종(鐘)의 발음이 끝을 나타내는 마칠 종(終)과 같기 때문에 시계를 선물하면 상대방이 하는 일이 끝나기를 바란다는 오해를 사기 쉽기 때문이다. 개업식을 하는 사람에게 시계를 선물한다면 "네 사업이 망하기를 소망한다."는 악담이 된다.

시계를 의미하는 종(鐘)이 중국에서 '보내다', '드리다' 의미를 갖는 송(送)과 합치면 '시계를 선물하다'는 송종(送鐘)의 발음이 장례를 치른다는 의미의 '송종'(送終)과 같아진다. 그래서 나이 드신 분이나 결혼한 신혼부부에게 특히 시계를 선물하면 안 된다. 왜냐하면 "죽음을 선물한다."라는 의미와 다름없기 때문이다.

이처럼 중국인들의 생활풍속에는 단어들의 비슷한 음을 빌려 뜻을 부여하는 경우가 많으므로 중국에서 사업을 하거나 출장을 갔을 때 선물을 준비하는 이들은 염두에 둬야 한다.

1

이름으로 보는 문화
- 모든 이름에는 이유가 있다

모든 이름에는 그렇게 불리는 이유가 있다. 지금은 찾으려고 해도 찾기 힘든 분례(糞禮)라는 한국식 이름은 재래식 화장실에서 분만했다고 해서 붙여진 이름이다. 중국이라고 다를 바 없다. 아니 모국어가 표의 문자인 만큼 오히려 훨씬 더하다.

진시황, 당태종(唐太宗)과 함께 중국 3대 명군으로 꼽히는 한무제(漢武帝)는 어릴 때 이름이 돼지를 뜻하는 체(彘)였다. 한국인이 들을 때는 무슨 그런 글자로 왕자의 이름을 지었느냐고 할지 모른다. 하지만 돼지고기를 쇠고기보다 더 좋아하는 중국인이 볼 때는 다르다. 백성을 배불리 먹이는 황제가 되라는 아버지 경제(景帝)의 은근한 당부를 엿볼 수 있다.

근대 문학사의 한 획을 그은 바진(巴金)의 이름도 필명이기는 하나 상당한 의미가 있다. 본명인 리야오탕(李堯棠)보다 훨씬 더 유명한 이 이름에는 바로 그의 사상이 들어 있다. 무정부주의자로 유명한 바쿠닌과 그로포트킹의 중국어 이름 앞 자와 끝 자를 각각 차용해 필명을 만든 것이다. 그가 젊은 시절부터 무정부주의자였다는 얘기다.

이 사실을 반영하듯 그는 덩샤오핑을 비롯한 공산주의자들과 폭넓게 교유했지만 공산당과는 일정한 거리를 유지했다. 한때 무당파 신분으로 작가협회 부주석 등을 지낸 것도 그의 이런 사상과 관련이 있었다.

이름에도 시대 상황이 반영된다. 공산당이 정부를 세운 1949년에 태어난 사람들을 보면 젠궈(建國), 리궈(立國), 궈청(國成), 신궈(新國) 등의 이름을 가진 남자가 많다. 아이궈(愛國), 싱궈(興國) 라는 이름도 같은 맥락이다. 이에 대해 작가 옌롄커(閻連科)는 "1949년 이후 중국에서 태어나서 이름에 '궈'(國)자를 단 사람들을 톈안먼 광장에 다 집합시키면 엄청나게 많을 것이다. 내가 학교에 다닐 때에도 주위에 이런 아이들은 무척이나 많았다."고 말했다.

궈(國)자는 중국건국, 메이(美)자 이름은 한국전쟁과 연관

한국전쟁이 발발한 1950년 이후에 태어난 적잖은 여자 아이들은 미국의 메이(美)자를 이름의 마지막 글자로 사용했다. 예컨대 성메이(勝美), 캉메이(抗美), 커메이(克美) 등의 이름을 가진 여자들이 그렇다.

각각 미국에 이기고 저항하고 극복한다는 의미를 가지고 있다. 중국과 미국 최고 지도자들이 상호 방문을 하는 현실을 감안하면 격세지감을 느끼게 하는 이름이다.

중국과 북한이 혈맹이었다는 사실을 말해주는 이름도 있다. 바로 중국과 북한을 의미하는 중차오(中朝)라는 이름이다. 전국적으로 따지면 수를 헤아리기 어려울 만큼 많지 않을까 싶다.

중국인들은 이름도 특별한 의미를 부여해 짓는다. 그래서 점술인들의 인기가 높은지도 모른다. 최근 하얼빈에서 열린 점술인 대회 모습. 사람의 이름을 짓는 것도 이들에게는 큰 사업에 속한다

기가 막힌 사연도 있다. 산둥성 웨이하이(威海)에 사는 70대 후반의 전직 관료인 왕중차오(王中朝) 씨가 주인공이다. 원래 그의 아버지는 1949년 이전 만주에서 활약하던 중국인과 조선인의 연합군인 동북항일연군의 저우바오중(周保中) 부대 장교 출신이었다. 그러나 아버지는 그를 낳자마자 일본 관동군과의 전투에서 전사한다. 이때 그의 어머니인 왕위환(王玉環)과 그를 거둔 사람이 다름 아닌 조선인 장교 최용건(崔庸健)이었다. 일제 패망 후 북한으로 들어가 부총리까지 지낸 최는 한국인들에게는 그저 한국전쟁의 원흉으로만 기억되고 있다. 그러나 그는 중국에서는 인민해방군의 팔로군(八路軍) 포병사령관을 지낸 무정(武亭)과 함께 전설적 무인으로 유명하다.

아무튼 왕중차오는 계부 최용건을 따라 북한으로 들어간다. 중국과 조선의 영원한 우호친선을 위해 봉사하라는 뜻으로 계부가 고쳐준 중차오라는 이름을 가진 채. 당연히 그는 북한에서 최고 대우를 받는다.

학교도 만경대혁명학원을 비롯해 내로라하는 명문만 골라 다녔다. 그러나 그도 계부가 그랬듯 북한에서의 모든 기득권을 미련 없이 버리고 1960년대 초 중국으로 돌아온다. 이어 자신의 이름대로 산둥성 일대 지방정부의 고위 관료로 일하면서 중국과 북한의 친선을 위해 은퇴할 때까지 최선을 다했다. 이름의 의미를 잘 실천한 것이다.

중차오(中朝)보다 더 놀라운 이름은 쑤중차오(蘇中朝)다. 옛소련을 뜻하는 쑤(蘇)라는 성을 가진 군인이 아들을 낳자 그 기념으로 중국과 북한에서 한 글자씩을 붙여 이름으로 지은 것이다. 냉전 시대를 상징하는 대표적인 이름이라고 볼 수 있다.

수이성(水生) 이름은 홍수 때 태어났다는 의미

매년 홍수가 많이 나는 나라인 만큼 물과 관련한 이름도 많다. 수이성(水生·홍수 때 태어나다), 캉훙(抗洪·홍수에 저항하다), 구디(固堤·제방을 튼튼히 하다), 수이푸(水福·물에서 태어났으나 복을 누린다) 등의 이름이 대표적으로 꼽힌다.

중국인들의 이름은 출생한 연도를 분명하게 알게도 해 준다. 앞에 예를 든 쑤중차오라는 사람은 아마도 옛소련과 중국, 북한이 모두 관계가 좋을 때 태어난 사람일 것이 틀림없다. 그렇다면 그 시기는 한국전쟁 직후가 될 수밖에 없다. 3국이 사이좋게 똘똘 뭉쳐 미국을 비롯한 서방세계에 대항할 때였으니까 말이다. 원거(文革)라는 이름은 1966년부터 10여 년 동안 이어진 문화대혁명 기간에 태어난 사람이라고 봐야 한다.

중국인들의 이름은 부모의 가치관이나 인생관, 관심사를 엿보는 창이다. 조상들의 명예를 중시하는 부모는 조상의 정신을 잇는다는 의미의 사오쭈(紹祖)나 지쭈(繼祖), 조상을 빛나게 한다는 뜻의 싱쭝(興宗)이나 셴쭝(顯宗)을 자식들에게 지어준다. 또 시장경제에 관심이 많은 부모는 첸룽(錢榮), 첸푸(錢福)같은 이름들을 좋아한다. 반면 교양과 지식, 품위를 중시할 경우에는 자식들에게 우아한 이름을 지어 주고 싶어한다.

자신은 택시기사로 일하고 있지만 자식은 품위 있는 사람으로 자라게 하고 싶어 하는 리진성(李進升) 씨의 말을 들어보자.

"내 아버지는 관리로 승승장구하라고 나아갈 진(進)에 오를 승(升)을 나의 이름으로 지어줬다. 하지만 나는 내 자식이 그렇게 되기를 원하지 않는다. 재물이나 권력보다는 품위 있는 사람이 되기를 바란다. 그래서 아들 이름을 칭이(清義)로 지었다. 깨끗하고 의롭게 살라는 의미다. 다행히 아들은 이름처럼 품위 있게 자라고 있다."

덩샤오핑과 어깨를 나란히 하다가 2005년 96세의 나이로 세상을 떠난 당 원로 쑹런충(宋任窮)은 빈궁함이나 어려운 일을 떳떳하게 맡겠다는 의미의 이름을 가지고 있었다. 그래서인지 그는 당 원로 중에서 가장 오래 살아남아 현 당정 최고 지도부를 2선에서 지원하는 궂은 일을 마다하지 않았다.

아버지 쑹런충의 은덕으로 최고위층의 집단 거주지인 중난하이에서 은퇴 생활을 하고 있는 큰아들 쑹커황(宋克荒)도 거친 벌판에서 어려움을 극복해나간다는 의미의 이름을 가지고 있다. 아버지의 이름이 가지는 의미와 똑같다. 이처럼 두 부자 모두 철저한 공산주의자로 살았지만 생활 자체는 빈궁함이나 어려움과는 거리가 멀었다. 특히 쑹커황은 큰 어려움을 당한 적이 없었다는 것이 중난하이 소식에 정통한 인사들의 전언이다.

요즘에는 쉽고 개성 있고 톡톡 튀는 작명을 좋아해

21세기에 진입한 이후 중국인들은 자본주의 경제에 더 익숙해져 있다. 게다가 불과 얼마 전까지만 해도 자녀를 한 명씩밖에 낳을 수 없는 처지였다. 그래서 경제적 어려움 없이 잘 먹고 잘 살면서도 부르기 좋은 의미를 가진 이름을 선호하는 추세를 보이고 있다. 나아가 스타 배우 판빙빙(范氷氷)이나 피아니스트 랑랑(郎郎), 다이빙 스타 궈징징(郭晶晶)처럼 같은 글자를 쉽게 겹쳐 부르는 개성 있고 톡톡 튀는 작명 경향 역시 뚜렷해지고 있다.

1인당 국내총생산(GDP)이 1만 달러를 넘으면서 중국인들 대부분이 경제적 어려움에서 탈출한 요즘은 많이 여유로워진 세태를 더욱 잘 반영한다고 할 수 있다. 남자에게는 크게 되거나 심성이 넓은 사람이 되라는 뜻을 담은 하오(浩), 여자에게는 늘 기뻐하라는 의미의 신(欣) 자 등을 이름에 넣는 경우가 많다. 하오의 경우는 아마도 중국이 G2를 넘어 G1으로 달려가기를 기원하는 국뽕 부모의 은근한 염원을 담고 있다고 봐도 좋지 않을까 싶다.

베이징 특파원 중국 문화를 말하다

숫자의 비밀
– 좋은 숫자는 바로 돈과 운

과학적인 유물론을 바탕으로 하는 사회주의 국가에서 박멸돼야 마땅할 사회악인 미신을 신봉한다는 것은 도대체 말이 안 된다. 하지만 현실은 그렇지 않다.

미신에 집착하는 중국인들의 성향은 무엇보다 숫자에 대한 호오(好惡)에서 엿보인다. 중국인들이 가장 좋아하는 숫자는 바로 8이다.

8의 발음이 돈을 많이 번다는 의미를 가진 파차이(發財)의 파 발음과 비슷하기 때문이다. 그렇다면 중국인들은 숫자 8을 얼마나 좋아할까? 한때 역술인 생활을 했던 왕위(王子) 세계화교협회 사무총장의 말을 들어 보자.

"우리 중국인들의 숫자 8에 대한 선호는 아마 한국인들이 7을 좋아하는 것과는 비교할 수 없을 정도로 엄청나다. 8자가 많이 들어가는 전화번호나 자동차의 번호는 막대한 프리미엄이 붙어 거래된다.

또 백화점의 고급 상품들은 8888위안이나 8만8888위안 등으로 가격이 적혀 있는 경우가 많다. 이러면 부자들은 가격이 얼마인지 따지지 않고 물건을 구입한다. 심지어 88만8888위안짜리 거대한 옥을 눈 하나 까딱하지 않고 구입하는 부자를 본 적도 있다."

8자를 너무 좋아해 서울 88올림픽을 부러워 한 중국

중국인들이 8을 좋아한다는 사실은 2008년 베이징 올림픽에서도 여실히 드러났다. 개회식을 8월 8일 오후 8시 8분에 연 것이다. 폐회식도 오후 8시에 거행했다. 2010년 광저우 아시안 게임 개회식도 오후 8시에 열렸다. 그러니 8이 두 개나 겹치는 88서울올림픽을 중국인들이 얼마나 부러워했겠는가! 『런민르바오』왕다자오(汪大昭) 축구 전문 기자는 다음과 같이 회상한다.

"중국인들은 1988년에 한국이 올림픽을 치른 것을 지금도 부러워하고 있다. 만약 그 올림픽이 베이징에서 열렸으면 아마 88년 8월 8일 오후 8시 8분에 열렸을 것이다. 기가 막힌 숫자의 배열 아닌가? 그러나 한국은 개회식을 9월 17일에 열었다. 그때 우리는 정말 안타까웠다. 어떻게 그런 좋은 기회를 헌신짝처럼 버렸는지 지금도 중국인들은 이해하지 못하고 있다."

일부 중국인들은 당시의 부러움과 안타까움을 보상받기는 했다.

1988년 8월 8일 오후 8시 8분을 기해 수많은 청춘남녀들이 결혼식을 올렸으니까. 당시 전국의 예식장이나 공공장소가 인산인해를 이뤘고, 전국 식당의 매출액이 평소의 두 배에 달했다는 것은 그래서 화젯거리도 되지 못했다.

8에 대한 중국인들의 집착은 멀쩡한 산 이름도 바꿔버렸다. 베이징의 대표적인 산 중 하나로 꼽히는 바바오산(八寶山)은 원래 룽산(龍山)으로 불렸다. 하지만 언제부터인가 붉은 흙을 비롯한 8종의 광물이 난다는 이유로 바바오산으로 불리게 됐다. 아이러니하게도 지금 이 산은 화장터 겸 묘지로 사용되고 있다. 저 세상에 가서도 돈을 많이 벌겠다는 집착이 느껴진다.

중국인들의 숫자 8 선호 경향은 한국의 기업에도 영향을 미쳤다. 중국인들을 상대로 영업할 때는 무조건 8을 앞세우게 된 것이다. 대표적인 기업이 국내 최초로 중국인만을 위한 제주행 전용기 '제주쾌선'을 운영한 바 있는 아시아나 항공이다. 전용기의 편명을 8989나 8988로 명명하는 마케팅을 벌여 성공을 거둔 경험을 보유하고 있다. 이뿐만 아니라 관상수로는 팔손이 나무를 매우 선호한다. 팔손이 나무가 부를 축적해 준다고 믿기 때문이다. 실제로 상하이를 비롯한 남방의 부자집에 가보면 팔손이 나무로 도배한 것을 어렵지 않게 볼 수 있다.

중국인들이 8 다음으로 좋아하는 숫자는 9다. 발음이 길다거나 장수한다는 의미를 가진 주(久)와 같기 때문이다. 따라서 해마다 9월 9일에는 젊은 청춘남녀들의 결혼식이 많이 거행된다. 9월 9일에 결혼했으니 오랫동안 해로할 것이라는 희망이 곁들여 있다고 보면 된다. 그렇다고 9월 9일에 결혼한 사람들이 이혼을 적게 하느냐 하면 전혀 그렇지 않다.

7도 괜찮은 숫자다. 신비롭고 성스러운 숫자인 7은 중국에서는 많다는 사실을 의미한다. 서양에서 말하는 행운의 숫자 7의 뜻도 있다.

하지만 일부 지방 사람들은 고인이 된 사람에 대한 제사를 7일 주기로 7회나 지낸다는 사실 때문에 싫어하기도 한다. 이들은 7이 럭키세븐이 아니라 죽음과 연관돼 있다고 보는 것이다.

6은 그런 점에서 보면 7보다는 더 사랑받는 숫자다. 발음이 모든 것이 잘 풀려나간다는 뜻을 가진 류(流)와 같다. 66이라는 숫자는 모든 것이 두 배로 잘 풀려나간다는 것을 의미하므로 더욱 좋아한다.

중국인들과 상대하려면 꼭 알아야 할 것이 있다. 일반적으로 중국인들은 홀수를 싫어하고 짝수를 좋아한다. 때문에 결혼 등의 잔치에 부조금이나 선물을 보낼 때는 항상 짝수로 해야 한다. 1, 3, 5가 들어가는 부조금이나 선물은 피해야 한다. 하오스청솽(好事成雙·좋은 일은 겹으로 이뤄진다는 뜻)이라는 말도 그래서 나왔다. 하지만 1도 숫자 8과 함께 사용하면 괜찮다. 이때는 1의 발음이 '이'가 아닌 '야오(要)'가 돼 "나는 돈을 벌겠다."라는 의미로 좋게 해석되기 때문이다.

반면 3은 4와 함께 대표적으로 불길한 숫자로 여겨진다. 우선 홀수인 데다 발음이 흩어진다는 의미의 싼(散)과 비슷하다. 게다가 중국에서는 나쁜 단어에는 항상 3이 들어간다. 예컨대 부부나 연인 사이에 끼어들어 삼각관계를 만드는 사람은 안 좋은 의미에서 디싼저(第三者)라고 불린다. 또 소매치기는 싼즈서우(三只手)라고 불리고 마음을 다잡지 못한 채 딴 마음을 품는 것은 싼신얼이(三心二意)로 표현된다.

중국의 빌딩과 아파트에는 4층, 13층, 14층, 24층이 없다

4는 짝수이기는 해도 중국인들이 가장 증오하는 숫자로 손꼽는다. 죽음을 의미하는 쓰(死)와 발음이 같다. 제 정신을 가진 사람이라면 좋아할 턱이 없다. 같은 짝수인 10은 두 가지 점에서 경원의 대상이 된다. 발음이 쓰와 비슷할 뿐만 아니라 모든 것이 끝났다는 의미를 가지고 있다. 물론 일부 중국인들은 일이 잘 마무리됐다는 의미에서 10이라는 숫자를 좋아하기도 한다. 13도 싫어하는 숫자다. 이유는 없다. 군

중국의 엘리베이터 내부에 4층, 13층, 14층이 없다. 4는 죽을 사(死) 의미를 지녀서, 13은 서구에서 유래된 불길한 숫자라서, 14 역시 '야오쓰'로 읽으면 '죽는다'는 의미라서 그렇다고 한다

이 찾으라면 외국인들이 싫어하는데 굳이 우리가 좋아할 이유가 있느냐 하는 정도다. 상하이에서는 스싼뎬(十三点)이라는 은어가 쓰이는 데 바보, 멍청이라는 의미를 가지고 있다.

싫어하는 숫자도 그냥 혐오하는 것이 아니다. 실생활에서 웬만하면 마주치지 않으려고 적극 노력한다. 전국 곳곳에서 하늘 높은 줄 모르고 올라가는 고층 빌딩과 아파트에는 4층과 13층, 14층, 24층이 없는 경우가 허다하다. 공식적으로는 30층인 고층 아파트가 사실은 26층인 게 많은 것은 바로 이 때문이다.

588은 돈 벌어서 큰 부자 되라는 의미

두 자리나 세 자리 숫자에서도 중국인들의 호불호는 분명히 갈린다. 우선 좋아하는 세 자리 숫자는 588이 가장 먼저 꼽힌다. "나는 돈을 벌어 부자가 되겠다."라는 의미의 '워파파(588)'로 발음되기 때문이다.

한국의 타짜들이 손에 잡았다 하면 로또가 부럽지 않게 되는 숫자 38은 아이러니하게 중국에서는 가장 터부시되는 숫자다. 여성들의 수치심을 유발하는 욕이 되기 때문이다. 행실이 좋지 않은 매춘부 정도로 해석하면 된다. 홍콩에서 유래했다는 게 정설이다. 싼바포(三八婆) 또는 바포(八婆)로도 불린다. 멀쩡한 여자들 앞에서 이런 숫자를 입에 담았다가는 귀싸대기가 온전하지 못하게 된다. 이런 면에서 보면 매년 3월 8일이

기념일로 지정된 국제부녀절은 중국인들에게는 별로 좋은 이미지를 줄수가 없다. 국제 공인 기념일이니 어쩔 수 없기는 하지만 말이다.

250은 13과 뜻이 비슷한 숫자로 바보나 멍청이를 의미한다. 과거 은(銀) 500량(兩)은 일봉(一封), 250량을 반봉(半封)이라고 했다. 그런데 반봉의 발음은 반 미친 사람이라는 의미의 반펑(半瘋)과 비슷했다. 나중에는 이게 멍청한 사람이라는 뜻으로 자연스럽게 바뀌었다. 이 숫자도 아무한테나 입에 올렸다가는 큰 보복을 당할 수 있다.

중국인들의 숫자에 대한 집착은 한국 사람들은 거의 이해하지 못할 정도로 극성이다. 이런 사실을 안다면 중국에 가서는 숫자를 마구 입에 올리는 것을 조심해야 한다.

베이징 특파원 중국 문화를 말하다

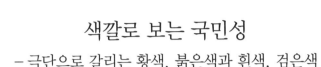

색깔로 보는 국민성

– 극단으로 갈리는 황색, 붉은색과 흰색, 검은색

중국인들은 색깔에 대단히 민감하다. 좋아하는 색과 싫어하는 색이 극단적으로 갈린다.

중국인들이 가장 좋아하는 색깔은 붉은색과 황색이다. 이 색깔들을 행운을 불러오고 액운을 쫓는 색으로 여기면서 극도로 좋아한다. 특히 붉은색은 오늘날 중국인들이 어떤 색보다 좋아하는 행운의 색깔이다. 대문을 붉은색으로 칠하는 것만 봐도 잘 알 수 있다. 한국의 설날인 춘제(春節) 같은 경사스런 날에는 천지를 온통 붉은색으로 도배하다시피 하기도 한다. 심지어 연말이나 춘제 등 명절에 터뜨리는 폭죽조차 붉은색이 대부분이다.

붉은색을 선호하는 습성은 모든 생활에 영향을 미치고 있다. 결혼식이나 축하 연회 등에는 반드시 모든 것에 붉은색을 사용한다.

춘제 때 붉게 칠해 놓은 집의 대문에 걸어놓는 대련(對聯)도 붉게 쓰

중국인들은 설날인 춘제 때 폭죽을 터뜨려 그해 평안을 빈다. 터뜨리는 폭죽도 붉은색이다

지 않으면 안 된다. 일반 언어로도 붉은색을 좋아한다. 장사해서 남은 이익은 훙리(紅利), 어느 단체나 기관에서 중책을 맡은 인물을 훙런(紅人), 인기 스타를 훙싱(紅星)으로 부른다. 연예인들이 인기를 끄는 것을 일컫는 저우훙(走紅)이라는 단어도 마찬가지다.

붉은색 겨울용 상하 내복, 팬티, 양말 등을 선물하는 것은 춘제의 전통이 되다시피 했다. 탐관오리들에게 은밀히 건네지는 뇌물까지 이른바 훙바오(紅包)에 넣는 경우가 많다. 왜 그럴까? 작가 위광쉰(禹光勳) 씨의 설명을 들어보자.

"중국에도 한국과 마찬가지로 번밍녠(本命年)이라는 것이 있다. 자신이 태어난 띠의 해를 말한다. 12년마다 돌아오는 이 해는 한국에서는 모르겠으나 중국에서는 특별하다. 운이 나쁜 해를 의미한다. 그래서 각종 방법으로 이 나쁜 운을 막으려고 한다. 가장 기본적인 방법이 허리에 붉은 띠를 두르는 것이다. 보다 적극적인 방법으로는 아예 붉은

중국인들은 한국인들과는 달리 붉은색을 좋아한다. 그래서일까. 새해를 맞은 베이징의 새벽 톈 안먼 광장이 붉게 물들어 있다

속옷을 입는 것이 있다. 또 집에다 붉은색 물건을 걸어두기도 한다. 이 런 붉은색 물건을 일컬어 번밍훙(本命紅)이라고 부른다. 붉은색 봉투에 넣는 훙바오도 마찬가지다. 만약 부정한 뇌물이라면 어떻게 하는가? 액땜을 해야 하지 않겠는가. 때문에 뇌물을 줄 때도 붉은색 봉투에 넣 어 주는 것이 관례가 됐다."

좋아하는 색은 붉은색과 황색, 싫어하는 색은 흰색과 검은색

기업들도 당연히 붉은색을 좋아한다. 매년 발표되는 100대 기업 중 에서 기업 이미지 통일(CI)을 상징하는 로고의 색깔이 붉은 곳이 40개 이상이다. 40개에 가까운 파란색과 함께 단연 압도적이다. 중국 국기 인 우싱훙치(五星紅旗)를 봐도 바탕이 완전히 붉은색이다.

황제의 색으로 인식되는 노란색은 붉은색 다음 자리를 차지한다. 최 고 권력자의 색이라는 것이 아무래도 어필하는 것 같다. 그러나 노란

색은 황조시대에는 일반인들에게는 오랫동안 사용이 금지됐던 색이었다. 노란색을 사용한다는 것 자체가 모반과 불경(不敬)의 의미를 담고 있었기에 자칫 잘못하다가는 목을 내놓아야 했다. 그러나 최근에는 공안 당국에서 음란물을 황색으로 지칭하는 경우가 빈번해 다소 권위가 바래졌다.

중국 100대 기업의 로고 중 40개가 파란색

파란색도 건강에 좋은 옥(玉)이 이 색깔을 띠므로 선호한다. 또 서구 선진기업들이 파란색을 로고로 채택하는 경향이 농후해 덩달아 좋아한다는 시각도 있다. 그래서 그런지 중국 100대 기업의 로고 중 40개가 파란색이다. 파란색을 로고로 쓰는 외국 선진 기업은 삼성과 인텔, 마이크로소프트 등이 대표적이다.

반면 가장 싫어하는 색깔은 흰색과 검은색이다. 이 중 흰색에 대한 혐오는 상상을 초월한다. 한국과 달리 중국은 결혼 축의금이나 뇌물을 흰색 봉투에 넣어 건네는 법이 절대로 없다. 설사 실수로라도 그랬다가는 인간관계가 파탄날 수 있다. 중국인들과 친해지려는 한국 사람들은 이 점에 유의해야 한다. 중국인들이 흰색을 얼마나 싫어하는지는 언어에서도 그대로 드러난다. 과거 장제스가 이끄는 정권을 백색 정권이라고 했다거나 마약의 범람을 백색 오염이라고 부르는 것만 봐도 충분히 알 수 있다.

흰색 다음으로 중국인들이 싫어하는 것은 검은색이다. 검은색에 대한 혐오는 부정적 의미를 가진 단어 몇 가지만 살펴봐도 바로 알 수 있다. 숨어 사는 범죄인이나 호적에 오르지 못한 사람을 일컫는 헤이런 (黑人)과 헤이하이쯔, 수전노를 뜻하는 헤이옌피(黑眼皮) 등이 이 단어에 해당한다. 중국인들에게 검은색은 흰색과 더불어 죽음을 상징한다. 이런 옷을 입으면 귀신을 불러들여 집안에서 누군가를 죽게 한다고 여긴다. 때문에 중국인들은 평소에는 검은 옷을 입는 경우가 드물다. 세상을 떠난 사람에게 입히는 수의도 검은색으로는 하지 않는다. 검은색 수의를 입히면 죽은 후 당나귀로 환생한다고 믿기 때문이다.

중국인들은 녹색을 싫어해

녹색도 중국인들에게 크게 환영받지 못하는 색이다. 녹색이 힘을 쓰지 못하는 이유는 유래가 깊다. 지금도 그렇지만 동양권 관리들의 직급은 대체로 1등급부터 9등급까지 나눠졌다. 그런데 당나라 때부터 하급 관리들은 대체로 녹색 옷을 입었다. 천민들도 그랬다.

바람난 부인을 둔 남편을 일컬을 때 흔히 사용하는 다이뤼마오쯔(戴綠帽子·녹색 모자를 썼다)라는 뒷골목의 유행어도 녹색을 좋게 생각지 않았음을 짐작하게 한다. 이 유행어에는 재미있는 민간의 일화가 있다. 원나라 때 한 젊은 부부가 있었다. 둘은 금슬이 좋았다. 그러나 남편이 장사 때문에 집을 종종 비운 것이 비극의 시작이었다. 넘치는 끼를 주체하지 못한 아내는 급기야 집안을 자주 찾아오던 비단 장수와 바람이 나고 말았다. 그녀는 생쥐가 꿀단지 드나드는 기분을 계속 즐기기 위해 남편이 눈치를 채지 못하게 하면서 바람을 피울 방법을 강구하기 시작했다.

그래서 생각해 낸 것이 남편이 장사를 나갈 때 녹색 모자를 씌워주는 방법이었다. 그게 이를테면 비단 장사가 안심하고 자신의 집으로 오도록 하는 신호였다. 이후 사람들은 아내가 바람난 남자에 대한 욕을 할 때 다이뤼마오쯔라고 했다. 이런 얘기가 전해지면서 녹색도 될 수 있으면 피하고 싶은 색으로 생각하기 시작했다고 한다.

그러나 학계 쪽의 의견은 다르다. 『원전장(元典章)』이라는 법률집의 「예부복색(禮部服色)」이라는 부분을 들쳐보면 "지원(至元·쿠빌라이 때의 연호·1264년부터 1294년까지의 30년) 5년 창기(娼妓)의 가장 등 남자 친족에게 녹색 두건을 씌워 벌하자는 중서성(中書省)의 건의가 받아들여졌다."라는 내용이 있다. 학자들은 중국인들의 녹색 기피 경향이 여기에서 유래했다고 본다.

붉은색 한국 축구유니폼 때문에 중국축구 공한증 주장도

광적인 축구 팬들이 종종 거론하는 웃지못할 미신도 있다. 그게 중국의 축구 대표팀이 한국만 만나면 영 맥을 쓰지 못하는 이유가 양 팀의 유니폼 색에 있다는 속설이다. 축구 대표팀의 경우 대체로 한국은 전통적으로 좋아하는 흰색보다는 붉은색 유니폼을 선호한다. 반면 중국은 국가의 상징색이라고 해도 좋을 붉은색 대신 다른 색들을 유니폼 색깔로 하는 경우가 많다.

그래서일까. 요즘 중국의 일부 축구팬들은 한국이 빼앗아간 붉은 색을 확실하게 빨리 되찾아 축구계에 만연한 공한증(恐韓症)을 극복해야 한다는 주장을 펴기도 한다.

중국인들은 이미 살펴본 것처럼 색깔을 경제나 돈과도 직접 연결한다. 중국 100대 기업 로고 중에 흰색이나 검은색이 거의 없는 현실이 이런 사실을 분명하게 말해준다. 그러므로 앞으로 중국에 진출할 한국 기업들은 로고가 흰색이나 검은색이라면 가능한 한 색깔을 바꾸는 것이 낫다.

더불어 중국인들이 좋아하는 색상으로 제품을 생산해 마케팅에 활용하는 것이 필수적이라고 하겠다. 한국의 가전업체 쿠쿠가 중국에 황금색 압력 밥솥을 수출했다가 꿈에도 생각지 못한 대박을 터뜨린 것은 다 이유가 있는 것이다. "중국인들이 좋아하거나 싫어하는 색을 언제나 잊지 말라."는 말은 중국에서 성공하려는 비즈니스맨들이 간과해서는 결코 안 될 금언이다.

중국 문학의 침체
- 과거의 영화는 요원

중 국은 금세기까지 지구상에서는 어깨를 나란히 할 나라를 눈을 뒤집고 찾아도 찾기 어려울 세계 문학의 보고로 손꼽혔다. 서구문명의 뿌리인 그리스나 로마의 신화 문학이 전혀 부럽지 않았다. 1840년대까지만 해도 세계 경제 총량 중 50%를 차지하는 강국으로 군림한 데다 5000년 역사를 가지고 있었으니 그렇지 않은 것이 오히려 이상할 정도였다. 당시(唐詩), 송사(宋詞), 원곡(元曲) 등의 이름에서 보듯 온갖 장르의 문학이 다 있었을 뿐 아니라 대표적인 고전 『삼국지』는 『성경』 다음으로 많이 팔린 지구촌 최고 베스트셀러였다.

지난 세기에도 이 같은 위력은 여전했다. 1949년 이전 옛 중국 시절에는 루쉰을 필두로 하는 라오서(老舍), 궈모뤄(郭沫若), 마오둔(茅盾), 바진(巴金), 첸중수(錢鍾書), 장아이링(張愛玲), 린위탕(林語堂), 후스(胡適), 주쯔칭(朱自淸), 위다푸(郁達夫) 등 수많은 대가들이 한 시대를 풍미하면서 세계인들에게 감동을 줬다. 이 중 첸중수는 평생『웨이청(圍城·포위된 성)』이라는 단 한 권의 장편소설만 썼는데도 해마다 노벨문학상 후보로 거론되곤 했다. 역시 딱 한 권의 소설인『폭풍의 언덕』과『바람과 함께 사라지다』를 쓴 작가 에밀리 브론테나 마거릿 미첼과 비슷했다. 신중국 건국 후에도 자핑아오(賈平凹), 천중스(陳忠實), 루야오(路遙), 모옌(莫言), 비수민(畢淑敏) 등이 선배들 못지않은 활동으로 중국 문단의 저력을 보여줬다. 특히 루야오는『평범한 세계』라는 대작을 쓰느라 온 에너지를 탕진한 끝에 안타깝게도 42세 나이로 요절했다. 중국은 이런 쟁쟁한 작가들을 보유 하고도 노벨 문학상을 수상하지 못하다가 2012년 모옌이『붉은 수수밭』으로 수상에 성공, 문화 대국의 체면을 겨우 세웠다.

베이징 문단 순수문학은 고사 위기

요즘은 또다시 과연 문학이라는 것이 있을까 싶을 만큼 문단의 사정이 좋지 않다. 과거처럼 순수하게 쓰는 작가들도 많지 않고 어렵게 대작이 출판돼도 읽히지 않는다. 순수문학은 고사(枯死)했다는 말 역시 지나치지 않을 것 같다.

베이징의 어느 서점을 가더라도 눈에 확 띄는 문학작품이라 할 만한 것들도 아주 희귀하다. 그렇다고 불티나게 팔리는 대중소설이 많은 것도 아니다. 그나마 무협 소설 작가 진융(金庸)의 작품들이 그나마 꾸준하게 읽힐 뿐이다.

상황이 이처럼 갑작스럽게 변한 이유는 당연히 있다. 가장 먼저 인터넷을 비롯한 각종 플랫폼의 다양화를 꼽아야 할 것 같다. 굳이 책에 의존하지 않더라도 읽을거리나 볼거리가 무궁무진하니 문학작품에 눈이 가지 않는 것이다. 베이징의 대입 준비생인 고등학생 우원한(吳文瀚) 군의 솔직한 고백이 현실을 대변한다.

"우리 젊은 세대들은 아버지 세대들과 다르다. 굳이 무거운 문학작품에 눈길을 주지 않는다. 그것보다 더 재미있는 것들이 인터넷에 그야말로 지천으로 널려 있다. 물론 문학작품을 읽어야 할 경우는 있다. 예컨대 문과 계통 학과로 진학할 학생들은 세계 명작이나 중국 고전을 읽어야 한다. 그러나 이들도 필요한 작품들을 처음부터 끝까지 통독하는 경우는 드물다. 시험에 필요한 작품들은 다 요약본이 나와 있어 짧은 시간에 많은 작품을 섭렵할 수 있다. 게다가 현대 문학은 시험에 나오는 경우도 드물어 거의 관심이 없다."

본격 문학 대신 가벼운 읽을거리가 범람하는 현실도 큰 영향을 미쳤다. 이를테면 처세술이나 이재와 관련된 저작, 생활이나 취미활동을 돕는 서적 등이 이에 해당한다. 웬만큼 소문이 퍼지기만 하면 문학작품 수 십 편에 맞먹는 양의 판매는 어렵지 않다.

외국 작품이라면 무조건 선호하는 중국 독자들의 소비심리도 본격 문학 퇴조에 한몫을 하고 있다. 특히 자극적이고 현란한 일본문학, 대중 문학과 순수 문학의 경계가 애매모호한 미국 작품들은 토종 중국 작품들에 직격탄을 던지는 결정적인 역할을 하고 있다. 40대 중반의 유명 여성 작가 천란(陳染) 씨의 말을 들어보자.

"요즘 중국 대중의 외국 작품들에 대한 선호는 마치 외국 유명 브랜드 제품에 대한 집착과 하나도 다를 바 없다. 이름이 조금만 알려진 작가들의 작품이면 내용과 번역 수준을 불문하고 구입한다. 나도 도대체 왜 우리 책들이 안 팔리나 하는 자괴감이 들어 유명하다는 외국 작가들의 작품을 읽어봤다. 결과는 '기가 막히다.'는 한마디로 요약할 수

베이징 특파원 중국 문화를 말하다

있겠다. 몇몇 작품을 제외하고는 무슨 얘기를 하는지 도대체 모를 정도로 저급하고 한심한 수준이었다."

전통적인 의미의 문학 대신 가볍고 찰나적인 시류를 반영하는 장르 문학이 큰 인기를 얻고 있다. 새로운 대중 소설이라는 이름으로 포장된 신 무협과 판타지, 20대 이상들은 무슨 소리인지조차 모를 언어와 기호가 난무하는 10대 소설 등이 바

중국 문학이 표절 몸살을 앓고 있다. 중국 문단의 아이콘이면서도 늘 표절 시비에 휘말리는 궈징밍

로 그것이다. 요즘 중국에서 장안의 지가를 높이는 베스트셀러라고 하면 대개 이 부류의 작품들이다. 40대 이상의 세대는 읽어도 무슨 내용인지 모른다. 최근에는 스마트폰 보급과 모바일 독서 어플리케이션의 등장으로 이런 소설들이 웹소설이라는 이름 아래 하나의 문학 장르로 정착됐다. 언제 어디서나 간편하게 짧은 시간에 읽을 수 있는 이른바 스낵 컬쳐에 익숙한 20대, 30대 젊은이들이 이런 새로운 형태의 문학에 대한 단단한 독자층을 형성하고 있다.

신세대 작가들의 표절 유행으로 중국 문학 퇴조

신세대 작가들의 표절 문화 역시 중국 문학 수준을 떨어뜨리는 데 일조하고 있다. 사회에 실효성 있는 표절 방지 시스템이 부재하고 문학을 향유하는 팬들이 표절에 대해 관대한 태도를 취하고 있기 때문

이다. 신세대 대표 작가로 손꼽히는 궈징밍(郭敬明)의 행태가 대표적인 사례다. 그는 2003년 금세기 장르 문학의 고전으로 통한다는『환청(幻城)』을 발표해 일대 센세이션을 일으켰다. 판매 부수도 엄청났다. 가치로 따질 때는 한국의 2000만부와 맞먹는다는 무려 200만부 판매를 기록한 것이다.

그러자 베이징 대학 교수이자 유명 작가인 차오원쉬안(曹文軒)이 "『홍루몽(紅樓夢)』을 능가할 작품을 쓴 천재가 탄생했다. 궈징밍은 중국 문단의 수준을 한 단계 높였다."라는 극찬을 아끼지 않았다.

그러나 알고 보니 이 작품은 일본의 유명 애니메이션인『성전(聖戰)』을 그대로 베낀 것으로 드러났다. 그럼에도 불구하고『환청』은 지금도 꾸준히 팔려나가고 있다. 심지어 그는 이 작품으로 노벨문학상 수상이 유력한 젊은 작가로 대접받고 있다. 궈징밍이 2008년 발표한 소설 『샤오스다이(小時代)』도 평론가들로부터 미국 작품인『악마는 프라다를 입는다』의 표절이라는 의구심을 사고 있다. 문제는 중국에서 표절을 일삼는 작가들이 그야말로 셀 수 없이 많다는 사실이다. 1만 명 가까운 중국 문인 중에 최소 20~30%는 표절로 의심되는 작품을 꾸준히 발표한다는 것이 중국작가협회의 추산이다.

혹자는 작가의 표절행위에 대해 엄격한 법률적 기준을 세우면 되지 않느냐는 의견을 제시할 수 있을지도 모른다. 그러나 현실적으로 그것은 매우 어려운 일이다. 신세대 작가들이 주로 내놓는 인터넷 소설은 기본으로 몇 십만 자 분량, 심지어 백만 자 이상의 분량을 자랑한다. 표절 여부를 심의하기 위해서는 기본적으로 두 작품을 대조하는 작업이 필요한데 판정에 따르는 시간과 비용이 많이 들 수밖에 없다. 더구나 시간이 오래 걸린다고 해서 반드시 표절 판정을 받으리라는 보장도 없다. 자칫 무고죄의 위험이 있기에 변호사들도 선뜻 표절 사건을 맡으려고 하지 않는다. 상황이 이렇다 보니 표절 작가들은 오히려 자신들의 표절 행위에 대해 뻔뻔한 태도로 일관하고 있다.

출판물 검열에 따른 표현의 자유 제한

사회주의 체제 고수를 목적으로 하는 중국당국의 강력한 통제도 순수문학 작품의 퇴조를 불러오는 주요 원인이다. 모옌의 후계자로 꼽히는 허난성 출신의 작가 옌롄커(閻連科)가 당한 횡액을 살펴보면 잘 알 수 있다. 그는 2005년 광둥성 광저우의 한 문예지에 『인민을 위해 복무하라』라는 작품을 게재했다. 그러나 이 작품은 마오쩌둥의 사상을 모욕했다는 이유로 출간과 동시에 출판, 홍보, 게재, 비평, 각색을 할 수 없는 5금(禁) 조치를 받게 됐다. 초판 3만 부도 전량 회수됐다. 옌롄커의 설명을 들어보면 왜 중국의 문학이 퇴조했는지 확연해진다.

"나는 문화대혁명 당시 어느 부대 사단장의 젊은 부인과 병사의 불륜을 실감나게 그렸다. 충분히 있을 법한 스토리였다. 그러나 당국의 검열에 걸렸다. 작품이 판매 금지가 된 것은 말할 것도 없고 내 신변도 불안해졌다. 물론 책은 홍콩을 비롯한 대만, 한국 등에서 출판돼 호평을 받았다. 중국 당국의 이런 방침이 바뀌지 않으면 좋은 작품이 절대로 나올 수 없다."

중국문학이 이렇듯 힘을 못 쓰고 있는 데는 작가들의 책임도 크다. 진지함보다는 가벼움을 앞세우는 젊은 작가들도 문제지만, 고담준론에만 집착하고 아집이 강한 장년 및 원로 작가들도 독자들이 무엇을 요구하는지를 모르고 자기 최면에만 빠져 있는 경우가 적지 않다.

유명 국민작가도 먹고사는 문제 고민

현실이 이러니 양심적인 문인들 중에는 절필하는 이들도 나온다. 문인으로서 문화부장을 역임한 바 있는 대문호 왕멍(王蒙)은 절필을 선언해 중국뿐 아니라 세계를 놀라게 했다. 당시 그는 "우리의 양심은 어디로 갔나? 작가의 양심은 그 어디에서도 찾기 어려운 게 현실이다. 나는 이 암담한 현실에서 더 이상 글을 쓸 수 없다."라는 절필의 변을 토로했다.

후이(回)족 출신 소설가 장청즈(張承志)도 현실에 비분강개하면서 왕멍과 비슷한 시기에 절필을 선언하고 네이멍구(內蒙古) 초원으로 떠나 버렸다.

온 국민이 알아주는 예용례(葉永烈)같은 저명한 국민 작가가 먹고 사는 문제를 걱정해야 할 정도라는 말이 들리는 걸 보면 중견 작가 마위안(馬原)의 "소설은 죽었다. 문화 당국의 특단의 조치나 작가들의 뼈를 깎는 노력이 없는 한 앞으로는 더욱 살아나기 힘들다."라는 말은 완전히 정곡을 찔렀다고밖에 할 수 없다.

위기의 경극
– 젊은이들의 외면과 정부의 경극 활성화 도모

중국의 국민 예술로 불리는 경극(京劇)은 중국을 상기하게 하는 대표적 문화 코드다. 지구촌에서 모르는 사람이 없을 정도지만 정작 중국에서 큰 인기는 없다. 유교가 그렇듯 고리타분한 예술의 한 유형으로 인식되면서 사람들의 관심으로부터 멀어지고 있는 것이다. 특히 20~30대 젊은 층에게는 극심한 홀대를 받고 있다.

베이징에서 꽃을 피운 연극이라는 의미를 담고 있는 경극은 원래 창(長)강으로 불리는 양쯔(揚子)강 하류의 안후이성에서 유행한 지방 연극이었다. 이런 경극이 전기를 맞은 것은 지금으로부터 220여 년 전, 안휘성의 휘반(徽班)이라는 극단이 청나라 건륭제(乾隆帝)의 80세 생일을 경축하는 공연을 하기 위해 베이징으로 오면서부터다. 이후 이 극단은 고향으로 돌아가지 않고 베이징에 계속 눌러 앉았다. 이후 더욱 활발히 활동하면서 베이징 오페라, 다시 말해 경극을 꽃피우게 됐다.

경극은 베이징에 정착하는 데만 그치지 않았다. 다른 전통극의 기술과 곡예 등의 장점까지 받아들여 마침내 상하이의 월극(越劇), 장쑤성 일원의 곤극(昆劇)과 함께 중국의 3대 전통 연극으로 자리 잡는다. 특히 20세기 직후에는 월극과 곤극을 압도하는 맹위를 떨쳤다. 중국인들에게 전설적 배우로 지금까지 추앙받는 메이란팡(梅蘭芳)은 바로 이때 맹활약해 경극의 세계화에 크게 기여했다. 그는 여성 역할인 단(旦)을 주로 맡아 외국인들에게까지 널리 알려지기도 했다. 이 때문에 훗날 '경극 대사'라는 영광스러운 칭호를 부여받기까지 했다.

국민예술 경극, 젊은이들 멀리해

이처럼 한때 중국인들의 뜨거운 사랑을 받던 경극이 요즘 들어 왜 홀대를 받게 됐을까? 이유는 한두 가지가 아니다. 우선 사회에서 즐길 수 있는 문화 활동의 종류가 과거에 비해 훨씬 많아졌다는 사실을 꼽을 수 있다. 이에 따라 게임이나 동영상 시청 등 빠르고 자극적인 콘텐츠를 선호하는 젊은 사람들에게 『패왕별희』의 지루하고 긴 노래를 듣는 것은 고문과 다름없는 일이 돼버렸다.

예술의 가장 중요한 덕목인 시대상을 반영하지 못하는 것도 젊은층에게 인기가 시들한 이유로 꼽힌다. 이들은 경극이 국가의 정수라는 사실을 머리로는 알고 있다. 하지만 진심으로 환영하고 받아들이지 않는다. 그런 사람은 노년층과 소수의 예술 종사자 정도다.

경극은 기본적으로 고급 예술이라는 인식이 있어 관람의 진입 장벽이 높다. 극의 내용이 고전을 근거로 하기 때문에 고전에 익숙하지 않은 젊은이들은 그 내용을 이해하기도 어렵다.

전문 배우들의 양성도 쉽지 않다. 실제로 경극 배우가 되는 길은 영화나 드라마 배우가 되기보다 훨씬 어렵다. 가무와 연극, 무술을 익혀야 하고 서커스 같은 곡예도 할 줄 알아야 무대에 설 수 있기 때문이다. 이뿐만 아니라 경극을 함으로써 배우들이 얻는 경제적인 이점도 적다. 다롄경극원의 양츠(楊赤) 원장은 이에 대해 "국내에 있는 경극 단체 가운데 스스로 먹고 사는 문제를 해결할 수 있는 단체는 하나도 없다. 아르바이트를 뛰지 않으면 손가락을 빠는 것은 거의 일상이라고 해도 과언이 아니다."라고 평하면서 현실을 솔직히 인정하고 있다. 이는 젊은 배우 지망생들이 어렵고 힘든 경극보다는 적당한 연기력과 용모만 있으면 될 수 있는 영화나 드라마 쪽을 선호하게 되는 배경도 되고 있다. 실제로도 중국 연예계에는 경극을 익힌 후 방향을 전환, 연예인이 된 케이스가 한둘이 아니다.

경극이 처한 상황이 어떤지 현장으로 들어가 보면 피부로 느낄 수 있다. 베이징 톈안먼 바로 인근 쳰먼(前門)에 자리 잡고 있는 라오서(老舍) 차관은 전 세계적으로 알려진 유명한 찻집이다. 중국의 국민작가인 라오서의 이름을 딴 찻집인 데다 차를 마시면서 경극을 비롯한 각종 공연을 관람할 수 있어 1년 365일 손님들로 붐비지 않는 날이 없다. 그러나 이곳의 손님들을 가만히 살펴보면 40대 이하 젊은 중국인 관객은 찾아보기 어렵다.

인근 쳰먼 호텔 안에 자리 잡은 경극 전문 극장 리위안(梨園)에 들어가 봐도 사정은 마찬가지다. 중국인들, 특히 20~30대 젊은이들을 경극 전문 극장에서 만나는 것은 기적에 가깝다.

상하이 출신으로 베이징을 오가면서 사업을 하는 20대 후반 기업가 장허샹(蔣和祥) 씨의 말을 한번 들어보자.

"누가 요즘 시간 아깝게 경극을 보겠는가. 그럴 시간이 있으면 차라

수백 년 전통의 중국 경극이 고사 위기를 맞고 있다. 요즘은 CIT 기법을 활용해 화려함을 더해 관객 유치에 적극 나서고 있다

리 잠이나 자는 것이 낫지. 나도 어릴 때 부모님을 따라 경극을 몇 번 봤으나 지루했다는 기억밖에 없다. 앞으로도 볼 생각은 없다. 완전히 새로운 감각을 입힌 퓨전 경극으로 재탄생한다면 모르겠지만."

정부 차원에서 경극 활성화 도모, 회생 가능성 열려 있어

물론 중국 문화 당국이 현실을 외면한 채 무책임하게 뒷짐만 지고 있는 것은 아니다. 일찍이 문화부 내에 경극 진흥책을 연구하는 태스크포스를 두고 각종 방안들을 짜내고 있다. 국영『중국중앙텔레비전(CCTV)』의 경우 중국의 우수한 희곡 예술을 고취하고 발전시키기 위해 2001년부터 전문 채널인 CCTV-11도 운영 중에 있다. 나름 고정 마니아 시청자들도 상당히 많은 것으로 알려지고 있다. 대부분이 장년층 이상이라는 것이 안타까운 사실이기는 하지만 말이다.

또 교육부는 2008년 베이징, 톈진 등 10개 도시에서 의무 교육 음악

베이징 특파원 중국 문화를 말하다

교과 과정에 경극을 포함하고 초등학교와 중학교 학생들이 지정된 15개의 창을 배우도록 하는 시범 사업을 시작하기도 했다

전통 공연 전문 교육 기관인 희곡 학원들에 대한 대대적 지원도 이뤄지고 있다. 중등 직업교육 희곡공연 전공 학생들이 학비를 면제받는 케이스도 상당히 많다. 차세대 청년 인재들이 각급 예술 공연 단체, 학교, 연구 센터에서 공연 예술의 정수를 전승 받을 수 있도록 하는 도제 제도를 마련한 것도 거론해야 할 것 같다. 이에 따라 2018년 문화부는 전국에서 선발된 100명의 경극, 곤극 등 지방극 공연 예술가들이 1대 2 도제(徒弟) 방식을 채택해 정해진 기한 내에 2명의 학생에게 2곡의 단락극(절자희·折子戱)을 전수하는 육성책을 발표했다. 지방극을 녹화해서 보존하는 프로젝트에 프로젝트 당 10만 위안을 지원하는 정책을 내놓은 것도 같은 맥락이라고 할 수 있다.

최근에는 각 극단에서 젊은이들에게 어필할 만한 신선한 현대적 소재 등을 대거 발굴해 작품으로 제작하는 발상의 전환도 하고 있다. 과거와는 차별화된 현대적 의미의 경극이 탄생하고 있는 것이다. 궈바오창(郭寶昌) 감독의 유명 드라마『대택문(大宅門)』이 2019년 경극 버전으로 재탄생 된 것을 대표적으로 꼽을 수 있다.

이 경극 버전『대택문』은『삼국지』,『수호지』,『패왕별희』등 고전을 줄거리로 삼고 있는 기존의 경극과는 완전히 다르다. 베이징의 유명한 약방 동인당(同仁堂)을 중심으로 펼쳐졌던 중국의 근대사를 배경으로 삼고 있다. 각본을 담당했던 리줘췬(李卓群)은 이 작품에서 경극의 현대화를 내세워 젊은 느낌을 강조하기도 했다. 실제로 무대에 등장했던 대부분의 단원이 평균 연령 27세의 젊은 배우들이었다. 심지어 그는 작품 홍보에 쓰일 곡을 제작하기 위해 젊은층에게 친숙한 인디 밴

드를 섭외하기도 했다. 그는 한 인터뷰에서 "많은 젊은 사람들이 경극을 할아버지 할머니가 보는 것으로 생각한다. 그러나 이 경극은 젊은 사람이 젊은 사람에게 내보이는 작품이다. 앞으로 유사한 실험이 많아진다면 경극의 미래는 절망적이지만은 않을 것 같다"라고 말했다

만약 경극의 이 같은 노력들이 진짜 하나씩 결실을 본다면 과거의 영화까지는 몰라도 완전 몰락은 막을 수 있을 것으로 보인다.

6

색골(色骨)은 유한하나 차골(茶骨)은 영원하다
− 기로에 선 차의 왕국

중국에 가면 택시기사들이 자신들이 마시는 차를 유리병에 담아 항상 운전석 옆에 두는 것을 볼 수 있다. "택시 운전석 옆에 차가 없으면 그 기사는 취향이나 먹성이 아주 독특한 사람이라고 해야 한다. 김치 안 먹는 사람을 한국인이라고 할 수 없듯이 차를 마시지 않는 사람은 중국인이 아니다."라는 쉬융빈(徐永賓) 징지마오이(經齊貿易)대학 교수의 말은 중국인이 얼마나 차를 좋아하는 지를 입증한다. 식당이나 기차, 학교, 병원 등 공공장소에서도 원하는 사람들을 위해 24시간 내내 카이수이(開水·뜨거운 물)가 준비되는 것은 조금도 이상할 것이 없다.

이처럼 중국인들이 차를 물처럼 상용하는 것은 중국이 차의 본고장이라는 사실과 직결돼 있다. 지구촌 모든 국가의 역사서들도 세계에서 가장 먼저 차나무가 발견된 나라로 중국을 인정한다. '차이나'라는 국호가 진(秦) 나라에서 유래했듯 영어의 티(Tea)라는 단어가 차에서 유래됐다는 학설이 이를 반증한다. 소설 『삼국지연의』에도 유비(劉備)가 돗자리를 만들어 팔아 장만한 차를 어머니에게 드리기 위해 소중하게 간직하는 장면이 나온다.

나쁜 수질과 주독 해소 위해 차문화 발달

차는 에피소드도 적잖게 만들어냈다. 제갈량(諸葛亮)이 오늘의 광둥성과 베트남 북부 지역 일대인 안남(安南)을 정벌하러 출정했을 무렵이었다. 당시 전세는 그가 지휘하는 만큼 파죽지세였다. 그러나 호사다마라고 승승장구하던 병사들이 물이 맞지 않자 하나둘씩 심한 눈병을 앓기 시작했다. 그는 해결책을 찾기 위해 고민에 고민을 거듭했다. 그러다가 가지고 다니던 지팡이 하나를 병영 안에 심었다. 놀랍게도 지팡이는 곧 차나무로 변해 병사들을 살리는 생명의 물을 공급했다. 이후의 전황은 더 이상 설명할 필요가 없다. 차 전문가들이 당시의 차를 제갈량의 호를 따 쿵밍차(孔明茶)로 부르고 있다거나 그를 차의 신, 즉 다조(茶祖)로 부르는 것은 모두 이런 일화에 근거를 두고 있다.

그러나 일반적으로 중국의 다조는 제갈량보다는 당나라 때의 문인 육우(陸羽)라는 주장이 훨씬 더 설득력을 지닌다. 차에 관한 한 바이블이라고 할 수 있는 『다경(茶經)』까지 펴낸 인물이기 때문이다.

심지어 그는 차의 성인이라는 의미에서 다성(茶聖)으로도 불린다. 다도(茶道)라는 단어를 만든 중국인들의 차 마시기 문화가 어떻게 생성됐는지에 대한 설은 구구절절하다. 하지만 일반적으로는 중국의 기후 및 자연과 상당한 연관성이 있다. 평균적으로 좋다고 하기 어려운 수질의 물과 먼지 많은 환경에 노출되다보니 차가 자연스럽게 보급됐다는 것이다. 애주가들과 관련된 설도 없지 않다. 이는 술 해독에는 차만한 것이 없는 사실을 감안하면 상당한 설득력이 있다.

차는 실제 약리적으로도 상당히 유익한 작용을 하는 것으로 검증되고 있다. 무엇보다 웰빙과 거리가 먼 중국인들의 식생활 습관에 큰 도움을 주기 때문이다. 중국인들은 모두가 알다시피 기름기가 많은 돼지고기 같은 육류를 몹시 즐긴다.

중국인 여자와 결혼한 조선족 남자나 한국 남자가 간혹 부부 싸움 끝에 "당신이 도대체 나한테 해준 게 뭐냐? 금쪽 같은 아들을 낳아줬는데도 매일 먹이는 게 김치 쪼가리 같은 채소 말고 뭐가 있나? 고기 먹는 경우가 가뭄에 콩 나듯 해서야 어디 부부생활을 제대로 할 수 있겠는가?"라는 푸념을 부인으로부터 듣는 것은 다 이유가 있다.

차, 기름기 많은 음식 즐겨 먹는 중국인들에게 필수품

게다가 중국인들은 신선한 채소까지도 기름에 볶아 먹어야 직성이 풀리는 사람들이다. 워낙 고기를 즐기니 위와 장에 기름기가 많이 쌓이는 것이 당연하다. 차는 이 기름기들을 제거하는 데 탁월한 효능을 갖고 있다. 기름기 많은 음식을 즐기는 중국인들 중에 뚱뚱한 사람이 의외로 적은 이유가 바로 여기에 있다.

차는 제조 방법에 따라 녹차, 반발효차, 발효차로 구분된다. 이 중 녹차는 생찻잎을 가마솥에 넣고 손바닥으로 여러 차례 문지르면서 볶아낸 것이다. 저장성 항저우의 룽징(龍井)차와 장쑤성 쑤저우(蘇州)의 비뤄춘(碧螺春), 안후이성 황산(黃山)의 마오펑(毛峰)차가 가장 유명하다. 특히 대문호 소동파와 유독 깊은 인연이 있는 항저우 시후(西湖)에서 재배되는 룽징차는 스펑(獅峰), 룽펑(龍峰), 메이펑(梅峰) 등 3종류의 브

중국은 여전히 차 왕국으로서 명성이 높다

랜드로 나눠지면서 단연 녹차의 황제로 군림하고 있다. 품질이 뛰어난 대신 생산량이 많지 않아 가짜가 양산되기도 한다.

반발효차는 차를 5시간가량 통속에 넣어 놓은 채 열기로 숙성시켜 말린 차들을 통칭한다. 전 세계적으로 잘 알려진 우롱(烏龍)차가 이에 해당한다. 발효차는 찻잎을 강한 열기로 찐 다음 증류 과정을 거쳐 말리는 방법을 채택한 차들이다. 홍차와 대륙 서남부 윈난(雲南)성 최고 차 브랜드인 푸얼(普洱)차가 유명하다. 특히 푸얼차는 다이어트에 특효라고 알려져 있어 한국인들에게 인기가 높다. 그러나 푸얼차는 이런 효능만 있는 것이 아니다. 중국 차 전문가들 주장에 따르면 이 차는 우선 위장을 따뜻하게 하고 지방질을 잘 분해한다. 또 동맥경화와 심장

질환 방지에 특효가 있고 고혈압이나 암, 당뇨병 환자 등이 복용해도 상당한 효과를 본다고 한다.

이 차는 차마고도(茶馬古道)를 통해 일찌감치 프랑스와 영국까지 흘러들어갔을 뿐 아니라 한반도에도 전래됐다. 지금은 가짜가 많아 구입할 때 각별히 유의하지 않으면 안 된다.

중국은 차의 원산지이므로 차 종류가 무궁무진하다. 그중 룽징, 비뤄춘, 마오펑, 톄관인(鐵觀音), 우이(武夷), 치먼(祁門), 푸얼, 모리화(茉莉花)차 등이 자랑스러운 8대 명차의 반열에 오른다.

오로지 중국에만 존재하는 희귀한 차도 있다. 단 여섯 그루밖에 없는 것으로 알려진 다훙파오(大紅袍) 차나무에서 따낸 우이차로 보통

100 g에 10만 위안(1700만 원)을 호가한다. 비싼 것으로 유명한 푸얼차 최상품 가격보다 훨씬 비싸다. 유명 찻집에서는 한 잔 가격이 1만 위안(170만 원)을 넘기도 한다.

이런 현실을 보면 영국이 1840년에 아편전쟁을 일으킨 것도 다 까닭이 있는 것이다. 당시 영국 귀족은 청나라의 차에 열광했다. 당연히 엄청난 은이 청나라로 흘러들어가는 것을 지켜봐야만 했다. 그러다 더는 엄청난 무역적자를 견디지 못하게 되자 중국 전 대륙에 아편을 풀어 은을 다시 거둬들였다. 청나라는 이에 격분했다. 결국 자국의 의사와 전혀 관계없이 영국과 아편전쟁을 벌이지 않으면 안 됐다. 따라서 아편전쟁은 차 전쟁이라는 일부 중국 역사학자들의 견해는 나름 설득력이 있다.

유학파 젊은이들의 새로운 식음문화로 떠오른 커피

이런 차도 요즘 들어 위상이 과거 같지 않다. 이른바 해외 유학파인 하이구이(海歸)를 비롯해 서구 문화에 익숙해진 오피니언 리더들 가운데는 차를 멀리 하고 에비앙 등의 외국 광천수나 콜라, 드링크 제품을 가까이 하는 이들이 늘고 있기 때문이다.

최근 들어서는 커피의 위세도 만만치 않다. 통계만 봐도 현실을 바로 알 수 있다. 커피 시장의 규모가 2019년 말 기준으로 700억 위안(11조 9000억 원)을 돌파한 것으로 추산되고 있다. 이는 지난 2015년보다 무려 두 배나 증가한 것으로 향후 커피가 차의 위상을 위협할 것이라는 사실을 분명히 보여준다고 할 수 있다. 1인당 소비량이 2014년 3.3잔에서 2019년 6.4잔으로 거의 2배 늘어난 것을 보면 이상할 것도 없다.

이런 상황에서 시장을 쥐락펴락하는 브랜드가 탄생하지 않을 까닭

베이징 특파원 중국 문화를 말하다

이 없다. 우선 미국의 커피 체인 스타벅스를 꼽을 수 있다. 2019년 말 기준으로 대륙 전역에 4125개의 매장이 영업을 하고 있다.

토종 브랜드인 루이싱(瑞幸)커피도 꼽아야 한다. 2018년 스타벅스를 넘어서겠다는 웅대한 포부 아래 출범해 목표 달성을 눈앞에 두는 듯 했다. 그러나 2020년 상반기 분식회계가 적발돼 성장세에 급브레이크 가 걸렸다. 그럼에도 중국의 젊은층이 스타벅스에 못지 않게 이 브랜 드에 빠진 만큼 기사회생할 가능성이 전혀 없는 것은 아니다.

중국 속담에 색골(色骨)은 유한하나 차골(茶骨)은 영원하다는 말이 있다. 아무리 커피를 비롯한 현대식 음료의 침투가 극심하더라도 중 국인들의 2000여 년에 걸친 차의 생활화가 단번에 확 변할 수는 없다. 한국의 김치가 한국인이 존재하는 한 사라질 수 없는 것처럼 중국의 차도 커피 등과 공존하면서 명맥을 유지해갈 것이다.

전국을 휩쓰는 영어 열풍
– 토플은 선택 아닌 필수

세계에서 가장 많은 인구가 구사하는 언어는 영어가 아니다. 단연 중국어다. 해외 화교들 및 대만과 홍콩, 싱가포르 같은 중화권 국가들이나 지역의 대부분을 포함한 14억 명 가량이 사용한다. 미국 본토와 영국, 영연방 국가 중 일부에서 사용하는 영어는 5억여 명이 쓰는 것에 불과해 중국어와 상대가 되지 않는다. 그러나 정작 중국인들은 완전히 영어에 올인하고 있는 것이 작금의 현실이다. 오히려 한국보다 더 심한 영어 학습 열풍에 휩싸여 있다.

중국 안에서 영어를 배우는 인구는 전국적으로 무려 4억 명 이상으로 추산된다. 인구 대비로만 놓고 보면 3명당 1명이 영어를 적극적으로 배우고 있다는 계산이 나온다. 최근 중국의 부모들 중 약 86%가 자녀들에게 유치원생 때나 그보다 어린 나이 때에 영어 수업을 받도록 했다고 한 온라인 설문조사에서 응답한 것은 결코 괜한 소리가 아니다.

이런 영어 광풍 상황에서 세계적으로 유명한 영어 유치원들이 황금 시장을 그냥 놓아둘 리 없다. 가장 유명한 유치원은 몬테소리다. 베이징에서는 순이(順義)구의 별장촌처럼 부유층이 많이 사는 지역에서 성업 중이다. 1년 학원비가 웬만한 월급쟁이의 연봉인 10만 위안(1700만 원) 정도 하는 데도 자리가 없어 아이가 태어나는 순간부터 예약을 하지 않으면 입학은 엄두도 내지 못한다. 베이징과 상하이, 쑤저우 등에 분교를 두고 있는 영국의 덜위치 칼리지는 공산당 고위급이나 부유층의 자제들로 넘쳐난다. 학비가 몬테소리의 최대 3배가 넘는 하이난다오나 홍콩의 부유층 자식들까지 입학을 기다린다고 한다.

외국계 영어 유치원과 영어 학원 대박 터뜨려

테마공원계 지존인 디즈니랜드도 본업과 전혀 상관이 없는 영어 유치원과 영어 학원을 운영해 대박을 터뜨렸다. 상륙한 지 3년 만에 50여 개 분원을 세웠으면서도 앞으로 100개 정도 더 설립할 계획이다. 2세짜리 아기들까지 다니는 이 유치원과 학원의 한 달 학원비는 웬만한 월급쟁이 연봉의 2~3배에 이른다. 역시 예약을 해놓지 않으면 학부모가 뒷돈을 쓰는 곤욕을 치르거나 시쳇말로 관시를 동원해야 한다. 이 밖에 영어 유치원 체인으로는 상하이 등지에서 대박을 터뜨리고 있는 월 스트리트(WS)와 잉글리시 퍼스트(EF) 등이 있다. 외국계 유치원뿐만 아니라 웬만한 일반 토종 유치원에서도 1주일에 1~2 시간씩 가르치는 것이 지금은 관례로 굳어졌다.

이렇듯 어린 나이에 영어 교육을 받으면서 성장한 아이들이 초등학교에서도 영어에 힘을 쏟는 것은 당연할 수밖에 없다. 지역과 학교에 따라 수준은 다르나 초등학교에서도 영어는 의무 교육으로 규정돼 있다. 일반적으로 공립학교의 경우 초등학교 3학년 때부터 가르치나 일부 사립학교의 경우 초등학교 1학년 때부터 가르치는 것으로 알려져 있다. 베이징 같은 대도시에서는 주당 5시간씩 가르치는 곳도 있다. 중·고등학교는 더 말할 나위가 없다. 특히 고등학교에서는 회화는 기본이고 작문까지 교육하고 있다. 하지만 중국의 학부모들은 이 정도에 만족하지 않는다. 각각의 경제 능력에 맞는 수준의 학원에 보내 자녀들의 영어 실력을 더 높여주려고 기를 쓰고 있다.

교육부 주관 영어인증시험 통과해야 대학졸업

이러다가 대학에 진학하면 아예 영어의 노예가 돼야 한다. 4년제 대학 학생들이 졸업을 하기 위해서는 반드시 교육부가 자체 개발한 영어인증시험(CET)을 통과하지 못하면 안 되기 때문이다. 이 시험은 무려 8등급으로 돼 있다. 숫자가 높을수록 수준이 높다. 일반 전공자들은 5급, 영어 전공자들은 8급을 따야 한다. 영어 때문에 졸업을 1년 늦출 만큼 점수가 짜다. 그러니 중국에서 영문과를 나왔다면 일단 영어도사라고 봐야 한다.

중국 대학생들의 IBT 토플 평균 성적도 나쁘지 않다. 2017년의 경우 79점으로 83점인 한국보다는 낮았으나 78점인 태국과 71점인 일본에 비하면 높게 나타났다. 본격적으로 영어를 교육한 지가 개혁·개방 정책이 본격적으로 추진되기 시작한 지난 세기 1980년대 이후라는 사실을 감안하면 매우 좋은 성적이다. 현재 상태로 분위기가 계속 이어진다면 한국을 조만간 제치고 평균 점수 90점대를 향해 달려갈 수 있을 것이다.

영어는 교육산업으로서도 엄청난 경쟁력을 보유하고 있다. 전국적으로 각종 학원만 10만여 개에 달한다. 여기에서 파생되는 시장은 무려 1000억 위안(17조 원) 대에 이르는 것으로 추정된다. 잘 파악이 되지 않는 개인 교습이나 그룹으로 배우는 학생들의 시장까지 합치면 이 규모는 1500억 위안(25조5000억 원) 전후에 이른다고 해도 좋다. 그야말로 황금알을 낳는 거위라고 해도 과언이 아니다.

영어 교육 하나를 제대로 잘하는 덕에 이런 황금알을 낳는 거위가 된 업체도 많다. 우선 펑쾅(瘋狂) 영어, 즉 크레이지 잉글리시로 중국 최고 스타 강사인 이른바 1타 강사로 떠오른 리양(李陽)회장이 운영하는 베이징 아이궈저리샹페이양(愛國者理想飛揚) 교육과기유한공사를 꼽을 수 있다.

1987년 대륙 서부의 벽지인 간쑤(甘肅)성 란저우(蘭州)대학 공대에 입학한 리 회장은 원래 영어와는 거리가 멀었다. 스타 강사는커녕 영어 성적이 나빠 졸업도 못할 처지였다. 그러나 그는 2학년 때부터 독하게 마음먹고 영어 정복에 매달리기로 작정했다. 온 몸을 움직이고 마구 미친 듯 제스처를 쓰는 그만의 독특한 방식은 이때 생겨났다. 어떨 때는 버럭버럭 소리를 지르듯 영어로 말하곤 했다.

방법은 효과가 있었다. 그의 영어 말문은 빠른 속도로 트였다. 졸업을 앞두고는 영어 고수가 될 수 있었다.

그는 이런 자신의 경험을 1989년부터 강연회를 통해 널리 알렸다. 반응은 폭발적이었다. 강연이 있을 때마다 1만 명 이상의 학생 청중이 운집했다. 나중에는 아이돌 영어 강사라는 말까지 들었다. 그는 곧 그때까지 다니던『광둥인민TV』의 영어 아나운서를 사직하고 본격적으로 크레이지 잉글리시의 전도사로 나섰다. 1994년에는 아예 영어 교육 회사인 리양문화교육발전유한공사를 설립했다. 이어 2006년에는

영어 열풍은 중국에서도 거세다. 베이징 신둥팡학원의 영어 수강생들 모습

베이징에 지금의 회사를 차렸다. 현재까지 리양의 강의를 들은 수강생은 전국 500여 개 도시에 연인원 1억여 명에 이른다. 2004년에는 한국을 방문해 미친 영어의 진수를 선보인 바도 있다.

스타 영어강사들은 대기업 규모 매출로 갑부대열

리양의 1회 강연료는 시간당 20만 위안(3400만 원)을 넘는다고 한다.

그의 기업이 1000억 위안(17조 원)에 이르는 시장의 10% 정도만 장악하고 있다고 계산해도 100억 위안(1조7000억 원) 정도의 매출은 충분히 올리는 것으로 볼 수 있다. 웬만한 중소기업은 명함도 못 내민다.

지금은 신둥팡(新東方)교육과기그룹으로 발전한 신둥팡영어학교는 리양이 이끄는 아이궈저리샹페이양에 비한다면 학원 기업 체제가 훨씬 더 잘 잡힌 업체다. 베이징대학 영문과를 삼수 끝에 들어간 위민훙(兪敏洪) 회장이 31세 때인 1993년 설립한 이 업체의 규모는 리양의 업체보다 훨씬 더 크다. 위 회장도 당대 영어 1타 강사로 깃발을 날린 명성을 이용해 이 회사를 세웠으나 지금은 한국어, 일본어까지 가르치는 종합학원 업체로 발돋움했다.

2007년 5월에는 중국 학원업체로는 최초로 미국 나스닥에 상장해 9000만 달러의 자금을 끌어들인 바 있다. 위 회장은 영어 강사로 활약하면서 벌어들인 개인 재산만 최소 100억 위안(1조7000억 원)에 이르는 것으로 알려져 있다. 추정 매출은 2017년 말 현재 200억 위안(3조4000억 원) 정도에 이른다.

중국의 영어 광풍은 다소 지나친 면이 있다. 무엇보다 학부모들의 허리가 휘고 있다. 너무 영어에 치중하다가 다른 과목, 특히 중국어를 소홀히 할 가능성이 높은 것도 걱정스런 대목이다. 불어와 독일어, 러시아어 등 다른 외국어를 등한시하는 것 아니냐는 비판도 새겨들어야 할 것으로 보인다. 하지만 한 번 시동이 걸린 영어 배우기 광풍은 앞으로도 시들지 않을 전망이다.

8

당국이 아무리 막아도 우리는 소통한다
– SNS 열기

때는 지난 2012년 6월 17일 밤이었다. 후베이성 양쯔강 인근 작은 도시 스서우(石首)의 융룽(永隆) 호텔에서 끔찍한 사건 이 하나 터졌다. 20대 중반인 이 호텔 요리사 한 명이 변사체로 발견 된 것이다. 문제는 이 호텔이 10여 년 전부터 이런 의문사가 여러 차 례 발생한 곳이라는 사실이었다. 자연스럽게 모종의 음모에 의한 살해 의혹이 제기됐다. 그럼에도 불구하고 시 공안당국은 사건을 서둘러 단 순 자살로 처리했다. 유족의 동의조차 받지 않은 채 시신을 화장한 후 에는 5만 위안(850만 원)의 장례비용까지 청구해 유족의 분노를 샀다.

그러자 현지 시민들이 들고 일어났다. 트위터와 QQ 메신저 등의 SNS(소셜네트워크서비스·사회관계망서비스)를 통해 자신들이 목격한 현장 을 중계방송하기 시작한 것이다. 급기야 사건은 대륙 전역으로 확산됐 다. 현장 주변에도 순식간에 5만 명이 넘는 시민들이 몰려들어 재수사를 촉구하는 시위를 80시간이나 계속했다. 이 와중에도 시민들은 SNS를 적절하게 활용해 현장 상황을 네티즌들에게 신속하게 전달했다.

이에 당황한 중앙과 성 정부의 수사기관은 시 공안당국을 수사에서 배제하고 재수사에 나섰다. 사태는 이런 총력전을 펼친 끝에 더는 확산되지 않고 겨우 마무리될 수 있었다. 그러나 중국의 당정 지도부가 입은 상처는 컸다. 홍콩 언론들이 "중국 사회에 손오공이 등장했다."고 논평할 정도였으니 말이다. SNS의 위력을 한눈에 보여주는 대표적 사례였다.

중국대륙은 지금 SNS 인터넷 혁명 중

이후에는 이런 케이스가 거의 매일 벌어지는 연례행사가 됐다. 당장 코로나19로 전 대륙이 봉쇄된 2020년도 상반기 때의 상황만 봐도 알 수 있다. 정부 당국에 의한 무슨 부당한 일만 벌어졌다 하면 SNS를 통한 현장 중계방송은 거의 필수적이었다.

이처럼 지금 중국에서는 SNS가 혁명을 일으키고 있다. SNS는 기본적으로 PC와 스마트폰을 이용해 트위터나 페이스북, 인스타그램 같은 미디어를 활용하는 것이다. 커뮤니티 사이트나 소셜 미디어 등으로도 불린다. 사람들이 자신의 생각을 비롯해 의견, 경험, 관점 등을 공유하고 참여하는 개방된 서비스로 단순 인맥 사이트만이 아니라 가상 공동체, 블로그, 이미지 및 동영상 공유 사이트를 모두 포함한다. 최근 중국 인터넷 정보 센터에 따르면 2019년 말 현재 중국의 인터넷 사용자는 총 8억 명 전후로 집계되고 있다. SNS가 보편화되면서 휴대전화를 통해 인터넷에 접속하는 누리꾼 수도 7억 명을 훌쩍 넘어섰다.

중국의 인터넷 활용도는 단연 세계 최고 수준이다. 신랑(新浪)이 서비스하는 중국판 트위터인 웨이보(微博·마이크로 블로그라는 의미)의 활약을 보면 잘 알 수 있다. 2019년 하반기 현재 웨이보 월 평균 활성 계정은 5억 개에 이르고 있다. 일일 사용 계정도 2억2000만 개를 헤아린다.

웨이보는 한때 한류 스타들이 현지 팬들과 소통하는 수단으로 자리잡기도 했다. 배우 이다해를 시작으로 장나라, 채연, 장우혁 등 한류 스타들이 속속 웨이보를 개설한 바 있다.

위챗, 웨이보 인구 급증

웨이보뿐만이 아니다. 한국의 카카오톡과 같은 모바일 메신저인 위챗(중국명은 웨이신微信)역시 인터넷 사용자가 증가함에 따라 사용자가 증가하고 있다. 위챗은 중국의 텅쉰(腾讯)이 개발한 모바일 메신저로 2011년 서비스를 시작한 이후 꾸준히 성장, 지금은 최대의 모바일 데이터 플랫폼으로 자리 잡았다. 2019년 현재 위챗 월평균 활성 계정은 11억 명을 훌쩍 넘어서고 있다.

이런 SNS의 전망은 하지만 그다지 녹록지 않다. 당국에서 SNS의 급속 발전보다는 체제 보호를 우선한다는 기본 원칙 아래 통제를 강화하고 있기 때문이다. 2018년 7월부터 각종 SNS 사이트의 규제와 감시가 본격화되고 있는 것은 이런 현실을 잘 반영한다. 그동안 이런 현실을 웅변해 주는 케이스들도 많았다. 수년전 네이멍구 자치구에서는 한족 운전사 리린둥(李林东)이 몰던 석탄운반 트럭이 뺑소니 사고를 내서 몽골족 유목민 메르겐(莫日根)이 억울한 죽음을 당한 일이 벌어졌다. 이때문에 20년 만에 처음으로 몽골인들의 대규모 시위가 발생했다. 하지만 당국은 SNS가 소요를 확산시킨다면서 비상사태를 선포하고 인터넷 접속도 차단했다. 이처럼 중국 내 대부분의 SNS 사이트들은 종종 점검

1989년 6.4 톈안먼 유혈사태를 상기하자는 의지를 다지려는 듯 눈 덮인 중국 톈안먼 광장 한 귀퉁이에 '六四'라는 글씨가 쓰여 있다

중이라거나 시험 운영 중이라는 명목으로 서비스를 일시 중단당하는 일이 잦다. 인기 포털 사이트인 왕이(網易)를 비롯해 신랑과 비슷한 트위터 스타일의 서비스를 제공하는 써우후(搜狐)도 이런 조치를 당했다. 또 신랑의 웨이보, 텅쉰의 QQ메신저 등도 일시나마 시험 운영 버전으로 전환되기도 했다.

중국당국 SNS 서비스 툭하면 중단

최근에도 이런 통제는 계속되고 있다. 2018월 10월에는 중국의 양대 소셜미디어 서비스인 웨이보와 위챗 계정 1만여 개가 한꺼번에 폐쇄되기도 했다. 폐쇄의 근거는 '정치적 유해 정보 확산'이었다. 정치적 유해라는 것의 범위는 어디까지인지 명확히 규정돼 있지 않다. 때문에 정부의 입맛대로 통제를 강화하는 것이 가능하다는 우려를 낳고 있다. 실제로 위챗은 2019년 초부터 그해 9월까지 불법 계정 4만5000여 개를 정부의 압력으로 폐쇄하거나 중단한 바 있다.

위에 정책이 있으면 아래에는 절묘한 대책도 있는 법이다. 앞으로도 웨이보를 비롯한 중국 버전의 SNS 사이트들은 우후죽순격으로 태어날 가능성이 대단히 높다. 당국이 막고 있긴 하지만 프록시 서버나 VPN 등을 통해 당국의 차단막을 뚫고 트위터 등에 접근하는 것이 불가능한 것만도 아니다. 당국이 아무리 통제하려고 해도 세계적인 도도한 물결을 강압적으로 거스르기는 어려운 것이다.

실제로 2011년 2월 9일 춘제 연휴 기간에 중국에서도 재스민 혁명이 일어날 수밖에 없다는 사실이 입증되기도 했다. 이날 베이징에는 겨울 첫 눈이 내렸다. 너무 늦게 내리긴 했지만 겨울 가뭄으로 고심하던 중앙정부까지 나서서 기뻐했을 정도로 많은 눈이었다. 하지만 기쁨도 잠시라는 말처럼 당정 지도부에게는 그야말로 끔찍한 일이 벌어졌다. 눈이 하얗게 쌓인 톈안먼 광장에 누군가가 눈 위에 '六四'라는 한자를 써놓은 것이다. 누가 보더라도 지난 세기 1989년의 톈안먼 유혈 사태를 상기하자는 의지를 다지는 낙서가 분명했다.

이 낙서는 바로 사진으로 찍혀 인터넷과 웨이보를 타고 전국으로 퍼졌다. 당국에서는 서둘러 SNS 차단에 나섰으나 이미 원님 행차 뒤의 나팔이었다.

SNS 열풍으로 중국에도 재스민 혁명 가능성 대두

급기야 이 사태는 재스민 혁명으로 불리는 중동권의 민주화 열기의 영향을 받아 시너지 효과를 가져오고야 말았다. 트위테리안들이 서로 리트윗을 하면서 일당 독재 종식과 정치 개혁에 대한 시위를 선동하자 베이징과 상하이, 광저우 등에서 이에 부응하는 소란이 여러 차례 있었다. 막강한 공안 당국의 힘으로도 통제가 쉽지 않은 SNS의 위력을 보여준 전형적 사례다. 2011년 3월 초에 열린 전인대에서 웨이보 등에 대한 실명제가 진지하게 검토된 것은 이런 현실과 무관하지 않다.

하지만 10여 년이 지난 지금 당국의 이런 노력은 무색해지고 있다. 2019년의 하반기의 홍콩 시위와 코로나19 팬데믹 사태 이후 전개된 상황을 상기해보면 잘 알 수 있다. 당국이 기를 쓰고 단속을 했음에도 SNS를 통한 누리꾼들의 반정부 내지 반체제의 목소리가 그야말로 쓰나미처럼 폭발했던 것이다. 이와 관련해 베이징의 변호사 천구이룽(陳貴龍) 씨는 "SNS는 익명성이 특징이다. 정부의 단속 눈길을 피하는 방법은 많다. 특히 젊은이들은 더욱 그렇다. 자신들의 말을 이제는 가슴 저 밑에 숨겨두지 않는다."면서 현 상황을 설명했다.

이런 SNS의 뜨거운 바람은 신조어나 새로운 유행어도 양산하고 있다. 가장 대표적인 게 바로 게이리(給力)라는 말이다. 원래 의미는 "누구에게 힘을 실어주다"라는 뜻이었으나 최근에는 "멋지다, 훌륭하다, 쿨하다."라는 이미지를 더 주면서 젊은 층이 광범위하게 쓰는 유행어가 됐다. 과거의 쿨하다는 의미로 쓰이던 쿠(酷)와 비슷하다고 보면 된다.

얼마 전부터는 여기에서 한 단계 더 진화해 영어로 게이러블(geilavle)이나 언게이러블(ungeilavle)이라는 황당한 칭글리스를 탄생시키기도 했다. 굳이 해석을 하면 멋지다와 엉망이다 정도로 해석할 수 있다. 비슷한 칭글리시로는 웃으면서도 말을 하지 않는다는 의미를 가진 스마일런스(smilence)를 들 수 있다. 한국의 베이글녀(얼굴은 베이비처럼 생겼으나 몸은 글래머인 여자)와 조어 방식이 거의 똑 같다.

이 밖에도 SNS을 통해 퍼지는 신조어나 유행어로는 "너 병 있구나!

그래도 너는 약이 있구나!", "아무리 훌륭한 집이 있더라도 좋은 마누라가 있는 것보다는 못하다." 등이 있다. 가짜가 횡행하는 현실을 비꼬는 "신마(神馬 · 원래는 뛰어난 말을 의미하지만 여기에서는 무엇이라는 의미)는 모두 뜬구름 같구나!"라는 말이나 신분의 세습을 의미하는 얼다이(二代) 등도 SNS를 통해 자주 사용되는 유행어다.

특히 한국의 똥돼지(낙하산으로 들어온 유력자의 아들 딸)를 의미하는 관얼다이(官二代), 푸얼다이(富二代) 등은 젊은 세대들에게 좌절감을 심어주면서 급속도로 퍼지고 있다.

SNS의 열기나 이를 통해 생겨나는 신조어 및 유행어를 보면 중국이 지금보다는 오른쪽으로 이동할 것은 확실해 보인다. 중국 당국이 체제위기가 목전에 왔다는 현실을 피부로 느끼지 못하면 진짜 멍청하다고 해야 하지 않을까 싶다.

베이징 특파원 중국 문화를 말하다

9

중국인들의 독서시간은 점점 늘어난다
– 중국의 독서문화와 책사랑 정책

중국은 예로부터 도서출판 강대국이었다. 기원 후 2세기에 세계 최초로 종이를 제작해 보급했다. 당나라 때인 7세기에는 목판인쇄술이 발명돼 과거제도를 준비하는 수많은 유생들의 학문 보급과 세계제국이라고 불렸던 당나라의 발전에 지대한 영향을 미쳤다. 14세기에서 17세기에 이르는 명 왕조 동안에는 139종의 백과사전이 편찬됐을 정도였다

청나라 때는 인쇄술과 출판업이 융성했다. 분량만 75만 쪽에 이르는 백과전서인『고금도서집성(古今圖書集成)』등이 황제의 후원 아래 편찬되기도 했다. 또『홍루몽(紅樓夢)』이나『요재지이(聊齋志異)』처럼 오늘날까지 사랑받는 대중소설들이 민간에 널리 읽히기도 했다. 청나라 때 박지원(朴趾源)을 비롯한 실학파 지식인들이 베이징의 고서점이 밀집한 류리창에 어마어마하게 쌓인 도서들을 보고 탄성과 함께 조국의

현실이 안타까워 속으로 울음을 삼켰다는 일화는 사실인 듯하다.

허풍이 심하다고 생각하는 독자들은 베이징 류리창을 찾아가보면 알게 된다. 지금도 인사동의 통문관(通文館)과 같은 고서점과 현대 서점이 수를 헤아리기 어려울 정도로 많다. 판매하는 책의 종류는 수천만 권에 이른다.

근대에 들어와서는 중국공산당의 창건자이자 중국의 청년운동 및 문화운동을 이끌었던 천두슈(陳獨秀)의 백화(白話) 운동, 중화인민공화국 성립 이후에는 마오쩌둥의 간체화 운동 및 문맹퇴치 운동이 전 중국인들의 독서 문화 보급에 중요한 영향을 끼쳤다. 그 결과 중화인민공화국이 성립된 1949년 당시 80%였던 15세 이상 인구 중 문맹 비율은 1982년에는 23%까지 떨어졌다.

독서문화의 위기와 중국 정부의 강력한 독서 진흥책

그러나 2000년을 전후해 중국의 독서문화는 위기를 맞이하게 된다. 통계에 따르면 2000년에는 글을 아는 사람 중 60% 가량이 책을 읽었으나 이 비율은 서서히 떨어져 2007년에는 40%대까지 하락했다. 이후 2008년부터 2년 동안은 약간 올라 50% 가까이로 회복했으나 2010년에는 다시 떨어졌다.

2012년 말을 기준으로 중국인들의 하루 평균 독서 시간은 고작 14분 32초로 인터넷 이용 시간인 30분의 절반에도 미치지 못했다. 1인당 연평균 독서량 역시 5권으로 한국의 16.6권이나 프랑스의 20권에 미치지 못했다. 일본의 40권, 이스라엘의 64권과는 비교조차 할 수 없었다. 과연 중국이 문화대국인지, 세계 최대 출판 대국이 맞는지 한심할 정도였다.

중국 정부도 이런 현실에 큰 위기의식을 느끼고 있었다. 문화강국을 자부하던 중국이 이렇게 책을 읽지 않는 나라라니. 이웃나라 한국과 일본을 보더라도 자존심 구겨지는 일이 아닐 수 없었다.

급기야 중국은 2015년부터 본격적으로 국민들의 독서 문화를 진흥시키기 위한 행동을 시작했다. 이해 10월 말에 열린 당 제18기 중앙위원회 제5차 총회에서 2016년부터 2020년까지를 전국민 독서 13차 5개년 발전 계획 기간으로 설정하고 "모든 국민들이 독서를 통해 교양과 사회문명을 현저히 발달하도록 하는 것"을 해당 시기의 중요한 과제로 선정했던 것이다. 이 정책은 구체적으로 3000개의 서점, 500개의 독서커뮤니티, 200개의 책마을 및 책거리, 1000개의 기업, 500개의 기관을 설립하는 것을 기본 목표로 잡았다. 이를 달성하기 위해 좋은 작품의 경우 정부 차원에서 국립 출판 기금 등을 통해 적극적인 지원을 아끼지 않을 것임도 선언했다. 특히 디지털 독서 수단의 적극적인 활용을 장려했다. 도시의 이주 노동자, 국경지역에 거주하는 사람들처럼 독서 환경이 좋지 않은 사람들에게는 핸드폰 등의 전자기기를 통한 디지털 독서 방식을 보급해 국가가 권장하는 다양한 종류의 우수한 서적, 신문, 정기 간행물을 제공받도록 한 것이 대표적이다. 이에 따라 2025년이 되면 8000만 명 정도가 혜택을 받을 것으로 예상되고 있다. 전국에 책 향기가 넘쳐나는, 이른바 서향사회(書香社會)의 성립을 공식적 이념으로 선언한 것이다.

2017년 4월에는 '독서 진흥을 위한 국가위원회'를 설립했다. 이어 2018년 1월 1일에 '중화인민공화국의 공공 도서관법'을 공식적으로 입법하는 등 구체적인 정책도 시행해 나갔다

정책이 발표됐을 당시 정부의 독서진흥정은 국민이 읽어야 될 책과

베이징 중관춘의 대형서점인 산지서국. 중국인의 독서 시장은 점점더 커지고 있다

읽지 말아야 할 책을 강제로 규정하고 자유를 억압하는 것이 아니냐면서 비판적인 시각을 제기하는 시민들도 있었다. 그러나 국가신문출판방송총국 우샹즈(吳尙之) 부국장은 한 다큐멘터리 방송 인터뷰에서 해당 입법의 주요 목적이 수도를 비롯한 지방 정부 차원에서 국민에게 독서 시설과 조건을 제공하는 것에 있다고 잘라 말했다.

이 독서진흥정책은 거미줄처럼 뻗어진 당의 탄탄한 조직망을 바탕으로 행정구역 단위로 시행돼 나갔다. 신흥 부촌으로 떠오른 광둥성의 선전(深圳)에서는 자체적으로 독서의 달이 지정됐다. 시 중심의 요지에 쇼핑몰이 아닌 대형 서점이 입점되기도 했다. 이 노력의 결과 2018년을 기준으로 선전 시내 공공도서관의 수는 무려 650개에 달하게 됐다. 도서관 방문자 수와 대출도서 수도 꾸준히 증가하고 있다. 독서를 위한 환경이 조성되자 시민들도 다시 책을 집어 들기 시작한 것이다.

베이징 특파원 중국 문화를 말하다

중국 독서 문화의 현재와 미래

최근 중국 출판 시장이나 독서 문화를 보면 점차 중국은 예전 도서 출판 강대국의 위치를 되찾아가는 것 같다. 실제로 2019년을 기준으로 세계 출판 판매량 및 시장 규모에서 중국은 미국 다음으로 2위를 차지했다. 국민들의 독서량 역시 개선됐다. 한 조사기관의 연구 결과에 따르면 중국인의 일주일 평균 독서 시간은 8시간이라고 한다. 이는 같은 아시아권인 일본의 4시간 6분이나 한국의 3시간 6분과 비교해 봐도 월등히 많은 수치라고 할 수 있다.

독서량은 아무래도 국민 소득이 올라가는 현실과 관계가 밀접하다. 실제로 2019년 중국의 1인당 국내총생산은 1만 달러를 돌파해 한국의 3분의 1 수준에 도달했다. 4년제 대학 졸업자 평균 급여도 5909위안(100만 원)으로 전년보다 10.2% 높아졌다. 여기에 인터넷 서점의 증가로 저렴한 값에 책을 살 수 있는 덕에 소비자들의 온라인 구매 비율도 늘어났다. 2017년에는 최초로 온라인 서점 판매 규모가 오프라인 서점 판매 규모를 추월하기도 했다. 코로나19가 창궐한 2020년 이후부터 이 경향은 더욱 가속화될 것으로 보인다.

그렇다고 오프라인 서점이 타격을 받은 것도 아니다. 베이징 첸먼 부근에 가 보면 대로변에 페이지원(Page one)이라는 이름의 거대한 서점이 자리 잡고 있다. 한국으로 치면 교보문고와 같은 대형서점이나 규모가 훨씬 크고 분위기도 도서관처럼 조용하다. 인테리어도 현대적이고 세련돼 있다. 3층 예술 서적 코너로 올라가면 커다란 유리창 너머로 베이징의 옛 관문인 정양문(正陽門)이 웅장하게 자리하고 있다. 카페가 작게 마련돼 있으나 이 공간을 중심으로 북 토크나 사인회 등 다양한 행사가 자주 진행된다. 책과 관련된 부속 상품들도 주제에 맞취 다채롭게 진열돼 있다. 책을 사랑하고 독서를 향유하는 시민들에게 이런 공간은 천국과 같다.

기존의 서점은 규모가 아무리 커도 본질은 책의 판매에 있었다. 그러나 오늘날 중국의 대형 서점은 규모가 크다고 해서 책을 판매하는 공간으로만 기능하지 않고 독자들의 라이프스타일을 직접 기획해 주는 공간으로 기능하게 됐다. 이는 한때 붐이 일었던 일본 츠타야 서점이 내세웠던 경영 가치관 및 큐레이팅 방식과 일맥상통하는 면이 있다. 페이지원 중국 총경리 리우구이(劉貴)는 최근 한 매체와의 인터뷰에서 고객이 서점에 대해 무엇을 기억하기를 원하는가 묻는 질문에 이렇게 대답했다.

"고객이 우리 서점에 들어서면 다음과 같은 세 가지 측면에서 차이점을 경험할 수 있기를 바란다. 첫 번째는 책 구매를 위한 외관, 디자인 그리고 구매 환경이다. 두 번째는 다른 서점에는 없는 책을 고를 수 있다는 차별성, 세 번째는 서비스이다. 나는 페이지원이 함축해서 담고 있는 이런 가치들을 고객들이 몸소 느낄 수 있으면 한다. '아, 이 서점은 정말 괜찮은 서점이구나.'라고. 서점은 진정으로 책의 향기를 느낄 수 있도록 해야 한다. 독자들이 서점에 들어와서 책을 사고 싶은 충동이 일 수 있게 말이다. 처음엔 책을 사려고 하지 않았던 사람들도 이 공간에 오면 갑자기 책을 사고 싶어 한다."

베이징에는 이같은 기획 중심의 테마 오프라인 서점들이 성업 중에 있다. 중국 최초로 24시간 서점 시스템을 도입한 싼롄수뎬(三聯書店), 작지만 깔끔한 배치로 알아주는 중신수뎬(中信書店), 오래된 골목 사이에 자리 잡고 예술과 관련된 책을 파는 머우판수쥐(模範書局), 칭화대와 베이징대 사이에 자리한 채 인문사회 서적을 중심으로 파는 완성수위

베이징 특파원 중국 문화를 말하다

안(萬聖書園) 등을 꼽을 수 있다. 서점 고유의 테마나 독특한 분위기는 끊임없이 사람들이 서점에 와서 책을 찾도록 만드는 유인책으로 작동하고 있다.

최근에는 모바일 독서 시장도 꾸준히 성장하고 있다. 90년대 이후에 태어난 세대는 스마트폰의 독서 어플리케이션을 사용해 책을 읽고 있고 많은 모바일 독서 어플리케이션 기업이 전속 작가를 두고 콘텐츠를 내고 있다. 좋은 작품은 판권이 팔려 드라마나 영화로 제작되는 등 기대되는 경제적 부가효과도 크다. 아마존 킨들 같은 전자책 전문 기기도 아마존 중국과 연계돼 판매량이 늘어나고 있다. 뿐만 아니라 최근에는 히말라야FM 같은 스마트폰 라디오 어플리케이션을 통한 오디오북도 책을 읽는 하나의 방법으로 자리 잡았다. 저작권 보호 정책도 이에 맞게 강화되고 있다. 사람들도 이제는 당당하게 제 돈을 주고 해당 콘텐츠를 구매하고 있는 것이다.

중국은 오래전부터 독서를 중요하게 생각해 왔다. 그 문화 역시 책과 글을 중심으로 전승됐다. 오늘날 중국인들의 독서 문화는 기술 발전과 시대의 변화에 따라 점차 다양해지고 있다. 그러나 책을 사랑하는 중국인의 본질만큼은 변화되지 않을 것으로 보인다.

10

문화 주류는 신세대
– 바링허우, 주링허우 현상, 90년대생이 몰려온다

어느 나라든 그 나라의 주류 문화는 활력과 패기, 분노할 줄 알고 창의성이 넘치는 청년들이 건전하게 주도하는 것이 좋다. 그렇게 된다면 그 나라는 긍정적인 발전을 통해 주변 국가들에 강한 면모를 보여줄 수 있다. 미국도 지난 세기 1960년대에 유행한 히피 문화가 지금의 미국을 존재하게 만든 저력이었다. 유럽의 6·8학생 운동도 같은 맥락의 문화라고 봐도 틀리지 않다. 한국도 70년대 통기타 문화, 그에 뒤이은 386 문화가 지금의 민주화된 현실에 긍정적인 역할을 했다. 실제로 히피 문화를 통해서는 밥 딜런을 비롯해 비틀스 등이 전설적인 문화 아이콘으로 떠올랐고 6·8학생운동의 지도자들 중 상당수는 지금 지구촌을 쥐락펴락하는 세계적 지도자들이 돼 있다.

중국이라고 예외는 아니다. 1919년 발생한 5·4 운동을 통해 천두슈(陳獨秀), 리다자오(李大釗), 후스(胡適) 등이 지도하던 청년 학생들이 문화운동을 주도 했고, 이를 통해 마오쩌둥, 저우언라이, 덩샤오핑 등도 역사의 전면에 등장할 수 있었다. 그로부터 1세기 가까이 지난 지금 중국에는 또 다른 청년 문화가 발흥하고 있다. 다름 아닌 1980년대 이후에 태어난 샤오황디, 다시 말해 바링허우(八零後), 주링허우(九零後) 세대들이 주도하는 청년 문화다. 단적으로 이들은 이념이나 인권에 대해서는 큰 관심을 두지 않는 편이다. 1989년 발발한 톈안먼 사태와 같은 정치와 관련한 것들은 거의 입에 올리지 않는다. 대신 극단적인 애국심과 중국인으로서의 자존심을 대단히 강하게 드러낸다. 집단주의적인 성향도 보인다. 2008년 4월 한국에서 진행된 베이징 올림픽 성화 봉송 행사 당시 중국 유학생들이 소동을 부린 것이 단적인 행동이다. 좋게 말하면 민족주의적이고 나쁘게 말하면 국수주의적이다. 2019년 전 세계의 주목을 모았던 홍콩 사태가 발발했을 때도 정작 이들 바링허우, 주링허우들은 냉소적인 반응을 보인 것에는 다 그런 이유가 있었다.

바링허우 세대들 디지털기기로 청년문화 주도

이들은 또 100% 디지털화돼 있는 것을 특징으로 한다. 특히 인터넷 전파력을 활용할 줄 안다는 측면에서는 중국 최초 세대라고 할 수 있다. 프랑스 유통업체인 까르푸가 티베트를 지지하기 위해 베이징 올림픽 보이콧을 천명했을 때로 거슬러 올라갈 필요가 있을 것 같다. 이때 이들은 티베트의 인권에 대해서는 돌아볼 생각조차 하지 않았다. 대신 까르푸 112개 매장에 대한 불매 운동을 적극적으로 전개했다. 끝내 프랑스 정부의 항복을 받아냈다. 베이징 대학가인 중관춘이나 상하이 한단루(邯鄲路)의 푸단(復旦) 대학 주변 등을 둘러보면 현실은 더 잘 알 수 있다. 마치 사이보그처럼 온 몸을 각종 디지털 기기로 휘감은 학생 차림의 주링허우 세대의 청년들을 보는 것은 거의 일상이라고 해야 한다.

이 세대는 왕성한 소비 집단으로 시장경제의 한 축을 이루고 있다. 예컨대 예광뉘선(月光女神)이라는 유행어는 자신의 소득을 오직 자신만을 위해 몽땅 써버리는 젊은 바링허우, 주링허우 여성의 소비행태를 일컫는 말이다. 전국 곳곳의 번화가나 유명 백화점 등을 잠시만 둘러봐도 고개가 저절로 끄덕여진다. 대표적으로 한국의 이태원과 명동을 합쳐놓았다고 봐도 좋을 만한 베이징 싼리툰(三里屯) 거리의 풍경을 꼽을 수 있다. 젊은 남녀들이 웬만한 외국인들보다 더 많은 돈을 쓰면서 쇼핑하는 모습을 1년 365일 언제나 볼 수 있다.

주링허우 세대는 천방지축, 자유분방이 특징

기자와 같은 기성세대들이 볼 때 바링허우, 주링허우 세대는 뒤로 자빠질 만큼 자유분방하다. 길거리에서 과도한 애정 표현을 하는 것은 애깃거리도 안 되고 차마 글로 표현하기 힘든 행동을 하는 경우도 숱하게 많다. 중국인들 거의 절반이 본다는 춘제 특집 프로그램인 2020년 1월의 춘완(春晚) 공연에서 사회자 퉁리야(佟麗婭)와 치웨이(戚薇)가 속옷이 훤히 비치는 이른바 시스루룩(See through Look) 의상을 입고 등장한 것도 중국에서는 별로 놀랄 일도 아니다.

천방지축이라는 말이 딱 어울리는 이들의 자유분방한 사고나 튀는 행동은 문단에서도 잘 드러난다. 청년세대를 대표하는 쌍벽의 명사로 손꼽히는 한한(韓寒)과 귀징밍(郭敬明)을 비롯해 우훙페이(吳虹飛), 장웨란(張悅然), 펑칭양(風輕揚), 쉬펑(徐鵬), 린싱(林星), 덩안둥(鄧安東), 난옌(南岩) 등이 대표적 인물이다.

특히 2020년에도 여전히 30대 후반에 불과할 바링허우 세대가 배출한 당대 최고 영웅으로 불리고 있다. 상하이 출신인 그는 공교육에 실망해 고등학교를 일찌감치 중퇴한 다음 현재 귀징밍에 필적할 만한 소설가 및 카레이서로 활동하고 있다. 그는 위챗과 블로그를 통해 사회의 부조리에 대해 촌철살인의 비판과 풍자의 펀치를 가차 없이 날리고 있다. 따라서 또래의 많은 바링허우들과 후배들인 주링허우들이 그를 교주처럼 추종하는 것은 그다지 이상한 일이 아니다. 블로그 방문자 수가 5억 명에 이른다거나 2010년 7월 『타임』이 그를 '영향력 있는 세계 100대 인물'로 선정한 것은 나름의 이유가 있었던 것이다.

재계 바링허우들의 자유분방한 문화는 문단의 반항아들보다 몇 술 더 뜬다. 아무래도 돈을 물 쓰듯 쓸 수 있을 만큼 가지고 있기 때문이다. 특히 결혼식이 열리는 예식장 주변은 이들의 행태가 자주 드러나는 현장이다. 결혼식이 끝나자마자 신랑, 신부와 하객들이 최대 100여 대의 벤츠나 BMW, 아우디 등 고급 차량을 탄 채 마치 자동차 시위를 하듯 수 백미터를 질주하는 모습은 이제 해외 토픽에서만 보는 광경이 아니다.

대표적인 인물들을 꼽을 수 있다. 아버지의 부동산 사업을 물려받은 비구이위안(碧桂園) 그룹의 양후이옌(楊惠姸·여)을 비롯해 신시왕 (新希望) 그룹 류창(劉暢·여), 차오장난(俏江南) 그룹 왕샤오페이(汪小菲), 리판(力帆) 그룹 인쉬웨이(尹索薇·여), 쥐런(巨人) 네트워크 그룹 스징(史靜) 등의 이름을 거론할 수 있다. 모두 30세 전후의 푸얼다이들로 자수성가한 이들이 많지 않은 것이 특징이다. 자수성가형을 굳이 꼽아보면 IT 업체로 유명한 파오파오(泡泡)의 창업자인 1981년생 리샹(李想) 등 겨우 몇 명에 불과하다.

이들 바링허우 푸얼다이의 문화가 천박하기만 한 것은 아니다. 이를 테면 30대 중반의 청년 재벌인 쑨밍난(孫明楠) 펑성(鵬生) 그룹 회장의 행보를 살펴보면 알 수 있다. 2011년 초 아무 조건 없이 5000만 위안(85억 원)을 공익사업에 써달라고 랴오닝성 다롄(大連) 정부에 쾌척하기도 했다. 코로나 바이러스가 창궐한 2020년 상반기에도 상당액의 기부금을 낸 것으로 알려지고 있다.

놀라운 것은 학계에도 이런 바링허우 세대가 존재한다는 사실이다. 주목해야 할 인물이 문학평론계의 신성으로 꼽히는 한한(韓寒)이다. 85년생으로 20대 중반이 채 되기 전에 쓴 『중국당대문학 발전30년』이라는 저서를 대만에서 출판해 호평을 받았다. 우한(武漢)대학 박사과정 학생이기도 한 그는 1949년 이후 누구도 손대지 않은 이른바 양안(兩岸)의 문학사 공백을 처음으로 메웠다는 평가를 받는다. 정확히 1980년에 출생한 란장(藍江)은 이력이 더욱 화려하다. 탁월한 박사학위 논문을 쓴 공적을 인정받아 교수로 임용된 지 얼마 안 돼 우한이공대학 정치학연구소의 최연소 교수 겸 문법(文法 · 문학과 법학) 대학원의 부원장보를 맡고 있다. 81년생인 장훙웨이(張鴻巍)는 독일에서는 불가능한 것으로 통하는 20대 중반의 나이에 베를린대학 법학박사를 취득한 후 광시(廣西)대학 법학과 교수 겸 부주임으로 활동하고 있다.

중국 사회의 주류 바랑허우, 주링허우 세대

정계에서는 1980년생인 저우썬펑(周森鋒)이 대표적이다. 명문 칭화대학 출신으로 공학석사 학위를 가지고 있는 그는 일찌감치 정계에 투신해 2009년 6월 허베이성 이청(宜城)시 시장에 올랐다. 30대 후반인 현재는 중앙 부처의 국장급에 해당하는 후베이성 국가공원관리국

서기로 일하고 있다. 중국 정계의 대표적 젊은 피로 손꼽히는 것은 당연할 수밖에 없다. 또 이보다 1년 전인 2008년에는 역시 1980년생인 장후이(張輝)가 28세의 나이로 중앙부처의 국장급인 산둥성 공청단 부서기에 발탁돼 전국을 떠들썩하게 했다. 10여 년이 지난 2020년 상반기 현재는 산둥성 지닝(濟寧)시 정법위원회 서기로 일하고 있다. 현재 이들처럼 한국의 기초자치단체장급 이상 직위에서 맹활약하는 될성부른 떡잎인 정계의 바링허우 세대는 전국적으로 100명이 넘는다. 주링허우 세대도 머지않아 두각을 나타낼 수 있을 것으로 보인다.

바링허우, 주링허우 세대는 미국의 Y세대나 한국의 88만원 세대와 큰 차이가 없다. 개인적이고 개방적인데다 상당히 감성적이다. 여기에다 소비와 유행에도 민감해 기업들의 주 공략 대상이 되고 있다. 중국에 진출한 한국 기업들도 최근에는 이런 현상에 주목하고 바링허우, 주링허우 마케팅을 전개하고 있다. 이들 세대가 창의적이고 도전적이면서도 자아의식이 확실한 장점을 살리면 미래 중국 경제의 중요한 동력이 될 수 있지 않을까 싶다.

무책임하고 이기적인 세대라는 비판도

그러나 반드시 긍정적인 측면만 있는 것도 아니다. 나약한데다 이기적이면서도 반항적이고 다소 데카당스한 향락에 젖은 듯한 이들을 보면서 중국의 미래를 걱정하는 목소리도 나오고 있다. 일부는 이들을 일컬어 '가장 무책임한 세대', '우매한 세대', '가장 이기적인 세대'라는 비난을 퍼붓기도 한다. 실제 바링허우, 주링허우 세대들 중에는 걸핏하면 자살하고, 게임만 하다가 이혼하는 가정이 속출하기도 한다.

이에 대해 런민대학 정치학과의 팡창핑(方長平) 교수는 "이들에게도 고민은 있다. 취업 전쟁을 벌여야 하고 가정을 꾸리기 위해 결혼과 집, 자동차의 노예가 될 수밖에 없다. 어떻게 보면 물질적 풍요를 누리고 있으나 부담하고 있는 의무를 보면 불쌍한 세대다."라면서 좀 더 따뜻한 시선으로 봐 달라고 주문했다.

10~20년 후 중국의 미래는 온전히 바링허우, 주링허우 세대의 손에 달려 있다. 중국 정부 당국이 이들이 주도하는 문화를 예의주시하면서 장점은 북돋우고 어려움은 해결해주려는 것도 바로 이 때문이라고 할 수 있다.

사치스런,
한없이 사치스런
졸부 문화

중국인들은 해가 바뀌면 폭죽을 터뜨리는 데 왜 그럴까?

중국에 거주하는 외국인들은 매년 말이면 스트레스를 엄청나게 받는다. 밤새도록 폭죽을 터뜨리는 중국인들 때문에 밤잠을 설쳐야 하기 때문이다. 매캐한 폭약 냄새를 맡으면 그 스트레스는 거의 참지 못할 지경이 된다.

폭죽 터뜨리기는 1500년 가까운 역사를 자랑한다. 당나라 초기에 재해 때문에 전국에서 질병이 들끓던 적이 있었다. 이때 누군가가 죽통에 초석을 넣어 불을 달아 터뜨렸다. 그 때문인지 역병이 뚝 그쳤다고 한다. 이후 중국 각지에서는 폭죽을 만들어 터뜨렸다. 특히 음력설로 불리는 춘제 때에는 더욱 다양하고 즐겁게 쇠기 위해 수많은 폭죽이 개발되기도 했다.

지금도 중국에서는 개업식이나 집들이에 폭죽을 터뜨려 사업의 번창과 무사, 안녕을 기원한다. 장례식에도 간혹 폭죽을 터뜨리는 데 이때는 귀신과 사악한 액을 쫓는 의미를 지닌다.

사치에는 브레이크가 없다
– 한국인에게는 넘사벽인 졸부들의 24시

중국인들은 돈을 모으는 데에만 죽어라 집착하지 않는다. 통 크게 쓸 줄도 안다. 마치 모아놓은 돈을 죽기 전에 다 쓰기로 작정한 것처럼 쓰는 사람도 많다. 양식 있는 중국인들 사이에서 "중국 졸부들의 사치에는 브레이크가 없다."라는 개탄의 말이 흘러나올 정도다.

베이징 창안제(長安街)에 있는 창안클럽은 중국에서도 내로라하는 고급 사교센터로 유명하다. 먹고 마시는 것이 다 최고급이다. 많아야 고작 연봉 10만~15만 위안(1700만~2550만 원)을 받는 샐러리맨들로서는 클럽을 한 번 쳐다보는 것도 버거울 수 있다. 게다가 회원제인 탓에 아무나 들어갈 수도 없다. 그러나 이곳이 북적대는 것은 이 클럽 때문이 아니다. 1층에 포르쉐 상설 매장이 있기 때문이다.

2019년 4월 초 어느 날 이곳에서는 우아한 옷차림의 귀티 나는 젊은 연인 한 쌍이 유독 주변 사람들의 눈을 확 잡아끌고 있었다. 기자의 시

선도 이들에게 꽂혔다. 키가 늘씬하고 첫눈에 봐도 미인인 여자가 애인 아니면 남편인 듯한 남자에게 말했다.

"저 차 참 예쁘고 멋있네. 한 번 타 보고 싶네."

여자가 지목한 차는 명품 자동차 중에서도 비싸기로 유명한 포르쉐 911이었다. 무려 330만 위안(5억6100만 원)이라는 가격표가 붙어 있었다. 웬만한 아파트 한 채 값으로 벤츠도 울고 가는 가격대였다. 그러나 남자는 눈썹 하나 까딱하지 않고 카운터 쪽으로 천천히 걸어가더니 보란 듯이 결제했다. 얼굴에는 마치 꽤 괜찮은 자전거 한 대 샀다는 자신만만한 표정이 나타나고 있었다. 여자가 애교를 부리면서 고맙다는 말을 연신 건네자 남자가 그게 무슨 대수냐는 듯 말했다.

"저 정도 가지고 뭘 그래. 자가용 제트 비행기를 사달라고 하면 모를까. 나중에 마음에 안 들면 다른 차로 바로 바꿔줄게. 언제든지 얘기만 하라고."

중국 부자들의 돈 쓰는 소비행태, 상상을 초월해

두 연인은 계약을 마치자마자 주변의 시선은 아랑곳하지 않고 타고 온 벤츠 S600에 올라 유유히 인근 왕푸징 쪽으로 사라졌다. 기자는 젊은이의 통 큰 쇼핑에 완전히 놀라고 말았다. 그러는 와중에도 남자가 베이징 외곽인 순이 별장 개발로 떼돈을 번 어느 부동산 거부의 아들이라는 주변의 수군대는 소리가 들렸다.

중국 부자들의 돈 쓰는 스케일은 상상을 초월한다. 속된 말로 집안에 돈을 못 써서 죽은 귀신이라도 있는 것처럼 돈을 뿌려댄다. 이 중국 졸부들은 하나같이 명품 소비족이다. 전 세계 명품시장 고객의 30% 가까이를 차지하는 귀하신 몸들이다. 이런 분위기에 편승해 나도 쓸

중국 졸부들은 하나같이 명품 소비족이다. 전 세계 명품시장의 27.5%를 차지한다

만큼의 돈은 있다는 의미의 부차첸(不差錢) 이라는 말이 일반인 사이에서 유행하고 있다.

이런 통 큰 소비는 한때의 반짝 유행으로 그칠 것 같지 않다. 우선 시장의 냄새를 잘 맡기로 유명한 명품업체 버버리의 행보가 예사롭지 않다. 전국 100여 개 도시의 300여 개 대리점을 모두 직영 체제로 전환해 중국 시장에 올인하고 있다. 중국 측 파트너인 궈항(國行)이 가지고 있던 프랜차이즈 권리도 1억765만 달러에 사들였다. 매장도 200개 이상 더 오픈한다는 야심찬 계획도 세워놓고 있다. 마이바흐나 팬텀 같은 자동차나 자가용 비행기 회사들도 중국시장에 목을 매달고 있다. 판매 실적도 놀랍다. 돈 많기로 유명한 저장성 원저우(溫州) 사업가들 사이에 자가용 비행기 사재기 경쟁이 붙은 것이다. 덕분에 외국 회사뿐 아니라 진루(金鹿) 같은 토종 자가용 비행기 회사들까지 표정 관리를 하고 있다. 저장성 안에서만 1년에 대략 1000대의 자가용 비행기가 팔린다는 것이 정설이다.

자가용 비행기 못지않게 졸부들의 로망인 요트도 불티나게 팔리고 있다. 최근에는 상하이에서 열린 '국제 요트 전시회' 행사장에서 무려 3억 위안(510억 원)대 매출이 발생했다고 한다. 언론에 따르면 고객들은 전국 곳곳에서 몰려든 것으로 파악됐다. 부동산 개발 붐 등으로 벼락부자들이 전국적으로 탄생하고 있다는 얘기가 될 수 있다. 썩어도 준치라고 전통적으로 부유층이 많은 광둥성 선전의 부자들이 이 부문에서는 선두를 달리지 않을까 싶다. 3만여 명 전후의 부자들이 개인 요트를 보유하고 있는 것으로 추산되고 있다. 잠재 고객까지 합치면 조만간 선전에 적을 둔 5만여 대 요트들이 홍콩이나 상하이 일대 앞바다를 뒤덮을 가능성이 높다.

중국 부자들이 얼마나 사치를 즐기는지는 세계명품협회의 통계만 봐도 바로 파악할 수 있다. 2017년과 2018년에 각각 980억 달러와 1130억 달러를 오로지 명품 소비를 위해 쓴 것으로 나타났다. 이 수치는 2025년에는 1800억 달러에 이를 것으로 추산되고 있다. 이 경우 중국은 세계 명품 시장의 40%를 차지하게 된다. 명품 소비 대국인 일본을 추월하는 것은 이제 시간문제라고 봐야 한다. 실제 세계명품협회도 2021년에는 중국이 1300억 달러 시장이 돼 1위에 등극할 것이라고 점치고 있다.

자가용 비행기, 요트, 수입명차 경쟁하듯 구매

벤츠, 아우디, BMW 등 명차들의 판매는 매년 전년 대비 100% 가까이씩 늘고 있다. 연간 판매량도 2020년에는 최소 250만대, 최대 30만대가 팔릴 것으로 예상된다. 최근에는 미중 무역전쟁의 발발로 상황이 조금 달라졌으나 이전까지만 해도 현대·기아차를 비롯한 세계적 자동차 회사들이 중국 각지에 공장 건설을 추진하거나 확장하려 했던 것은 이런 분위기 때문이었다.

　졸부들은 해외 토픽에서나 볼 만한 기행을 일삼기도 한다. 대표적으로 결혼식에 최고급 원난성 장미 9만9999송이를 비행기로 공수했다거나 독일 명차인 BMW 22대를 한꺼번에 구입한 기행들이 꼽히지 않을까 싶다. 더 황당한 것은 이런 기행을 일삼다가 완전히 쫄딱 망한 경우도 있다는 사실이다. 화제의 주인공은 수년 전 람보르기니를 비롯한 온갖 초호화 명차를 동원해 5000만 위안(85억 원)짜리 결혼식을 올린 장쑤성 우시(無錫)의 보석 회사 오너 2세인 스인인(施寅寅)이었다. 그는 그러나 결혼 1년도 안 돼 파산한 후 이혼까지 했다. 파산 이유는 엄청나게 큰 도박판을 벌였기 때문이다. 스인인은 결혼 이후부터 종종 마카오의 카지노에 나타나 무려 15억 위안(2550억 원)을 잃었다. 그는 이로 인해 빈털터리로 전락했고 한때는 세상에 무서울 것이 없던 부모까지 잠적하게 만들었다. 중국의 남자 패리스 힐튼이라고 불리는 왕쓰총 역시 빼놓을 수 없다. 부동산 개발을 주로 하는 완다그룹 총수인 왕젠린의 외아들인 그는 엽기적인 사치 행각을 SNS에 자랑스럽게 공개하는 것으로 유명하다. 본인이 키우는 반려견에게 두 개의 애플워치와 무려 8대의 아이폰을 선물한 사실을 대표적으로 꼽을 수 있다. 여자 친구인 앵커 출신의 천원제(陳文婕)에게 슈퍼카인 마세라티를 비롯, 총 54만 파운드(약 8억 원)상당의 샤넬백 수십 개를 선물하면서 누리꾼들의 부러움과 비난을 동시에 산 것은 이상할 것도 없다. 이런 그에게 중국 사법 당국은 2019년 11월 '사치금지령'처분을 내렸다. 그가 1억5000만 위안(255억 원)의 채무를 갚지 않아 악성 채무자인 라오라이(老賴)가 됐기 때문이다. 이에 따라 이후 그는 비행기 일등석 탑승을 비롯해 고속철도 이용, 최고급호텔 숙박, 클럽 출입, 골프장 이용, 부동산 및 자동차 구입, 고급 오피스 임대 등을 할 수 없게 됐다.

"너 아직 자가용 비행기 안 샀니?" 유행어도

잠이 들지 않는 중국 부자들의 사치는 과거에는 없던 신조어나 유행어까지 만들어내고 있다.

"너 아직 자가용 비행기 안 샀니?"라는 유행어는 주로 원저우나 상하이, 선전에서 유행하고 있다. "대형 금고 속에 돈을 숨겨도 루이 비통 백 속에 넣어 보관한다."라는 말도 들린다. "요즘도 술 마시는 사람이 있나?"는 과거처럼 주색잡기보다는 쇼핑이나 고급 레저에 더 많은 시간을 보내는 현실을 반영한다. 엄청난 돈을 아무렇지 않게 펑펑 쓰는 족속이라는 뜻의 후이진쭈(揮金族)도 중국 부자들이 어느 정도 통 큰 소비를 하는지를 말해준다.

중국에는 최소 1억 위안(170억 원) 이상의 자산을 보유한 부유층만 30만 명에 이른다. 이들은 평균 나이 43세로 보통 2~3대의 자가용, 3~4개의 고급 손목시계 등을 기본적으로 가지고 있다. 또 보석 수집 등이 취미인 경우가 많다. 옷은 아르마니 양복을 선호한다.

현재 대륙에서 하루에 1달러 이하로 연명하는 중국인은 4500만 명이다. 또 대부분 농민인 6억~7억 명은 하루에 한두 푼이라도 아끼지 않으면 안 되는 빈곤층이다. 그럼에도 불구하고 한쪽에서는 하루 24시간이 부족한 듯 마구 돈을 뿌리고 있다. 한쪽에서는 배가 고파, 다른 한쪽에서는 돈 쓸 시간이 모자라 잠을 자지 못하면 그 사회는 분명 기형적이라고 볼 수 있다. 졸부들의 통 큰 소비는 그래서 째깍째깍 소리를 내면서 돌아가는 시한폭탄이라고 해도 과언이 아니다.

진시황도 부럽지 않다
- 원정 엽색 행각

중국 최초의 경제학 고전이라고 할 수 있는 『관자(管子)』에는 "의식(衣食)이 족해야 예절을 안다."라는 말이 있다. "곳간에서 인심 난다."거나 "사흘 굶어 도둑질 안 하는 사람 없다."는 한국 속담을 감안하면 전혀 근거가 없는 말은 아니다. 그러나 사람이 너무 의식주가 넘치면 남녀를 불문하고 거의 예외 없이 딴 생각을 한다. 버젓이 법적 배우자가 있는데도 이성에 대한 욕망이 커지는 것이다.

이걸 실행에 옮기면 한국에서는 외도, 중국에서는 훈와이렌(婚外戀), 독일에서는 자이테 슈프룽(Seite Sprung)이라고 한다.

중국의 부자들은 당연히 이런 욕망을 행동으로 옮긴다. 조금 양심이 있으면 지근거리에 눈에 넣어도 아프지 않을 연하의 애인 하나 정도에 그치지만, 광적으로 이성을 밝히면 대륙 곳곳에 애인을 두게 된다. 오죽 했으면 "첩 12명을 두지 않으면 진정한 부자가 아니다."라는 말까지 있겠는가. 실제로도 그렇다. 이 방면에 많은 정보를 가지고 있는 연예계의 유명 매니저인 쑹양위(宋良玉) 씨의 설명을 들어보자.

"돈을 흙처럼 써도 죽을 때까지 다 못 쓴다면 나도 이성 문제에서 자유분방하게 살고 싶다. 솔직히 100 여자 싫다는 남자 어디 있나. 여자도 마찬가지겠지만 말이다. 요즘 중국의 부자들은 이성 문제에 관한한 봉건 시대로 되돌아간 것 같다. 다다익선이라고 많은 이성을 애인으로 두고 있다. 후이진쭈나 푸얼다이라는 말을 들을 만큼 돈이 있는 이들은 저급한 유흥업소 종사자는 쳐다보지도 않는다. 자기 맘에 드는 모든 여성을 탐낸다. 사람만 좋으면 기혼자도 괜찮다고 생각한다.

벼락부자들, 수억 원 주고 최상급 연예인들과 하룻밤

그렇다면 이들 벼락부자들의 상대는 어떤 부류의 여자들일까? 일단 연예인이 기본이다. 돈에서 자유로운 만큼 가능하면 최정상급 연예인을 선호한다. 당사자들은 대부분 이런 소문을 부인하나 극히 드물게 NCND 긍정도 부인도 하지 않는다는 의미)의 의연한 덕목을 보여주는 경우도 있다.

홍콩의 스타 양궁루(楊恭如)가 대표적이다. 한때 상하이 최고 재벌로 유명했던 저우정이(周正毅)와 돈과 몸이 오가는 부적절한 관계라는 소문으로 유명세를 탔다. 지금도 몇 명의 중국 부호들과 어울린다는 얘기가 무성하다.

대만 출신으로 중국에서 활동하는 50대 중반의 샤오창(蕭薔)도 양궁루 뺨친다. 한때 대만 최고 미인이라는 소리를 들었던 명성이 60대를 바라보는 지금도 통하는지 잊힐 만하면 한 번씩 추문을 터뜨리고 있다. 최근 상하이 화이하이중루(淮海中路)에 현지 스폰서의 지원으로 최소 2000만 위안(34억 원)을 호가하는 최고급 별장을 구입했다는 보도가 나왔다.

홍콩의 유명 배우 량차오웨이(梁朝偉)의 부인으로 널리 알려진 류자링(劉嘉玲)은 데뷔 때부터 재벌 스폰서가 있었다는 것이 정설이다. 량차오웨이가 20년 이상 사귄 그녀와의 결합을 망설이다가 수년 전 뒤늦게 결혼식을 올린 것은 다 이유가 있었던 것이다.

대학생들은 양심만 조금 접어두면 졸부들이 탐내는 대상으로 더할 나위가 없다. 미래의 스타를 꿈꾸는 예술계학교 대학생들이라면 금상첨화다. 재주와 용모는 뛰어나나 돈이 필요하기에 부자를 찾게 된다고 보면 된다. 대학가 주변에는 부자들과 이런 학생들을 연결해주는 이른바 지터우(鷄頭), 즉 뚜쟁이들도 있다. 어떻게 보면 매부와 누이 모두 좋으면서도 지터우들에게는 좋은 사업 기회까지 제공한다고 할 수 있다.

얼마전 한 푸얼다이가 지린성 창춘(長春)에서 여대생 한 명을 폭행한 것은 이런 현실을 반영한다. 거래 과정에서 모종의 트러블이 있었을 가능성이 높다는 얘기다. 최근 광둥성의 여대생 중 60%가 가능하면 푸얼다이에게 시집을 가고 싶어한다는 여론 조사가 나온 것은 결코 괜한 일이 아니다. 양측 간에 종종 접촉이 있다는 사실을 은연중에 시사한다고 보면 된다.

하얼빈, 동남아, 한국 두루 여행하며 엽색행각

남자 졸부들은 헤이룽장성의 하얼빈(哈爾濱)을 엽색 행각을 벌이기에 가장 적합한 장소로 꼽는다. 하얼빈에는 러시아와 중국의 혼혈 여성이 많다. 게다가 하얼빈 여자들은 과거부터 키 크고 피부 좋기로 유명했다. 돈 많은 남자들이 이런 극락정토를 놓칠 까닭이 없다.

하얼빈 다음으로는 화교가 많아 중국어가 통하는 동남아가 중국 부자들의 최고 선호 대상 지역으로 꼽힌다. 싱가포르를 제외한 태국, 말레이시아, 인도네시아 등지에는 이런 고객들을 상대하는 뚜쟁이들이 엄청난 수입을 올리고 있다.

조금 오래 전 얘기지만 막장 드라마 못지않은 소설 같은 사례도 있다. 지금은 신진 세력들에 밀려 명함도 내밀지 못하는 상하이의 저우젠타오(周劍濤)는 조금 기이한 졸부로 유명했다. 그의 취미는 당시 한화로 5억 원 대를 호가하는 티베트의 짱아오(藏獒), 일본의 도사견 등 세계의 유명한 개 기르기였다고 한다. 이런 졸부가 이성에 눈을 돌리지 않을 까닭이 없었다. 실제로 그는 2003년 3월 인도에 몇 마리밖에 없는 투견인 파레아스가 있다는 소식을 듣고 그 투견을 구입하기 위해 비행기를 탔다가 엉뚱하게 아리다라는 미녀 영화배우와 조우했다. 그녀가 바로 자신이 점찍은 물건을 선점한 개 마니아였던 것이다.

"당신과 같은 미인은 이런 투견을 기르면 안 됩니다. 나에게 양보하세요."

아리다는 저우젠타오의 말에 즉각 반응했다.

"좋아요. 대신 저한테는 중국의 유명한 시스(西施) 개를 주세요. 단 최고 품질의 순종을 줘야 해요. 중국에 몇 마리 안 되는 것으로 해줘요."

"좋습니다. 제가 중국에 갔다가 최고 품질의 시스 개를 데리고 돌아오겠습니다."

이때까지만 해도 둘 사이에는 아무 일이 없었다. 그러나 아리다를 보는 순간 흑심을 품게 된 그는 개를 교환하는 과정에서 본색을 드러냈다. 돈 많은 프로답게 그녀를 농락한 것이다. 그러자 아리다가 그에게 매달렸다. 그가 이혼남이라는 사실을 알았으니 그럴 만도 했다. 그도 결혼을 전제 조건으로 그녀를 상하이로 데려가는 과감한 행보를 보였다. 하지만 그는 3년이나 결혼식을 차일피일 미루면서 그녀를 애태웠다. 그 외중에 다른 중국 여자와 재혼까지 했다. 완전 양다리 걸치기였다. 결국 그는 아리다와 부인 양측으로부터 동시에 고소를 당하고 말았다. 꼼짝 없이 아리다에게 500만 위안(8억5000만 원), 부인에게 300만 위안(5억1000만 원)을 배상할 수밖에 없었다. 그는 수중의 돈이 상당히 줄어든 지금도 외국을 떠돌면서 미인을 찾기 위해 사방으로 눈을 굴리고 있다고 한다.

더 놀라운 일은 이 졸부들이 한국에서도 이런 행각을 벌이고 있다는 사실이다. 국제결혼상담소 간판을 내건 불법 단체를 통해 연예인 지망생을 비롯한 젊은 여자들을 소개받는다고 한다. 얼마 전 부산 모처에서 이런 조직이 적발돼 처벌을 받은 적도 있다.

대학교 앞에 미모의 첩 구한다는 광고도

졸부들은 아리따운 여성을 얻기 위해 수단과 방법을 가리지 않는다. 최근 장쑤성 우시(無錫)의 장난(江南) 영화TV예술학교 앞에 "미모의 여성 급구. 1개월 월급은 1만 위안(170만 원), 정식으로 인정을 받으면 2만 위안(340만 원), 만 1년이 지나면 보너스 15만 위안(2700만 원)을 준다."는 내용의 광고가 나붙었다. 현지에서 적잖은 논란을 일으켰으나 정작 예술학교 재학생들은 줄을 서서 지원했다고 한다.

이런 상황에서 여성들의 새로운 인기 직종으로 얼나이(二奶·첩을 의미함)가 떠오르는 것도 이상할 게 없다. 얼나이가 되면 일을 하지 않아도 월 1만~2만 위안(170~340만 원)의 돈을 벌 수 있는 반면 좋은 회사에 취업해봤자 월급이 많아야 절반에도 미치지 못하므로 이런 유혹을 떨치기가 쉽지 않은 것이다.

과거 가난한 여성들은 어쩔 수 없는 상황에서 먹고살고자 첩이 됐다. 그에 비하면 요즘은 완전히 반대라고 해야 한다. 편하게 즐기기 위해 첩이 되려고 한다. 그래서 첩이 되고자 하는 이들은 화려한 외모에 학벌까지 좋은 경우가 대부분이다. 어렵게 취업해봤자 돈도 얼마 못벌 뿐 아니라 몸만 고생한다는 게 이들의 생각이 아닌가 싶다.

졸부가 되면 여자들이라고 가만히 있지 않는다. 특히 몸이 간지러워질 나이가 되면서 결혼생활에 권태를 느낄 만한 중년 여성들은 더욱 그렇다. 남자들보다 더 은밀한 방법으로 욕정을 풀고 있다. 헌팅 대상은 역시 얼굴이 널리 알려진 유명 연예인들이다. 이들을 여자 졸부들에게 소개하는 중개업자들은 야터우(鴨頭)로 불린다. 몸을 파는 젊은 남자들을 야쯔(鴨子·오리)라고 부르기 때문에 이런 은어가 생기는 것이다.

부유층 여자들은 자신들이 잠자리 상대로 동경하는 남자 연예인을 선정하는 조사에 적극적으로 응하기도 한다. 수년 전 이뤄진 이 조사에 따르면 1위는 대만 배우 롼징톈(阮經天)이 차지했다. 조각 같은 얼굴과 식스 팩 몸매, 종마(種馬)라는 별명이 말해주는 절륜의 체력 등이 크게 어필한 것으로 보인다. 2위는 2008년 초 '음란 사진 유출 사건'으로 홍콩 사회를 떠들썩하게 만든 것에서도 모자라 장바이즈(張柏芝)를 이혼의 위기로 몰아넣은 천관시(陳冠希)가 차지했다. 이국적인 마스크와 부드럽고 개방적인 성격이 어필했다. 류더화(劉德華)는 60대를 바라보는 나이가 무색하게 3위를 차지해 체면치레를 했다. 중국 본토 연예인으로는 후빙(胡兵)이 6위로 유일하게 선정돼 14억 인구의 체면을 살려줬다. 가수와 모델, 배우로 활동하는 만능 엔터테이너라는 사실이 부유층 여자들의 마음을 끈 것 같다.

경제가 발전하면 할수록 엽색 종결자가 되기 위해 노력할 졸부들은 더욱 늘어날 전망이다. 현대판 진시황제나 측천무후의 행진이 안 그래도 성적으로 문란한 중국 사회를 더욱 엉망으로 만들어 가고 있는 것 같다.

중국이 비좁다

- 오성홍기 휘날리며 해외 부동산 투자

중국인들의 돈 모으는 재주는 굳이 많은 설명이 필요하지 않다. 잔꾀를 부리든 통 크게 사업을 하든 한국인들은 게임이 안 된다. 화교들이 인도네시아, 태국, 싱가포르, 말레이시아 등 동남아 현지 상권을 완전히 장악한 채 국가 자체를 좌지우지하는 데는 다 이유가 있다.

이런 중국인들이 이제는 본토에서 직접 해외 상권 장악을 위한 출사표를 던지고 전 세계 모든 나라를 쥐고 흔들겠다는 의지를 다지고 있다. 지난 40여 년 동안 중국에서는 사업을 할 만큼 했으니 지금부터는 해외로 돈을 싸들고 나가 본격적으로 진검승부를 벌이겠다는 선전포고다. 특히 부동산 관련 투자에서 이런 행보는 두드러진다.

전 세계 각지에서 이어지는 졸부 중국인들의 투자 행태를 보면 잘 알 수 있다.

중국 졸부들의 투자 발걸음은 해외 부동산으로 향하고 있다. 독일의 고성도 그들의 먹잇감이다

　　최근 외신 보도들을 종합하면 영국 런던에서는 새로 지어 파는 주택 중 11% 이상을 중국인들이 사들인다고 한다. 금융 중심지인 케너리 워프 지역은 더하다. 새로 지은 주택 중 30% 이상을 중국인들이 곶감 빼먹듯 하나씩 수중에 넣고 있다. 중국인들이 어느 새 아편전쟁과 홍콩 할양이라는 치욕을 안겨준 영국의 부동산 시장을 좌지우지하는 큰손이 된 것이다. 이들이 부동산을 사들이는 방식도 특이하다. 대개 영국의 중·고교나 대학에 유학 중인 자녀들을 활용한다. 아무래도 현지 사정에 밝은 자녀들이 좋은 정보를 제공하기에 엉뚱한 실수를 하지 않을 수 있다. 자녀들 주거문제도 간단히 해결된다.

런던, 프랑스, 독일, 일본 등 세계의 부동산이 투자 대상
　　프랑스에서는 보르도의 포도밭이 중국인들의 집중 매입 대상이 된 지 오래다. 포도주 제조업과 연계하면 부동산과 주류 사업을 동시에 할 수 있다는 장점이 있다. 지금은 비록 프랑스 농민들의 견제로 통 크게 투자를 하지는 못하고 있으나 곧 집중 매입할 것으로 보인다.

중국인 거부들은 페스퉁으로 불리는 독일의 고성(古城)에도 눈독을 들이고 있다. 고성을 사기 위해서는 엄청난 돈이 필요할 것 같지만 그렇지 않다. 적당한 크기의 페스퉁은 베이징에서 꽤 괜찮은 아파트 한 채만 팔아도 구입할 수 있다. 아무리 비싸도 한화로 10억 원을 넘는 고성은 별로 많지 않기 때문이다.

이에 대해 독일 루르 지역인 에센에 사는 교포 나남철 씨는 "요즘 중국인들이 종종 근처의 페스퉁들을 사들인다는 소문을 들었다. 본토에서 온 한국인들이라면 모를까 한국 교포들은 꿈도 못 꿀 일이 벌어지고 있는 것이다. 확실히 중국인들이 돈이 많기는 많은 모양이다. 페스퉁을 개조해 호텔 사업을 한다고 한다."면서 중국인들의 배포에 혀를 내둘렀다.

중국 부자들이 인해전술로 오성홍기를 휘날리는 곳은 미국에도 많다. 미국에서 외국인들에게 팔리는 주택이나 고급 아파트 다섯 채중 한 채는 중국인이 구입한다. 대표적으로 도박의 도시인 네바다주 라스베이거스를 꼽을 수 있다. 글로벌 금융 위기 이후 일부 부동산 가격이 폭락한 틈을 타 중국 부자들의 자금이 물밀듯 들어가고 있다. 100달러짜리 주택, 1만달러 땡처리 빌딩까지 매물로 나온 바 있던 자동차의 도시 디트로이트는 아예 중국인들이 쓸 만한 물건들을 사서 주워 담고 있다고 한다.

미국 바로 인근의 캐나다 밴쿠버는 홍쿠버라는 이름을 들을 정도로 홍콩계와 중국계 자본이 많이 들어갔기에 중국인들이 부동산 시장을 완전히 쥐락펴락하고 있다. 주택 거래 중 50% 전후를 중국인들이 움직이는 것으로 추산되고 있다. 앞으로도 계속 중국 부자들의 자금이 들어갈 가능성이 높은 만큼 앞으로 밴쿠버는 홍쿠버를 지나 차이쿠버로 불릴지 모른다.

일본 부동산이라고 난공불락은 아니다. 예컨대 인구가 채 10만 명이 안 되는 소도시인 홋카이도(北海道) 지토세(千歲) 시를 사례로 들면 바로 알 수 있다. 얼마 전 휴양지로 유명한 이곳의 고급 주택 17채가 매물로 나왔다. 한 채에 30억 엔(300억 원)이나 하는 고층 빌딩 수준의 주택들이었다. 과연 팔릴 수 있을까 하는 우려가 있었으나 기우에 그쳤다. 모두 중국인 부자들이 싹쓸이 구입해버린 것이다.

중국 부자들의 발길은 비좁은 홋카이도에만 머물지 않는다. 남부의 후쿠오카(福岡)에도 이들이 몰려들어 불황으로 파산까지 걱정하던 일본 부동산 업체들의 벌어진 입을 다물지 못하게 하고 있다. 파산에 직면한 골프장 몇 개가 중국인들의 수중에 들어갔다는 소문도 파다하다.

중국인들은 왜 이렇게 해외 부동산 투자에 집착하는 것일까? 당연히 이유는 있다. 무엇보다 갈수록 커지는 중국 경기 둔화에 대한 불안으로 과감하게 해외 시장으로 눈을 돌리는 측면이 강하다. 시진핑의 중국 정부는 수년 전부터 국내 자산의 해외 유출 방지에 안간힘을 다하고 있다. 그러나 효과를 별로 보지 못하는 것으로 보인다. 그럴 수밖에 없다. 중국 중산층 사이에는 '중국 시장에 내 돈을 맡길 수 없다'는 불안 심리가 팽배하기 때문이다. 실제로 중국 정부는 2016년 반(反)부패방지법을 도입하는 등 중국 금융 자산의 해외 유출 통제에 나섰으나 이를 비웃기라도 하듯 중국의 해외 자산 투자액은 2018년 120억 달러에서 2019년 150억 달러로 증가했다. 2025년에는 500억 달러를 넘을 것으로 추산되고 있다.

중국인들이 한국에서 가장 좋아한다는 제주도에서도 중국 부자들의 돈이 부산 자갈치 시장에서처럼 통하고 있다. 상하이에서 비행기로 1시간 거리에 불과해 주로 저장성 부자들의 자금이 많이 유입되고 있다. 역시 한 채당 최소한 30억 원 정도를 호가하는 별장 구입이 대세다. 중국의 언론 보도에 따르면 2021년 말까지 3000~4000여 채 별장과 최고급 아파트가 중국인들의 손에 들어갈 것으로 예상된다. 제주도가 최근 들어 다소 휘청거리고 있기는 하지만 차이나타운 조성, 50만 달러 이상 투자 시 영주권 신청 자격 부여 등을 내걸고 있어 중국 부자들에게 상당히 매력적으로 다가가기에 충분히 가능할 것으로 보인다. 요즘 저장성 재계에서는 제주도에 투자단을 구성해 보내는 것이 유행이라고 한다. 이와 관련, 베이징의 부동산업자인 차이광하오(蔡光浩) 사장은 "내 주위에 돈 푼 깨나 만지는 지인들은 대부분 제주도에 집 한 채씩은 보유하고 있다. 가지고 있으면 돈이 된다는 사실을 알기에 별로 부담 없이 구입한다. 나도 두 채나 구매했다. 전국적인 현상이 되고 있는 것 같다."면서 상황을 전했다.

제주도에도 중국 투자가들 부동산 매입 열풍 이어져

중국 부자들이 이처럼 해외 부동산 싹쓸이에 나선 것은 무엇보다도 본토의 주택 임대 수익률이 2~3%에 불과한 사실과 큰 관련이 있다. 은행 이자보다 못한 임대 수익을 올리느니 차라리 해외로 눈을 돌리는 것이 낫다고 판단한 것이다. 실제로 중국인들이 투자한 일본 부동산의 임대 수익률은 10%대로 중국의 3~5배에 이른다.

여기에다 위안화 환율 상승과 중국과는 달리 전 세계 거의 모든 나라들이 겪고 있는 부동산 폭락 현상도 중국인들이 해외부동산에 뛰어드는 원인이다. 이 절호의 기회를 돈 냄새 잘 맡기로 따지자면 유대인 못지않은 중국부자들이 놓칠 까닭이 없는 것이다.

중국인들의 해외 부동산 투자 열풍은 부정부패 또는 기업들의 비자금과 관련 있는 의심스러운 돈을 빼돌리는 수단이기도 하다. 이는 부정부패에 물든 관료인 뤄관들이 해마다 대거 체포되는 현실을 상기하면 충분히 수긍이 간다.

부자들이 부동산을 구입할 때 반드시 지키는 원칙들이 있다. 우선 가능하면 학교 근처에 투자를 한다. 학교 주변 아파트나 주택은 아무리 경기가 나빠지더라도 가격이 떨어지지 않는다고 믿기 때문이다. 실제로 미국 뉴욕 롱아일랜드는 전국의 부동산 가격이 다 떨어졌어도 유일하게 떨어지지 않고 있다. 명문 학교들이 주변에 많고 교통이 좋은 곳도 선호한다. 별장이나 아파트, 빌딩을 막론하고 한 채를 산 다음 이를 담보로 대출을 받아 계속 집을 늘려가는 것도 이들의 투자방법이다. 종잣돈만 있으면 사업을 끝없이 펼칠 수 있다는 얘기인 셈이다. 역시 돈 굴리기 귀재인 중국인답다.

부자들이 부동산 사업에만 눈을 돌린다고 생각하면 오산이다. 대형 중국 음식 레스토랑, 명품 및 다이아몬드를 비롯한 보석 매장 경영도 활발하게 이뤄지고 있다. 남미와 아프리카까지 사업 지역도 광범위하다.

앞으로도 오성홍기를 휘날리는 중국인들의 해외 진출 바람은 더욱 기세등등할 수밖에 없을 것 같다. 마치 1980년대 중반 엔화 강세를 이용해 미국 록펠러 빌딩까지 사들이다가 거품의 파열로 잃어버린 20년을 자초한 일본의 투자자들처럼 말이다.

4

그들만의 리그
– 제왕학 특강까지 듣는다

중국의 부자들은 돈을 더 벌 수 있거나 신분 상승에 도움이 된다고 생각하면 어떤 행동도 서슴지 않는다. 예컨대 고액을 요구하는 전문가를 초빙해 가족 단위로 영어를 비롯한 외국어를 익힌다거나 개인 교습을 받는다. 엔터테인먼트 콘텐츠를 즐기는 스타일도 남다르다. 집에 대형 스크린을 설치해 영화나 공연을 즐긴다.

라이브로 즐기려면 가수나 배우를 초청해 같이 어울리는데 1시간에 최소한 10만 위안(1700만 원)도 통 크게 부담한다. 금액이 부담스러우면 주위의 또 다른 부자를 찾아 갹출한다. 이 행사에 몇 번 초청받아 봤다는 유명 가수 쑨신위(孫心玉) 씨의 말을 한 번 들어보자.

"신인 때는 그런 횡재를 했으면 하는 생각이 솔직하게 들었다. 1년에 몇 번 그런 모임에 참석을 하면 진짜 일반인은 평생 벌 돈을 벌 수 있으니까 말이다. 그러나 지금은 다르다. 나도 돈은 벌 만큼 번다. 그래서 나와 수준이 다른 사람들이 부르면 억만금을 준다고 해도 거절한다. 진짜 우아하고 교양 있고 천박하지 않은 자본가라면 좋은 자리에서 일반인들과 호흡을 같이하는 게 좋지 않을까?"

일반인 접근 못하는 최고급 클럽에서 자기들끼리만 어울려

남과 섞이는 것을 싫어하는 부자들은 자신들만의 리그도 만든다. 베이징 창안제에 자리 잡은 LG 쌍둥이 빌딩 4층에는 란(蘭)이라는 고급 레스토랑이 있다. 동관과 서관의 4층을 통째로 사용하는 초대형 음식점이다. 쌍둥이 빌딩 완공 직후인 2006년 문을 연 이곳은 천장에도 마치 루브르 박물관에서 고가에 임차라도 했음직한 명화가 걸려 있을 만큼 호화롭기 그지없다. 실내 장식에만 최소 3억 위안(510억 원)이 투자됐다. 당연히 이곳에는 아무나 출입을 하지 못한다. 음식 값이 엄청나기 때문이다. 그러나 돈 많은 남녀 부자들은 이 은밀한 장소에서 자신들만의 모임을 자주 갖는다. 주로 점심을 먹는다. 그래서 이들에게 붙여진 이름이 란쭈(蘭族)이다. 이들의 옷차림새나 타고 다니는 벤츠, 팬텀 같은 명차들로 미뤄보면 레스토랑 '란'의 사장도 재력으로는 상대하기 버거울 정도라는 느낌이 든다. 돈 쓰는 게 아까운 부자들은 이 클럽에 가입도 하지 못한다.

아예 드러내놓고 부자 리그를 운용하는 곳도 있다. 상하이의 옛 영국 대사관 터에 있는 룽푸(龍富) 레스토랑이 대표적이다. 멤버십으로 운용하는 장소로 한 끼에 1인당 8000~9000 위안(136만~153만 원) 정도 한다. 룽푸 회원이 아니면 부자라고 불릴 수 없다는 유행어까지 낳고 있다.

이와 비슷한 곳으로는 홍콩 기업 계열의 순펑(順峰) 레스토랑 체인을 꼽을 수 있다. 전국 어느 곳 체인이더라도 제대로 먹으려면 1인당

중국 부자들은 그들만의 리그를 즐긴다. 베이징에서는 상류 1%만을 위한 패션쇼가 벌어진다

최소 3000 위안(51만원)은 있어야 한다. 상한가는 없다. 돈만 있으면 마음껏 먹어보라는 얘기인 셈이다. 기자도 몇 번 가 봤으나 한 번도 자기 돈 내고 먹은 적은 없다.

베이징에서는 창안제에 자리 잡은 창안 클럽과 량마허루(亮馬河路)의 징청(京城) 빌딩 51층에 있는 회전식 레스토랑이 대표적인 부자 리그의 현장이다. 모두 회원제로 예약을 하지 않으면 빵 한 조각도 얻어먹을 수 없다. 징청 클럽은 51층에 있으므로 베이징 시 전체를 조망할 수 있다. 창안 클럽은 앞서 말했듯 1층에 포르쉐 매장이 있다.

부자들은 술을 마실 때도 꼭 튀고 싶어 한다. 베이징에서는 량마허루의 켐핀스키 호텔 바로 옆 창성(長城)호텔 안의 톈상런젠(天上人間)이 이들에게 이런 욕망을 풀어주는 현장으로 손꼽혔다. 겉으로 보면 그저 값이 조금 비싼 클럽 같지만 내실에 들어서면 아방궁이 따로 없었다. 우선 영어, 한국어, 일본어를 기본으로 구사하는 지적 미모를 갖춘 매니저가 이들을 맞이했다. 옆에서 시중을 들어주는 여자 종업원들도 매니저 못지않았다. 웬만한 가라오케에서 펑펑 쓸 돈의 10배는 가지고 가야 겨우 체면치레를 할 수 있었다. 그래서 아무리 빈털터리더라도 이곳에서 몇 년 정도 일하다가 매니저로 성공하면 큰 부자는 못 돼도 작은 부자는 될 수 있었다. 이 현실은 여자 종업원들에게도 해당됐다. 오죽했으면 근처 수많은 가라오케의 종업원들이 이곳을 자신들의 로망으로 생각했을까. 그러나 이 업소는 지금 당국의 철퇴를 맞고 사라졌다. 대신 은밀하게 비슷한 수준의 업소들이 'XX궁관(公館)'이라는 묘한 상호를 내건 채 영업을 하고 있다. 어느 정도인지 현장의 목소리를 들어보자. 차오양구 야윈춘의 베이징이하오궈지후이쒀(北京一號國際會所)의 현직 매니저 우단니(吳丹妮) 씨의 설명이다.

"나는 젊은 시절 톈상런젠에서 일했다. 어린 나이에 일반인이 상상하기 어려운 돈을 벌었다. 그렇게 쉽게 돈을 벌게 되자 이 세계에서 빠져나오기가 힘들었다. 솔직히 빠져나가기 싫은 마음도 있었다. 엄청나게 돈이 많은 부자들과 어울리는 것이 좋았던 것이다. 자연스럽게 수년 전 문을 연 이곳의 매니저로 오게 됐다. 이곳은 이름처럼 베이징 최고의 유흥업소라고 보면 된다. 톈상런젠보다 더 화려하다. 많은 돈이 오고 간다. 일반인들은 상상조차 하기 어렵다."

1% 부자들을 위한 전용 골프장도 있어

상하이에는 쉬후이(徐匯)구 젠궈시로(建國西路)의 보줴예(伯爵夜)가 부자들의 전용클럽이다. 돈이 조금 있다고 호기를 부리다가는 며칠 동안 후회해야 할 정도로 요금이 비싸다. 인근 장쑤성이나 저장성 일대 부자들이나 푸얼다이들이 많이 찾는 장소다. 술에 취해 천박하게 누가 돈이 더 많은지를 놓고 티격태격 다투다가 벌어지는 폭행 사건이 종종 일어나는 곳으로도 유명하다.

그들만을 위해 존재하는 골프장이 없을 리 없다. 베이징의 화빈(華彬) 골프장이 가장 널리 알려져 있다. 회원권 시세가 일반 골프장의 10배 이상이다. 대신 그린피는 새 발의 피다. 오히려 일반 골프장보다 더 싸다. 회원들에게 즐거움을 주기 위해 그린피를 파격적으로 할인하는 경우가 종종 있기 때문이다. 전국 점유율 80%를 기록하는 비타민 음료수 제조기업 훙뉴(紅牛)를 창업해 떼돈을 번 태국 출신 화교인 옌빈(嚴彬)이 전국 1%의 부자들을 위해 조성한 럭셔리 골프장이다.

그래도 조금 지적 수준이 있는 부자들은 자신들의 리그 클래스를 올릴 줄 안다. 첨단 경영기법을 익히거나 고급 정보를 얻을 목적의 포럼을 만드는 것이 대표적인 사례다. 포럼을 통해 해외의 유명 인사들을 고액의 경비를 들여 초청하기도 한다. 이에 대해 중국의 매트 대왕으로 불리는 광둥성 광저우의 침구류 전문 회사 멍두메이(夢都美)의 리청르(李成日) 회장은 "나도 꽤나 성공한 사업가인 모양이다. 국내외 유명 인사를 초청해 여는 세미나에 참석하라는 전화도 많이 온다. 또 각종 포럼에 가입하라고 권유하는 경우도 많다. 그러나 나는 경영 합리화를 위해 가능한 한 그런 곳과 담을 쌓고 있다. 경영 기법은 강연을 통해서 배우기도 하지만 책을 통해 배우는 것이 훨씬 낫다."면서 부자들이 돈을 물처럼 쓰는 것은 바람직하지 않다고 지적한다.

포럼 같은 곳에서는 CEO로 성공하려면 어떻게 해야 하는지를 가르쳐주는 제왕학 강의를 하기도 한다. 부자들은 어쨌든 자신들이 온갖 짓을 다해 모은 돈을 지킬 노하우를 돈을 펑펑 쓰면서까지 배우고 있는 것이다. 물론 천박한 부자로 불리는 것을 단호하게 거부하는 이들도 있다. 바로 베이징대나 칭화대에서 운영하는 최고경영자 과정에 등록해 열심히 공부하는 이들이다. 그러나 이들도 자신들끼리 모임을 폐쇄적으로 운영한다는 점에서는 보통 부자들과 별로 다르지 않다. 그들만의 리그는 앞으로 더욱 공고해질 수밖에 없을 듯하다.

베이징 특파원 13인이 발로 쓴
최신 중국 문화코드 52

· 제7장 ·

한류와
항(抗)한류,
혐(嫌)한류

중국인들은 모이면 포커를 친다는데 왜 그럴까?

중국인들은 일단 세 명 이상이 모이면 장소와 시간, 남녀노소를 불문하고 포커 판을 벌인다. 실내에서 마작을 하듯 말이다. 그렇다면 그들은 왜 이처럼 포커를 즐길까? 휴대하기 편하다는 이유도 있지만 중국인들이 워낙 도박을 좋아한다는 사실도 무시하기 어렵다. 그러나 가장 큰 이유는 아무래도 서양 문화에 대한 거부감이 없다는 사실과 이를 동경하는 경향을 꼽을 수 있다. 19세기 말엽부터 지난 세기 49년까지 중국은 서양으로부터 침략을 많이 받았다. 이 와중에 포커를 비롯한 서양 문물이 대거 유입 됐다. 도박 좋아하는 중국인들이 이 기가 막힌 게임을 놓칠 이유가 없었다. 더구나 포커는 큰돈을 걸지 않고도 재미로 할 수 있다. 여기에 서양 사람들이 즐기는 게임을 자신도 한다는 우월감 역시 한몫을 더 했다. 한국의 고스톱처럼 자연스럽게 국민 게임이 될 수밖에 없었다. 최근에는 사우나탕 등지에서도 마작이나 포커 게임을 할 수 있는 공간을 만들고 있어 이런 경향은 더욱 확산될 것으로 보인다.

1

한국 드라마로 본 한류의 어제와 오늘
－ 천국에서 지옥으로

한류(韓流)란 우리나라의 대중문화 요소가 외국에서 유행처럼 번지는 현상을 일컫는 단어로 한국 드라마 『사랑이 뭐길래』가 1997년 중국에서 대히트 친 것을 그 시작점으로 보는 시각이 일반적이다. 당시 외교관들이 "한·중 외교사 50년의 공백이 드라마 한편으로 메워졌다"고 할 정도로 인기가 매우 높았다. 금세기 들어서는 완전한 현실이 되기도 했다. 2003년에서 2004년까지 중국에서 방영된 한국 드라마는 총 359편에 이르렀다. 2005년 『후난위성TV』에서 방영된 『대장금』의 공식 시청자수는 1억6000만 명을 돌파했다. 후진타오 전 총서기 겸 주석이 대장금을 즐겨봤다는 것은 이미 널리 알려진 사실이다.

그렇다면 한국 드라마는 어떻게 해서 중국인들의 눈길을 사로 잡았던 걸까? 사실 한중 교류가 시작된 지 그렇게 오래되지 않았던 시기에 중국의 대중들이 한국인들의 생활에 대해 알 수 있는 방법은 제한적이었다. 이런 상황에서 한국의 발전상을 드라마를 통해 확인할 수 있다는 사실이 많은 중국 시청자들을 끌어들이게 됐다. 게다가 중국사회에서 희미해져 가는 유교적 전통을 드라마 속 가족들의 일상생활을 통해 접할 수 있었던 점도 중국인들이 한국 드라마에 대해 문화적인 동질감을 느끼게 하기에 충분했다. 랴오닝(遼寧)문학원 장훙제(張宏傑) 작가는 한류가 동양문화에 뿌리를 두고 있는 것 외에도 큰 인기를 끌고 있는 이유를 다음과 같이 설명한다.

"한국 드라마가 인기를 끄는 이유는 그것이 사람의 마음과 본성을 직접적으로 다루기 때문이다. 인생의 희로애락에 대한 연기와 성장 지향적인 스토리에 '사랑', '가족애', '우정'이라는 세 가지 주제가 사용된다. 한국 드라마를 본 중국 젊은이들은 '노력만 한다면 어떤 고난도 이겨낼 수 있다'는 생각을 하게 된다."

드라마 제작 시 표현에 거리낌이 없다는 점도 중국과는 크게 달랐다. 지금도 그렇지만 중국 드라마는 대부분 사전 제작 형태로 만들어졌다. 국가 기관의 검열을 받지 않으면 안 됐다. 그런데 전달하고 싶은 이야기를 자유롭게 하지 못한다면 어딘지 모르게 숨기는 느낌이 들었다. 그러므로 드라마는 답답해 질 수밖에 없었다. 이러다 보니 중국인들이 보기에 한국 드라마는 자신들과는 다르게 무엇인가 답답한 속을 확 풀어주는 면이 있었다. 더구나 매일 진행되는 촬영으로 한국 드라마 제작 현장은 분초를 다투며 긴박하게 돌아갔다. 그뿐만 아니라 시청자들의 의견도 바로바로 줄거리에 반영됐다. 중국에서는 볼 수 없는 한국 드라마의 자유분방함과 속도, 그리고 열정은 바로 한국 드라마의 인기를 견인하는 특장점이 될 수 있었다.

그러나 한국 드라마의 인기도 곧 위기를 맞게 된다. 자국 드라마 생태계에 대한 위기감이 일기 시작한 것이다. 베이징 올림픽 개최 시기와 맞물려 나타난 민족주의의 부상도 중국의 지식인들 사이에 한국이 중국 문화의 종주권을 위협하고 있다는 여론을 확대 재생산했다.

중국의 민족주의 한국 드라마에 대한 여론 확대 재생산

참신한 것으로 여겨졌던 한국 드라마의 파격적인 플롯도 중국 대중들에게는 점점 식상한 것이 돼 가고 있었다. 이런 대중의 여론을 이끌어 내고 있었던 것은 '암', '기억상실증', 마지막으로는 '죽음'으로 연결되는, 이른바 한국 막장 드라마의 3요소였다. 잘 생기고 돈 많은 남자 주인공과 가난한 여자 주인공이 운명처럼 만나 결국 사랑의 결실을 맺게 된다는 뻔한 스토리도 이런 여론을 키우는 데 한 몫 했다. 한때 홍콩이나 대만 드라마에서 귀신 들린 사람에게 개의 피를 뿌려 대는 모습이 식상하다 해서 유행한 '거우세(狗血)'라는 말은 이제는 식상한 한국 드라마를 소개하는 대표적 단어가 됐다. 한국 드라마를 뜻하는 단어 '한쥐(韓劇)'가 막장드라마 '거우세쥐(狗血劇)'의 대명사가 돼 중국인들의 비웃음을 사기 시작한 것이다. 검색엔진 바이두(百度)에서 '거우세쥐'를 검색하면 송혜교, 송승헌 주연의 '가을동화'의 한 장면이 뜨는 것은 결코 괜한 게 아니다.

한국과 중국의 문화 교류사에 천착하고 있는 상하이 『신민완바오(新民晩報)』의 팡위챵(方毓强) 기자 역시 같은 생각을 가지고 있다. "중국에서 한류가 최고점을 지난 것은 맞는 것 같다. 이는 중국인들이 맹목적으로 한류를 좇는 감정에서 이성적인 자세로 돌아오고 있기에 그렇다."고 주장하는 것을 보면 확실히 그래 보인다. 이런 여론에 힘입어 중국 정부도 자국 콘텐츠 산업 보호를 명목으로 한국 콘텐츠에 대한 심의 규제를 강화했다. 한국 드라마는 점차 중국 땅에서 예전과 같은 인기를 구가하지 못하게 됐다.

중국에 없는 신선한 소재와 탄탄한 스토리로 재무장한 한국 드라마

중국에서 한국 드라마가 부활하기 시작한 것은 2013년 말『별에서 온 그대』가『라이쯔씽씽더니(來自星星的你)』라는 제목으로 방영된 이후였다.『별에서 온 그대』는 당시 우리나라에서도 최고 시청률 28%를 기록하면서 히트했던 드라마였다. 400년 전 조선 땅에 떨어진 외계인 도민준과 최고의 한류 스타 천송이의 시간을 가로지르는 사랑 얘기가 주된 스토리로 외계인을 등장인물로 설정한 점이 신선하다는 평가를 받았다. 또 가족관계 등 한국 드라마 특유의 색깔을 담고 있으면서도 기존의 막장 요소는 최대한 배제했다는 평가도 들었다.

한국의 유튜브와 비슷하다고 할 수 있는 중국의 인터넷 동영상 스트리밍 서비스인 아이치이(愛奇藝)의 통계만 살펴봐도 쉽게 알 수 있다. 유료 서비스로 방영됐음에도 불구하고 조회 수가 무려 25억 뷰에 달했다. 중국의 유명 인터넷 쇼핑몰들이 이런 분위기를 그대로 흘려버릴 리 없었다. 우선 중국 내 유명 인터넷 쇼핑몰인 타오바오(淘寶)가 한궈스상(韓國時尚·한국 유행)이라는 코너를 만들어 대박을 터뜨렸다. 또 주연을 맡았던 전지현의 극중 이름 천송이를 딴 '천송이 립스틱', '천송이 코트' 등이 불티나게 팔려나갔다. 극중 소개된 치킨과 맥주를 함께 먹는 이른바 치맥문화 역시 '김치찌개에는 관심이 없어도 치맥은 먹어보고 싶다'고 할 만큼 중국의 젊은이들을 열광시켰다.

2016년 인기리에 방영됐던『태양의 후예』도 동명의 제목으로 중국

베이징 특파원 중국 문화를 말하다

에서 방영되면서 큰 인기를 끌었다. 16부작으로 비교적 짧은 분량이었음에도 아이치이 회당 평균 조회 수 1억 뷰 이상, 전체 회차 조회수는 24억 뷰를 돌파했다. 군대를 소재로 한 드라마에 대한 선호도가 높은 중국인들에게 군 부대 대위와 종합병원 의사의 러브스토리는 친숙함과 동시에 한국군인에 대한 선망의 이미지를 심어줄 수 있었다. 이로 인해 남녀 주연을 맡았던 배우 송중기와 송혜교는 이 드라마로 중국에서 엄청난 스타덤에 오르게 됐다. 커플 관계로 발전한 이들의 일거수일투족은 중국판 트위터인 웨이보(微博)에서 중국인들의 입에 끊임없이 오르내렸다. 심지어 이들 커플이 지난 2019년 이혼을 발표했을 때에도 관심은 줄어들지 않은 것처럼 보였다. 이들의 소식은 당일 웨이보 실시간 검색어 1위를 차지했을 뿐 아니라 한 게시물에만 무려 39만 건의 댓글이 달리기도 했다.

한한령(限韓令) 이후의 한국 드라마와 한중관계

한류가 중국에서 다시 기지개를 필 것 같은 상황에서 고고도미사일 방어체계(THAAD·사드) 배치를 놓고 한중간 정치적 문제가 불거졌다. 한국 정부가 공식적으로 사드 배치를 선언하자 중국 정부는 돌연 한국 콘텐츠에 대한 제재에 돌입했다. 한류 스타의 공연들은 줄줄이 취소됐다. 이른바 '한한령(限韓令)'이 발동된 것이다. 문재인 정부가 들어선 이후 이런 분위기는 조금 풀리는 모양새기는 하나 이전처럼 활발한 문화 교류, 경제 교류는 눈에 띄게 두드러지지는 않는 것 같다.

그러나 좋은 작품에 대한 사람들의 평가는 세계 어디에서든 차이가 나지 않는 법이다. 2017년 초 한국에서 『도깨비』가 역대 케이블채널 프로그램 최고 시청률을 기록하면서 방영을 마쳤을 당시로 돌아가 볼

한류의 상징적인 연예인으로 성장한 방탄소년단

필요가 있다. 이때 이미 중국에서는 한국 드라마 수입을 중단하고 있었다. 하지만 많은 중국인들은 암암리에 『도깨비』를 시청했다. SNS에 동영상을 볼 수 있는 링크를 올리면 사람들이 해당 링크를 클릭해 영상을 시청하는 식이었다. 며칠마다 사이트가 폐쇄되는 바람에 드라마를 보는 것은 번거로운 일이었으나 입소문을 타고 시청한 중국인들이 많았다고 한다. 정식으로 수입됐다면 앞서 소개한 『별에서 온 그대』나 『태양의 후예』의 종전 기록들을 뛰어넘었을 것이라는 게 중론이다.

『도깨비』는 기록도 많이 만들었다. 남자 주인공을 맡은 배우 공유는 중국 연예인들과 할리우드 배우들을 제치고 중국의 유명 리뷰 사이트 더우반(豆瓣)에서 가장 주목받은 남자 배우 1위에 선정됐다. 중화권 대표스타 수치(舒淇)도 웨이보에 당당히 자신이 『도깨비』의 팬임을 밝힌 바 있었다. 도깨비 촬영지로 유명한 강릉 주문진 영진해변은 드라마의 여운을 느끼러 찾아온 중국인 관광객들의 새로운 관광 명소가 됐다.

그렇다면 현재 상황에서 한국 드라마와 한류의 미래는 어떻게 될 것인가. 결국 가장 중요한 것은 탄탄하고 재미있는 스토리이다. 중국에서 방송을 총괄했던 광전총국 주훙(朱虹) 전 대변인도 "중국이 한국 드라마를 수입하는 것을 두고 자존심이 상한다고 말하는 사람들이 있으나 나는 그들에게 그 관점이 틀렸다고 말한다. 문화 교류는 상호적인 양국의 자산이다. 한국도 중국 드라마를 수입했고 앞으로도 그럴 것이다. 한국 드라마나 영화가 좋은 작품이기만 하면 중국은 얼마든지 들여올 생각이 있다."고 밝힌 바 있다.

정부가 수입을 금지했음에도 불구하고 한국 드라마를 찾는 중국인들이 많이 있다는 것은 그만큼 한국 드라마의 경쟁력이 커졌다는 얘기다. 물론 드라마 제작 기술의 발달과 거대자본의 투입으로 중국도 양질의 드라마를 제작하고 수출하고 있다. 뿐만 아니라 이로 인해 얻는 수익도 천문학적이다. 하지만 이런 일방적인 문화교류는 장기적으로 상호간 발전을 막는 결과로 이어질 수 있다. 과거 한국 드라마가 재미와 다양성을 잃고 인기를 잃었던 것처럼 중국도 지금의 상태를 고수하면 실패할 가능성이 진짜 높다.

인터넷으로 동영상 콘텐츠를 제공하는 세계적 기업 넷플릭스는 최근 한국에서 제작된 드라마들을 수입한 후 유료 형태로 다시보기 서비스를 제공하고 있다. 넷플릭스 독자적으로 한국 드라마를 제작해서 제공하기도 한다. 한국판 좀비 드라마로 유명해진 6부작 『킹덤』이 대표적인 사례. 서양의 귀신인 좀비와 조선시대라는 한국의 시대 배경을 결합해 독특한 작품을 창조해 낸 것이 해외 시청자들의 호평을 받았다. 동남아시아판 넷플릭스로 불리는 아이플릭스에서도 다양한 한국 드라마가 유통되고 있다. 그러나 유독 중국만이 이 작품들을 비롯한 한국 드라마에 대해 빗장을 걸어 잠그고 있는 상황이다. 그러나 조만간 이 문제는 해결될 가능성이 높아 보인다. 관련 정부 당국과 업계에서 현상 타개를 위해 많은 노력을 기울이고 있기 때문이다. 삐걱거리면서 불안한 모습을 보이던 양국의 관계도 조만간 한한령 이전의 우호적인 모습을 복원할 가능성이 높아 보인다. 이렇게만 된다면 양국의 문화 발전은 말할 것도 없고 동북아시아의 평화와 경제발전에도 크게 기여하게 될 것이다.

한류 현상의 오늘
– 한류 스타일 따라 하기가 대세

2020년 상반기 시점에서 볼 때 한류는 중국의 사드 배치 보복에 따른 한한령 탓에 급브레이크가 걸려 있는 상황이다. 하지만 어디까지나 일시적 현상일 뿐 상황이 호전될 경우 다시 이전 모습을 되찾게 될 것이다. 지금도 물밑에서는 여전한 영향력을 발휘한다고 볼 수 있다. 그렇다면 한류는 어디까지 외연을 확대하고 있을까. 단적으로 말하면 드라마, 음악, 영화 등 대중문화 위주에서 음식, 게임, 애니메이션, 캐릭터, 한글, 태권도 등 한국 문화 전반으로 확산되고 있다고 봐도 무방하다. 경제적으로는 가전제품을 비롯해 화장품, 의류 등 한국 상품의 선호 현상으로도 나타나고 있다.

구체적 사례를 들면, 베이징 하이뎬구 중관춘에는 용인대 태권도관이라는 도장이 있다. 이 태권도관의 수련생들은 늘 태극기와 오성홍기 밑에서 구령에 따라 발차기 연습을 한다. 수련한 지 5개월 됐다는 아홉 살짜리 꼬마 왕룽(王龍)은 "엄마가 태권도를 배우면 체력도 좋아지고 예절도 배울 수 있다고 해 시작했다."면서 "정신력이 강해지는 것 같다."고 얼굴에 연신 천진난만한 웃음을 흘렸다. 현재 중국태권도 협회에 등록된 태권도 도장은 대략 1000개다. 수련 인구만 150만 명이다. 중국태권도협회에 등록되지 않은 수련생까지 합산하면 최소 200만 명, 최대 300만 명으로 추산된다. 중국이 올림픽에서 늘 태권도 종목에서 금메달을 따는 것에는 다 이런 배경이 있다.

한류는 글로벌 기업의 중요한 마케팅 수단으로도 활용되고 있다. 한류가 한국 상품을 중국에 소개하는 데 경제적으로 대단히 효과적이라는 얘기다. 실제로 수년 전 현대자동차의 중국 법인인 베이징현대의 신모델 i30의 신차 발표회에서는 광고 모델인 이효리의 미니 콘서트가 열려 엄청난 홍보효과를 거뒀다. 이효리는 당시 신차 주제곡인 「즈야오아이샹니(只要愛想你·너만을 사랑해)」를 비롯한 히트곡을 부르면서 뮤직 비디오도 공개했다. 행사장인 베이징과학기술대학 체육관은 그야말로 열광의 도가니였다. 이 발표회는 200개 이상 언론들에 대서특필됐고 덕분에 i30은 순식간에 중국 전역에 알려졌다. 중국 삼성이 소녀시대를 가전제품의 모델로 기용하고 있는 것은 그래서 떠들썩한 뉴스거리도 되지 않는다. 모든 제품이 시장점유율 상위권에 늘 랭크된다.

한류는 한국 기업들의 중요한 마케팅 수단

이런 현상은 급기야 한반(韓版)이라는 신조어도 만들었다. 한반은 원래 한국산 의류 제품을 일컫던 말이었다. 그러나 한류의 외연이 넓어지면서 한국 제품, 나아가 한국에서 잘 팔리는 제품 등으로 의미가 확대됐다. 지금은 한국 드라마, 한국 영화, 한국 헤어스타일, 한국식 화장기법 등 한국 스타일을 총칭하는 말로 바뀌었다.

한반은 특히 올드 보이들이 아닌 주링허우 세대들에게는 거의 대세가 되고 있다. 이렇다 보니 중국의 TV들도 주 시청자층인 이들을 의식하지 않을 수 없다. 이런 이유로 중국 TV들의 한국 오락 프로그램 따라잡기가 유행이 되고 있다.

한때 중국에서 가장 높은 시청률을 자랑하던 프로그램 중 주말 저녁 『후난(湖南)위성TV』에서 방송하는 「콰이러다번잉(快樂大本營)」이라는 것이 있었다.

이 프로그램은 남녀 청춘스타들을 짝 지워 가상의 결혼생활을 보여주던 것이었다. TV를 자주 보는 시청자들이라면 이 프로그램이 MBC 오락 프로그램인 「우리 결혼했어요」의 중국 버전이라는 사실을 바로 알 수 있다.

같은 『후난TV』의 또 다른 인기 프로그램인 「톈톈샹상(天天向上)」은 5명의 진행자 중에 1명을 아예 한국인으로 고정시켜 놓은 바 있었다. 한국의 대형 연예기획사가 아이돌 그룹을 만들면서 색다른 느낌을 주기 위해 가끔 외국인 멤버들을 참여시키는 것처럼 「톈톈샹상」도 시청자들의 관심을 끌고 한국 오락프로그램 같은 분위기를 주기 위해 한국인 진행자를 기용했던 것이다. 역시 한국을 따라 해야 시청률이 오른다는 판단을 방송국이 했다는 얘기다. 이런 현실은 한한령이 한류 스타의 중국 진출을 막고 있는 최근 들어서도 조금도 달라지지 않고 있다. 아니 오히려 더 심해지고 있는 것이 현실이다. 2020년 상반기를 기준으로 중국 내 최고의 인기 예능 프로그램이 『저장(浙江)위성TV』의 「달려라, 형제」라는 사실만 살펴봐도 쉽게 알 수 있다. 「런닝맨」을 그대로 카피한 것이라고 단언해도 괜찮다.

한국 따라하기는 베이징 시내 한국인 밀집 지역인 차오양(朝陽)구 왕징(望京)의 한 대형 마트에서도 느낄 수 있다. 이곳에는 한국에서도 이름난 한 헤어 디자이너의 헤어숍 프랜차이즈점이 성업 중이다. 한국인뿐만 아니라 중국인들도 즐겨 찾는 이곳에서는 간단한 커트를 하는 데드는 비용도 한국인 미용사는 100위안(1만7000 원), 중국인 미용사는 50위안(8500 원)으로 차이가 난다. 베이징 시내 한 백화점에 입주한 또 다른 한국 헤어숍도 다르지 않다. 파마를 하는데 한국인 미용사는 600위안(10만2000 원), 중국인 미용사는 절반 값인 300위안(5만1000 원)을 받는다. 한국인 헤어 디자이너가 만들어내는 세련된 스타일로 자신을 꾸미기 위해 두 배나 되는 비용을 기꺼이 지불하고 있는 것이다.

이에 대해 차오양구 마이쯔뎬(麥子店)의 다쭝(大宗)호텔에서 헤어숍을 열고 있는 전덕현 디자이너는 "중국의 미용 수준이 한국을 따라오려면 아직 멀었다. 재료부터 기술까지 최소한 5년 이상 격차가 있다. 그러니 돈 있고 유행을 즐기려는 젊은 세대들은 자신들의 머리를 한국인 디자이너에게 맡긴다. 이런 따라 하기는 최소한 10년은 가지 않을까 싶다."면서 미용에서 활짝 핀 한류 따라 하기가 향후 더욱 보편화될 것이라고 진단했다.

일상생활에서 적극적으로 한국을 따라하는 마니아들 늘어

아예 일상생활에서 적극적으로 한국을 따라하는 마니아도 많다.

베이징의 여대생인 두롄(杜蓮)은 지난 2016년 중국에서 방영된 한국 드라마 『별에서 온 그대』를 대학 입학과 동시에 우연히 시청했다. 그녀는 이후 완전히 이 드라마에 나오는 모든 한국적인 스타일을 따라하겠다고 마음먹었다. 심지어 생각이 나지 않을 때는 녹화한 드라마를 몇 번이나 보고 참고하는 노력도 기울인다고 한다.

게임도 스피디한 전개를 자랑하는 한국 인터넷 게임을 복제하는 게임들이 대세를 이루고 있다. 오죽 했으면 한국적인 게임이 아니면 시장에서 팔리지 않는다는 말이 나돌까. 이에 대해서는 2013년에 대학에 입학한 전형적인 주링허우 세대 왕타오(王濤)의 말을 들어봐야 할 것 같다.

"한국 게임은 스펙터클하고 그 속에 스토리텔링이 아주 다양해 중국 게임과는 비교가 안 된다. 최근 우연한 기회에 중국 게임이 어느 정도인가 알려고 한 번 접속해봤더니 내가 과거에 다 했던 것들이었다. 말하자면 중국 게임업체들이 한국의 게임들을 거의 카피한다는 얘기다. 그래서 요즘에는 가끔 중국 게임도 즐긴다. 그래봐야 그게 어차피 한국 게임의 중국 버전일 테니까 말이다. 어떻게 생각하면 중국 게임업체들이 참 한심하게 느껴지지만 방법이 없지 않은가? 수준 차이가 있으니까 말이다."

중국의 유명 인터넷 쇼핑몰들이 이런 분위기를 그대로 흘려 버릴 리가 없다. 실제로 업계 1위인 타오바오(淘寶)는 한반이나 한궈스상(韓國時尙·한국 유행)이라는 코너를 만들어 대박을 터뜨리고 있다. 이 사이트에서는 '한국의 유명 가수 누구누구가 입었던 스타일의 셔츠', '한국 청춘 드라마 주연 배우가 입었던 바지' 등의 문구가 즐비하다.

중국 백화점이나 마트 등에서 한국 직수입이라는 꼬리표를 붙인 제품들이 불티나게 팔리고 있는 것은 다 이런 까닭이 있는 것이다.

한류 영향으로 한국 유학 결심하는 젊은이 늘어나

한류의 외연 확대와 한반 따라 하기는 한국 유학을 결심하는 젊은이들을 대량으로 쏟아내고 있다. 명문으로 꼽히는 중국항공대학을 졸업한 20대 중반의 리수전(李素禎)은 원래 항공사 스튜어디스가 되는 게 꿈이었다. 그러나 그녀는 그 꿈을 잠시 접고 한국 유학을 목표로 한국어 중급시험 준비에 몰두하고 있다. 대학에서 부전공으로 한국어를 선택한 뒤 한국과 한국 문화에 흥미를 갖게 됐고 급기야 유학을 결심하게 된 것이다. 한국 생활이 힘들고 물가가 비싸다는 주변의 만류도 많지만 그녀의 결심은 요지부동이다. 그녀의 말을 들어보자.

"꿈은 변하지 않았다. 다만 한국에서 공부를 한 다음 한국 항공사에 취업하는 쪽으로 조금 바뀌었다. 아마 2~3년 후에는 서울이나 베이징의 항공사에서 내 꿈을 펼칠 수 있을 것 같다. 이를 위해 가능한 한 좋은 대학으로 유학을 가고 싶다."

한·중 수교 이후 26년 만인 2018년 중국은 한국의 최대 교역국으로 올라섰다. 현재 3만여 개 한국 기업이 중국에 진출해 있다.

2020년에는 양국을 상호 방문한 여행객 수는 사드 사태 이전인 2016년의 1000만 명을 다시 넘어 1100만 명에 이를 것으로 추산되고 있다. 양국이 서로 지대한 영향을 주고받을 수밖에 없는 관계가 된 것이다. 때문에 지난 30여 년 가까이에 걸쳐 다양한 방면에서 외연이 확대된 한류는 앞으로 더욱 심화된 모습으로 나타날 것이 확실하다.

장래는 비관도 낙관도 금물

- 한국이 하기 나름

대륙 남부의 칭화대학으로 불리는 광둥성 광저우의 화난(華南) 이공대학 신문학과의 라이지단(賴繼丹) 교수는 한류 전문가로 손꼽힌다. 그녀는 2009년 4월 내로라하는 전문가답게 한류를 경탄한다는 의미를 가진 『한류탄치(韓流嘆奇)』라는 책을 출간해 다음과 같이 예언했다.

"한류의 시대는 결코 끝나지 않았다. 아니 오히려 용솟음이 지금 막 시작됐다. 한류의 2차 파도는 곧 도래할 것이다. 우리는 이것을 신한류라고 부른다. 그러나 사실 구한류가 사라진 적이 있었던 것은 아니다. 잠깐 주춤했을 따름이다."

라이 교수는 2013년 한국 언론과 가진 인터뷰에서는 한걸음 더 나아갔다.

"중국 등 많은 아시아 국가들은 서양문화에 휩쓸려가고 있다. 이에 반해 한국은 한류라는 독창적인 문화를 창조하고 있다. 나는 이에 감동을 받아 한류를 찬탄하는 책을 쓰게 됐다. 이제 한류는 한국만의 것이 아니다. 중국을 포함한 아시아 전체의 것이 돼야 한다. 또 한류가 세계를 무대로 뿌리를 내리는 것이 아시아 문화 발전에 기여하는 것이라고 생각한다."

라이 교수의 예언이나 주장은 솔직히 말해 한국의 희망사항이기도 하다. 그렇다면 한류가 중국과 아시아에서 튼튼한 뿌리를 내리려면 어떻게 해야 할까? 그녀의 주장에 답이 있다. 한류의 수준을 업그레이드한 다음 세계적으로 우뚝 서게 만드는 것이다. 그러나 아쉽게도 중국에서는 아직 한류가 이 단계에까지는 오르지 못하고 있다. 한류가 인기를 끄는 만큼이나 일류(日流) 등의 바람과 중국인들의 자국 대중문화에 대한 선호도도 만만치 않게 커지고 있기 때문이다. 여기에 사드 사태의 후폭풍인 한한령이 불까지 질렀다. 이는 2020년 상반기 현재 가장 인기를 끌고 있는 10대 TV 드라마 가운데 중국 자체 드라마가 대부분을 차지하는 현실을 보면 쉽게 알 수 있다. 한때 드라마에 기반을 둔 한류가 지금은 영화, 가요, 패션 등으로 영역을 넓히고 있지만 각 방면의 선호도에서는 압도적 우위를 지키지 못하고 있는 것이다.

한국인이라면 누구나 한류의 전도사가 돼야

한마디로 이제는 사드 사태에 따른 위기와 이 한계를 뛰어넘는 돌파구가 필요하다는 얘기다. 신승일 한류전략연구소장은 한류의 나아갈 방향을 이렇게 제시한다.

"이제는 연예인만이 아닌 한국인 한 명 한 명이 한류 전도사가 돼야 한다. 그저 유행을 타는 단순한 한류가 아닌 고급 한류가 필요한 것이다. 나아가 이를 경제 한류로 연결해 국익과 부가가치, 국가 이미지 제고 등 소프트 파워의 확장으로 나아가야 한다."

고급 한류라고 해서 지레 부담을 가질 필요는 없다. 우선 중국보다 상대적으로 앞서는 만화, 애니메이션, 캐릭터 분야를 집중적으로 진출시킬 필요가 있다. 예를 들어 난타와 비보이 등의 퍼포먼스 및 공연은 중국에서는 보기 힘든 고급 대중문화 콘텐츠로 손색이 없다. 충격까지 줄 만하다. 온라인 게임과 e스포츠 문화도 한국이 중국보다는 몇 단계 높은 수준을 자랑한다. 적극적으로 진출을 모색하면 성공할 가능성이 매우 높다.

녹색관광이나 의료관광 분야는 중국의 상류층이 목말라 할 뿐 아니라 한국이 새로 개척해야 할 한류의 새로운 영역이다.『런민르바오』의 쉬바오캉 전 한국판 대표의 설명을 들어보면 고개가 끄덕여질 것이다.

"한국인들은 녹색관광이나 의료관광 분야가 한류의 영역이 될 수 있는지에 대해 회의적인 시각을 가진 것 같다. 그러나 지금 중국의 상류층들은 이런 분야를 열망하고 있다. 녹색관광은 제주도를 잘 활용하면 된다. 중국의 상류층들은 제주도를 미국 하와이 이상으로 생각한다. 더구나 제주도는 상하이에서 비행기로 한 시간 정도밖에 걸리지 않는다. 중국의 하이난다오보다 시간이 적게 걸린다. 의료관광은 성형의 메카로 유명한 압구정동을 보면 된다. 아예 중국인 고객을 위해 중국어로 진료 과목을 써놓은 병·의원들이 꽤 있다. 이걸 활성화하면 분명 의료관광이 고급 한류의 새로운 영역으로 부상할 수 있다. 중국에서는 전국 어디를 가도 압구정동 같은 곳은 없다. 이런 인프라스트럭처를 제대로 살리는 노력을 하지 않는다면 한류는 드라마, 영화, 가요 등 대중문화 영역에서 좀처럼 벗어나기 어렵다."

새마을운동도 큰 경쟁력 있는 한류상품이다. 한국관광공사는 실제로 2006년부터 한국인의 뇌리에서 사라진 1970년대 새마을운동을 모티브로 중국의 공무원 연수단을 모집해 상당한 수익을 거두고 있다.

중국은 G2를 넘어 G1으로 가는 과도기에 있지만 농촌에 사는 인구가 전체 인구 중 절반 가까이나 된다. 더구나 1949년의 신중국 건국 이후 3농(농민, 농촌, 농업을 일컬음) 정책은 오래전부터 정부 정책의 최우선순위를 차지하고 있었다. 그만큼 농촌 개혁은 중국의 절실한 과제다. 이웃 한국의 오늘을 있게 만든 새마을운동은 바로 이런 중국에 상당히 인상적인 성공사례로 비쳐질 수밖에 없다. 당시 중국 공무원들을 대상으로 하는 새마을운동 연수사업을 기획한 한국관광공사 베이징지사 심정보 전 지사장은 "새마을운동의 보급은 한국에는 국위선양과 경제적 이득이 된다. 또 중국에는 자국의 핵심 문제를 해결할 수 있는 프로그램이 될 수 있다. 이 프로그램을 한류로 연결해야 한다."고 강조했다.

붉은 악마 응원단 전설로 남아

세계적으로도 주목의 대상이 되고 있는 응원 문화도 대표적인 한류의 한 분야로 자리를 잡을 수 있다. 사실 지난 20년 이상 '붉은 악마'로 대표되는 한국의 응원 문화는 자유(加油·중국어로 힘내라는 의미) 한마디밖에 없는 단조로운 중국의 응원 문화에 신선한 충격을 줬다. 이에 대해 2002년 한·일 월드컵과 2008년 베이징 올림픽의 중국 응원단 총감독을 맡았던 한국인 조수진 씨는 "중국인 가운데 '대~한민국'이라는 응원 구호를 모르는 사람은 거의 없다."면서 "중국인은 한국의 이런 응원 문화를 따라 '중궈자유(中國加油)'나 '중궈비성(中國必勝)'등의 구호를 만들어냈으나 성공하지 못했다. 뭔가 신선하지 못하다는 느낌을 준 것

붉은악마로 대표되는 한국의 독특한 응원문화도 소중한 한류상품이다

이다. 때문에 한국의 응원 문화를 접목할 여지가 많다는 결론이 나온다.”고 강조했다. 조씨가 베이징에서 창단한 중국인 치어 리더 그룹인 ‘서우전쯔우(守鎭之舞)’의 활동을 보면 진짜 그렇다는 사실을 알 수 있다. 그녀에게 응원을 의뢰하는 중국 기업 중 70~80%가 한국의 응원처럼 신명나게 해달라고 요청했다고 한다. 한국 응원 문화에 대한 이런 동경은 한류가 이후 이 분야에서 꽃 피우는 데 큰 밑거름이 될 것이라는 얘기다.

흥미로운 점은 조씨가 이런 활동을 통해 그 자신이 한류스타 못지않은 인기몰이를 했다는 사실이다. 2009년 5월부터 예의 『후난TV』의 인기 프로그램인 「텐샤뉘런(天下女人)」의 공동 사회자로 매주 토요일 오후 11시 40분부터 1시간씩 중국 시청자들을 만났던 것은 이 사실을 잘 말해준다. 중국의 주요 방송사에서 고정 진행자로 나선 한국인은 그녀가 처음으로 외국인 전체를 통틀어도 상당히 이례적이었다. 더구나 함께 진행하는 사회자가 『CCTV』의 유명 아나운서 출신 여성 사업가인 양란과 톱모델 출신 리아이(李艾)였다면 더 이상의 설명은 사족에 가깝다. 시청률이 중국 내 5위권에 자주 오를 정도로 인기가 높은 것도 한국의 응원 문화의 아이콘인 그녀의 역할이 나름대로 상당한 기여를 했다는 분석이다.

화장실 문화도 유망한 한류상품

세계적인 모범 사례가 되고 있는 우리의 화장실 문화도 고급 한류 상품이 될 수 있다. 시설이나 위생 면에서 과거의 한국은 저리 가라는 명성을 자랑하는 중국의 화장실은 성공적으로 올림픽을 치른 이후에도 여전히 낙후성을 면치 못하고 있다. 대표적으로 중국을 상징한다고 해도 좋을 구궁 옆 후퉁의 주민들은 여전히 공중 화장실을 사용한다. 아침마다 화장실 앞에 길게 줄을 서 볼 일을 기다리는 풍경은 그래서 너무나 흔하다. 문제는 공중 화장실에 들어가면 난처하게도 칸막이 문이 없는 경우도 상당하다는 사실이다. 쪼그려 앉아 중요한 볼일을 보면서 주변 사람들과 눈도 마주친다. 넉살좋게도 인사말을 주고받으면서 말이다. 한국을 여행한 중국인 중 상당수가 한국의 많고 깨끗한 화장실에서 깊은 감명을 받는 것은 다 이유가 있는 것이다.

이에 대해 신 소장은 "중국인들은 한국의 화장실 문화도 벤치마킹하고 싶어 한다. 화제에 올리기는 조금 쑥스럽지만 화장실 관련 산업은 엄청난 시장 잠재력이 있다."고 단언했다.

이처럼 다양한 분야의 한류는 구체적인 산업과 연관성을 가지고 있다. 김치와 불고기를 먹고 한국 연예인과 가수를 좋아하는 것 이상의 관심과 동경이 경제적 효과로도 충분히 이어질 수 있다는 얘기다.

중국 거주 한국인들 좀 더 겸손해지면 한류는 지속돼

한류의 미래를 언급할 때 가장 중요한 요인이 되는 것은 누가 뭐래도 한국인이다. 중국에 거주하는 많은 한국인은 중국인들이 한국인을 보는 시선이 점점 예전 같지 않다는 사실을 피부로 느낀다. 사드 사태 이후에는 더욱 그렇다고 할 수 있다. 이렇게 된 데에는 솔직히 한국인의 책임이 크다. 일부 몰지각한 한국인의 태도가 빌미를 제공한 것이니까 말이다.

실제로 베이징의 한인타운인 왕징의 식당 같은 곳에서는 "왜 이리 말귀를 못 알아들어!"라고 호통을 치는 사람들의 모습을 자주 볼 수 있다. 한국인 고객이 중국인 종업원에게 중국어로 주문을 하면서 말을 제대로 못 알아듣는다고 나무라는 장면인 것이다. 솔직하게 말하면 다양한 분야 한류의 유행에 찬물을 끼얹는 행동이라고 단정해도 틀리지 않다. 한국인들이 중국인들을 우습게 아는 과거의 자세를 버리고 겸손한 자세를 견지한다면 중국에서의 한류는 긍정적으로 발전할 가능성이 매우 높다.

4

한류만큼이나 뚜렷한 항, 혐한류
– 의연하게 대처해야

때는 2017년 3월 어느 날이었다. 이날 오전 허베이성 한단(邯鄲)의 스지싱(世紀星)초등학교의 운동장에는 교직원과 학생 400여 명이 모여 있었다. 얼마 후 한 교사가 한국과 롯데를 보이콧하자면서 선창을 했다. 곧 아이들이 큰 목소리로 일사분란하게 그의 구호를 따라 외쳤다. 베이징에서 초등학생들이 강당에 모여 롯데 간식을 사먹지 않겠다는 선서 동영상이 업로드 된 지 며칠이 채 지나지 않은 시기였다. 2016년 박근혜 정부가 사드를 배치하겠다고 공식 발표한 이후 커져 가던 중국의 반한 감정이 폭발한 결과였다.

이뿐만이 아니었다. 비슷한 시기 성인 중국인들은 시위대를 규합해 사드 부지를 제공했던 롯데의 대표 기업 롯데마트 등으로 몰려가 불매 시위를 벌였다. 직접적인 피해를 입은 롯데마트의 경우 시위가 격화됐던 2017년 3월 대륙 전역에 있던 112개 매장 중 87곳이 소방법,

시설법 위반 등을 이유로 영업정지 처분을 받았다. 급기야 2018년 8월 사실상 중국시장에서 완전 철수했다.

피해는 기업만 입은 것이 아니었다. 당시 톈진의 한 헬스장에서는 태극기가 찢겨져 내걸리는 광경이 연출됐다. 샌드백에는 태극기가 둘러져 있었다. 또 일부 지방의 호텔 등에서는 '한국 방즈(棒子·한국인에 대한 비칭)를 밟아 죽이자'라는 원색적인 문구가 적힌 태극기가 출입문 바닥에 깔려 있기도 했다. 중국에서 유학중이던 한국 대학생들 사이에서는 한인 유학생이 한국어를 썼다는 이유로 중국인들로부터 '묻지마 폭행'을 당했다는 괴담도 확산됐다 주중대사관은 한국 교민들을 대상으로 중국인들을 자극하는 행위를 자제할 것을 요청하기 시작했다. 안전에 특별히 만전을 기하라는 당부 역시 마찬가지였다. 이런 일련의 사건들은 중국인들의 반한 감정을 여실히 보여주는 사례로 부족함이 없다고 해야 한다.

한류와 반한 감정은 불가분의 관계

중국에서 반한 내지는 혐한 감정이 일어난 것은 새로운 일이 아니다. 그렇다면 이런 반한 감정은 어디에서 비롯됐을까? 사실 중국에서의 반한 감정은 다양한 원인이 복잡하게 얽혀 있어 그 기원이 무엇이라고 딱 잘라 말하기는 어렵다. 그러나 반한 감정이 고조되는 요소들에 대해서는 대략적인 그림을 그려볼 수 있다.

첫 번째는 중국인들의 민족적 감정을 건드리는 경우를 꼽을 수 있다. 이는 주로 중국 문화에 대한 외국 문화의 침범에 따른 것인데 문제는 침범의 주체가 이웃의 자그마한 나라 한국이라는 사실에 있다. 역사적으로 오랜 기간 조공을 바쳐오던 별 볼 일 없는 나라가 문화적으로, 더 나아가서는 경제적, 사회적으로 자신들보다 위에 놓인 사실을 쉽게 인정하지 못하겠다는 얘기다. 실제로 중국 사람들 중에는 아직도 한국을 전통적으로 중국에게 조공이나 바치던 나라 정도로 생각하는 사람들이 적지 않다. '대한민국'이라는 우리의 정식 국호도 조롱의 대상이다. 한국이면 한국이지 대한민국은 뭐냐는 식이다. 중국인들의 민족 감정과 자존심은 국가 차원에서도 발현된다. 사드 사태 당시 중국의 한 외교부 인사가 "소국이 대국에 대항해서야 되겠느냐"는 발언을 했다고 전해진 일은 우리 국민들의 공분을 불러일으킨 바 있다

각론으로 들어갈 필요도 있다. 단오제 사건으로 알려진 강릉 단오제의 유네스코 세계무형문화유산 등재 사건을 대표적으로 꼽을 수 있다. 한국의 이 행보는 중국인들의 민족적 감정을 제대로 자극했다. 중국 내에서는 바로 한국이 중국의 전통 명절인 단오를 빼앗아 자기 것으로 만들었다는 의견이 팽배했다. 이 사건이 발생한 이후 출처를 알 수 없는 한국 관련 괴담들이 중국의 인터넷 커뮤니티를 통해 퍼져 나갔다. 대표적인 것으로는 공자가 사실은 한국인이었다는 소문이 있다. 비슷한 레퍼토리로는 중국 4대 미인 중 한 명인 시시(西施)가 한국인이었다는 설, 중국의 국부 쑨원(孫文)이 한국인이었다는 설 등도 있다. 심지어 한자를 발명한 민족이 한민족이라고 하는 설도 전해진다. 이른바 '한국 원조론'으로 대표되는 이런 얘기들은 오늘날까지도 잊을만하면 회자되면서 중국인들의 실소를 자아내고 있다.

중국인들의 반한 감정은 2008년 베이징 올림픽이 시작되면서 본격적으로 부각됐다고 할 수 있다. 당시 한국의 한 언론사에서 사전 약속과는 달리 올림픽 개막식 리허설을 미리 방송하자 이를 명분으로 한국에 대한 노골적인 비난이 수면 위로 올라오기 시작한 것이다. 베이

징 올림픽을 시청했던 독자라면 양궁 경기에서 소음으로 방해 공작을 펼쳤던 중국인 응원단의 모습을 분명히 기억할 것이다. 이처럼 중국인 응원단들은 중국 대표팀이 참가하지 않은 경기장에서까지 한국 대표팀에 야유를 보냈다. 심지어 중국과 관련이 없는 제3국을 응원하는 모습을 보여주기도 했다.

한류가 대륙에서 폭발적으로 유행하던 당시 중국 방송계가 유독 예민하게 반응한 이유도 이런 집합적 감정을 바탕으로 설명할 수 있다. 당시 일본에서 유행하던 단어인 '혐한류'와 비슷한 의미로 중국에서 사용된 이 '항한류'는 한국이 중국 문화의 종주권을 위협하고 있다는 위기감에서 비롯된 것이라고 할 수 있다. 말할 것도 없이 중국의 방송인들이 의도적으로 부추긴 경향이 크다. 이에 따라 한류가 있는 곳에 오히려 반발 감정으로서 항한류가 따라오게 되는 불가분의 관계가 만들어진 것이다.

무시와 차별 대우에서 오는 중국인들의 반발심리

중국인들의 반한 감정을 부추기는 두 번째 요인은 일부 한국인들의 태도에 있다. 기원은 중국과 수교 관계를 맺었던 90년대까지 거슬러 올라간다. 한국이 국제통화기금(IMF) 관리체제에 들어가기 직전인 1997년 말까지만 해도 일부 한국 주재원들이나 한국인들에게 중국인들은 자신들보다 아래에 있는 사람들이었다. 당시 왕징 같은 곳에서는 한국인 고객이 중국인 종업원에게 중국어로 주문을 하면서 말을 제대로 못 알아듣는다고 호통을 치는 사람들의 모습을 자주 볼 수 있었다. 자신들의 월급에 해당하는 100달러짜리를 수십 장이나 빼든 채 "이런 큰돈을 본 적이 있느냐?"라면서 추태를 부리는 한국인도 있었다. 중국인들에게 이런 모습들이 좋게 보일 리가 없었다.

게다가 한국 원화와 중국 위안화의 환율은 지금의 절반도 되지 않는 시대였으니 한국인들에게 중국은 완전히 지상천국이나 마찬가지였다. 자연스레 한국인들의 돈은 축첩이나 매춘 등 지저분한 용도에도 적지 않게 사용됐다. 그러나 가라오케와 골프장 등을 마구 휘젓고 다니던 이런 한국인들의 소비패턴은 IMF 사태로 종언을 맞았다.

그러자 그때까지 한국인들의 오만함에 자존심이 무척 상해 있던 중국인들의 태도가 돌변하기 시작했다. "돈 좀 있다고 거들먹거리더니 꼴좋다. 고소하기 이를 데 없네."라는 반응이 주류였다. 일부에서는 "뭐 좀 머릿속에 들은 게 있는 줄 알았더니 완전히 빈 수레 아니야."라 면서 비아냥거리기도 했다. "하면 된다."라는 한국인의 정신을 배우자 는 주장은 온데간데없이 사라졌다. 중국 언론에서는 노골적인 반한감 정이 묻어나는 논조의 기사들이 지면을 채우기 시작했다. 끼리끼리 몰 려다니면서 술 마시고 고성방가 하는 한국인 유학생들에 대한 좋지 못한 뒷얘기도 공공연하게 전국 곳곳에서 퍼져나갔다. 지금이라고 달 라지지 않고 있다.

한국에서의 중국인 배척 분위기 역시 거론하지 않을 수 없다. 이들 이 고국으로 돌아가 반한 감정을 갖게 된다는 말이 된다. 대표적으로 이들에 대한 배척 분위기가 형성 되는 곳은 바로 대학이다. 교육통계 서비스에 따르면 2019년 기준 재한 중국인 유학생의수는 7만 명을 약 간 넘는다. 이는 전체 외국인 유학생 16만 명의 절반에 가까운 수치다. 그럼에도 불구하고 한국인 학생과 중국인 학생 사이에 생기는 정서적 거리는 중국인 학생들을 불편하게 만들고 한국과 한국인에 대해 좋지 않은 인상을 남기는 결과를 낳는다.

경제인문사회연구원이 중국인 유학생 1220명을 대상으로 최근 조사한 한 연구 결과에 따르면 응답자의 37%에 달하는 학생들이 반한 정서를 어느 정도 가지고 있다고 응답했다. 현실도 크게 다르지 않다. 중국인 학생을 그룹스터디 활동에서 배제하려고 한다거나 노골적으로 기피하려는 현상은 지금 대학가에서 늘 보이는 풍경이다. 차별적 언사도 난무하는 것도 현실이라고 해야 한다. '짱깨'를 대표적으로 꼽을 수 있다. 특히 이런 중국인 비하 표현은 온라인 공간에서 여과 없이 사용되고는 한다. 중국인 학생들이 소외감과 분노에 몸부림치지 않으면 이상하다고 해야 한다. 이 결과 이들은 처음에는 한류 등 한국에 대해 호감을 가지고 왔어도 졸업 이후에는 좋지 않은 기억을 새긴 채 귀국하게 된다. 극단적으로는 중국 내 여론을 주도하는 반한 인사로 변신하는 경우도 없지 않다.

반한 감정은 이처럼 다양한 원인과 현상이 복잡하게 얽혀 있어 쾌도난마식으로 해결하기가 쉽지 않다. 한국으로서는 반한감정을 자극하는 중국 언론의 허위보도에 적극적으로 대응하면서 한국의 중국 내 이미지를 제고하기 위한 방안 마련이 시급하다. 나아가 중국을 명실상부한 정치적 경제적 강대국으로 인정하고 중국인들을 우습게 아는 과거의 태도로부터도 벗어날 필요가 있다. 중국에서의 반한 감정을 이해하고 한류의 현주소를 파악하는 것이야말로 한류의 다음 단계를 준비하는 초석이 될 수 있지 않을까 싶다.

한류는 있으나 한국학은 없다
– 빈약한 한국학 수준

중국 내 한류가 명백한 실체로 존재한다면 한국학도 붐을 이뤄
야 하지 않을까? 사실 틀린 생각은 아니다. 결론부터 말하면
외견적으로는 대단하다는 느낌을 준다. 한류에 버금가게 한국학 연구
가 활성화돼 있다.

이 사실을 잘 보여준 것이 바로 2019년 11월 8~1일 톈진 난카이(南
開)대학의 한국연구센터와 아시아연구센터가 공동으로 주최한 제20
회 '중국 한국학 국제 학술대회'다.

이 대회는 해외에서 열리는 가장 크고 권위 있는 한국학 심포지엄
이다. 이 사실은 중국과 한국의 한국학 연구기관이 공동으로 개최하는
것을 원칙으로 하고 있다는 점에서도 잘 알 수 있다. 더구나 이 20차
대회에서는 역사를 비롯해 문화, 사회, 경제 및 정치, 외교, 종교, 철학,
문학, 예술 등의 분야에 걸쳐 무려 170명이 논문을 발표했다.

외견적으로는 진짜 성대하게 치러졌다. 중국 내 한국학 연구자는 말할 것도 없고 고려대 아세아문제연구소, 동북아역사재단, 한국국제 교류재단 등 한국의 연구기관 소속 학자들까지 대거 참가해 중국 내 한국학 연구의 현주소를 확인해 줬으니 말이다. 게다가 일본과 캐나다의 대학과 연구기관의 전문가들도 모습을 보이기까지 했다. 참가 학자나 발표 논문 수만 가지고 말한다면 한마디로 당대 최대 규모였다. 학술대회에 참가한 한 인사가 "이제 중국 안에서 한국학은 뿌리를 내렸다. 전 세계의 한국학을 선도할 능력을 가진 나라는 이제 중국밖에 없다." 면서 앞으로 한국학이라는 나무를 어떻게 키워나가야 하는지가 관건이라고 주장한 데에는 다 이유가 있었다. 그렇다면 과연 중국의 한국 연구는 그의 말대로 확실하게 뿌리를 내린 것일까.

중국 사회과학원 등 한국 연구기관 연구 활발

중국이 한반도를 학문적 차원에서 본격적으로 연구를 시작한 것은 개혁·개방이 시작되던 1970년대 말부터라고 봐야 한다. 그러나 당시는 냉전이 채 종식되기 전이었다. 게다가 한·중 수교도 이뤄지지 않은 상태였다. 정치는 말할 것도 없고 경제 교류도 일천했다. 따라서 당시 중국의 한반도 연구는 대체로 북한 연구를 의미했다.

당시 한반도 연구의 기치를 높이 들어 올린 기관은 사회과학원이었다. 시작은 1978년 연구원 안에 조선경제연구회가 설립됐을 때라고 해야 할 것 같다. 동시에 지린성 창춘(長春)대학을 비롯한 대학과 연구기관에서도 북한 연구가 본격적으로 시작됐다. 후자는 조선족 학자들이 많았기에 곧바로 가시적인 성과도 나왔다. 1985년 지린성 사회과학원 산하 조선연구소가 한반도 연구 안내서인 『조선지식수책(朝鮮知

識手冊)』을 출간한 것은 대표적인 성과라고 할 수 있었다. 그러자 북한과 가까운 옌볜(延邊)에서도 자존심을 지키기 위한 움직임이 일어났다. 곧 옌볜대학 산하 '조선문제연구소'를 중심으로 연구가 활기를 띠게 된 것이다. 당연히 당시 이들의 연구는 한국보다는 북한 학술계 입장을 대변하는 게 많았다.

그러나 얼마 후 남한이 눈부신 경제발전을 이루자 중국 학계의 눈은 서서히 달라지기 시작했다. 한반도의 남쪽을 주목하기 시작한 것이다. 1992년 한·중 수교가 분기점이 됐다. 이후 베이징대 조선문화 연구소를 시작으로 전국 각지의 대학들은 한반도 관련 연구소를 경쟁적으로 설립했다. 그 이후 웬만한 대학은 대부분 한국학연구소를 뒀다.

조금 구체적으로 들어가 보자. 현재 베이징대학에는 조선문화연구소와 한국학연구중심, 한반도연구중심 등 3개 연구소가 있다. 중앙민족대학도 소수 민족 연구의 메카답게 조선 및 한국학 연구소와 한국문화연구소가 활발한 활동을 하고 있다. 상하이의 명문 푸단대학도 한국연구중심과 중한문화비교연구소 2개를 통해 한국학 연구를 활발하게 벌이고 있다. 주목할 만한 것은 최근 들어 중국사회과학원, 국무원 발전연구중심, 국가안전부 산하 중국현대국제관계 연구원 등 관변 연구 기관까지 한국학 관련 연구소를 설립했다는 사실이다. 한국과 한반도에 대한 연구가 더욱 외연을 넓히고 있다는 얘기다.

한국어학과 개설된 중국대학만 97곳

한국어에 대한 관심도 한국학에 비해 뒤지지 않는다. 아니 역사적으로 보면 오히려 한국학보다 앞서 있다. 중국의 대학에 한국어 과정이 개설된 것은 1949년이었다. 베이징대학의 동방어문과에서 한국어를 가르치기 시작한 것이다. 또 같은 해 옌볜대학에서도 조선언어문학과가 설립됐다. 이어 이런 바람은 곧 전국 대학으로 확대됐다.

한국국제교류재단이 조사한 바에 따르면 2017년 3월 말 현재 한국어학과가 개설된 중국 대학은 150여곳에 달한다. 한국 대학에 개설된 중국어과보다 더 많다. 당초 중국 대학들이 한국어학과를 개설한 것은 졸업생의 한국기업 취업 등에 도움을 주기 위한 것이었다. 최근에는 언어뿐 아니라 한·중 관계, 한국의 정치와 경제 등을 가르치는 한국 지역학으로 커리큘럼이 바뀌는 추세다.

한국과 한국학에 대한 관심이 늘어나면서 중국 내 한반도 전문 연구자들도 크게 늘었다. 특히 한·중 수교 이전만 해도 한반도 전문 연구자는 푸단대학의 스위안화(石源華·한국사), 중앙민족대학의 황유푸(黃有福·한중문화교류) 등 손가락으로 꼽을 정도였으나 수교 이후에는 학자 교류가 활발해지면서 한국에 유학한 연구자들이 크게 늘어나고 있다. 이에 대해 베이징대의 한 교수는 "현재 중국 내 한국학 연구자들은 대부분 한국 유학파다. 때문에 한국학 수준도 점점 높아지고 있다. 여기에 그치지 않는다. 지금 한국에 유학하고 있는 학생들까지 더하면 미래는 밝을 수밖에 없다."면서 앞으로의 가능성을 높이 평가했다.

오늘날 연구소나 연구 인력의 숫자로만 봤을 때 중국 내 한국학 연구의 기반은 이미 잘 마련돼 있다고 할 수 있다. 베이징대학, 푸단 대학, 산둥대학, 지린대학, 지린성 동북아연구센터 등은 정기적인 국제 학술 포럼을 열면서 속속 연구 성과들을 발표하고 있기도 하다. 또 이들 연구소는 한국 대학의 연구소와 공동으로 중국 한국학 학술대회를 개최하면서 한국 학자들과 교류도 이어가고 있다.

그러나 중국 내 한국학의 내용을 자세히 들여다보면 외화내빈이라는 인상을 지우기 어렵다. 2018년 8월 현재 중국 내 한국학 연구 기관은 총 40곳으로 연구원만 수백 명에 달한다. 그러나 중국 내 한국학 연구기관 중 자체 학술지를 내는 곳은 거의 없다. 중국에서 발간되고 있는 한국학 관련 학술지로는 지린대 동북아연구소의 계간지『동북아논단』, 푸단대학 한국연구중심의『한국학 연구』정도에 불과하다. 더구나『동북아 논단』은 한반도뿐 아니라 중국 동북지역이나 러시아 관련 논문도 실리고 있기 때문에 엄밀한 의미에서 한국학 전문 저널이라고 보기도 어렵다. 중국학자들이 자조적으로 쓰는 말 가운데 이서대간(以書代刊)이라는 게 있다. 말 그대로다. 학술지 등의 정기 간행물에 대한 검열이 심해 학자들이 연구실적을 간행물 대신 책의 형태로 직접 발표하는 것을 일컫는다. 공산당의 학문 연구에 대한 간섭과 통제를 우회적으로 비판한 말이다. 한국학도 간섭과 통제를 받고 있기에 외화내빈의 모습을 보여주고 있다는 얘기가 아닌가 싶다.

한반도 분단도 중국 내 한반도 연구를 옥죄는 주요 원인 가운데 하나로 볼 수 있다. 중국학자들은 아직도 한국학이나 한반도보다는 조선학, 조선반도라는 말에 더 익숙하다. 한국어를 가르치는 한국어학과도 중국 내 정식 명칭은 조선어학과인 경우가 종종 있다. 일부 대학에서는 절묘하게 조선 및 한국어학과라고 절충해 표기하고 있으나 편법이라는 느낌을 지우기 어렵다.

공산당의 통제와 간섭이 자유로운 한국학 연구 막아

한반도를 연구하는 중국학자들은 대부분 한국전쟁이 북한의 남침에 의해 일어난 것이라는 사실을 너무나 잘 알고 있다. 그러나 중국 당국은 북한 정권을 의식해 한국전쟁에 대한 진실 공개를 꺼리고 있다. 때

베이징 특파원 중국 문화를 말하다

문에 남침이라는 주장은 중국 학계에서조차 여전히 금기시되고 있다.

공산당의 학문 연구에 대한 통제와 간섭이 계속되는 한 중국에서 한국학의 백가쟁명은 기대하기 어렵다. 그렇다고 중국 내 한국학 연구 부진의 책임을 중국 탓으로만 돌려서는 안 된다. 한 연구자는 "많은 중국 내 한국학 연구기관들이 한국 정부나 기업의 지원을 기대하고 설립됐다."고 강조하면서 "재원 확보에 어려움을 겪으면서 연구소 운영이 지지부진하다."고 솔직하게 토로했다. 심지어 일부 기관에서는 한국학 연구 프로젝트를 진행하면서 일본 기업의 지원을 받는다는 얘기까지 들릴 정도다.

중국에서 한국학이 오래도록 뿌리를 내리려면 사회학, 정치외교, 문화 등 다양한 분야로 연구가 확대돼야 한다. 이와 관련해 중국 최고 미술대학으로 꼽히는 중앙미술학원에 한국미술사 강좌가 정식 개설된 것은 주목할 만하다. 한국인으로서 이 강좌를 전담하고 있는 오영민 박사는 "수강생 가운데에는 한국 미술사를 졸업논문으로 쓰겠다는 학생들도 있다."면서 한국학 저변 확대에 기대감을 표시했다.

2018년 현재 중국 내 한국 유학생은 7만여 명, 한국 내 중국 유학생은 8만5000 명으로 양국 간 유학생 교류는 무려 15만 명 이상에 이른다. 또 양국의 젊은 연구자들이 상대방 국가의 대학에서 교수로 채용되는 사례도 매년 늘고 있다. 한국과 중국 학계 모두 이런 양적인 발전을 어떻게 질적으로 높여야 할지 고민해야 할 때다.

한류의 진화
- 중국인의 생활이 되다

한류는 이제 TV나 신문을 비롯한 대중매체를 넘어 인터넷 등 다른 플랫폼을 통해 생활 저변으로 차분하고도 꾸준히 파고들면서 새로운 형태로 진화하고 있다. 그러나 이 정도 진화로는 곤란하다. 한류 소비자들의 수준이 빠른 속도로 높아지고 있는 상황에서, 공급되는 한류 콘텐츠도 변화하는 이들의 욕구와 기대에 맞춰 끊임없이 질적 향상을 모색하지 않으면 안 된다. 새로운 궤도로 진입하기 위해서는 더욱 충격적인 탈각의 진화가 있어야 한다.

2019년 3월 초 저장성 원저우의 날씨는 남방에 있다는 지형적 조건을 감안하면 무척 추웠다. 그러나 필자가 한류의 진화와 관련한 취재를 하기 위해 찾아간 시내 한 봉제 공장의 실내는 정신없이 돌아가는 재봉틀 소리와 여공들이 듣는 노래가 어우러져 후끈거리고 있었다. 어, 그런데 이게 웬일인가? 어딘가에서 한국 최신 대중가요가 흘러나

오고 있는 것이 아닌가. 기자는 무의식적으로 노래가 나오는 방향으로 고개를 돌렸다. 아니나 다를까, 웬 여공의 작업대 위에서 기자도 좀 아는 노래가 디지털 음으로 흘러나오고 있었다. 바로 지금은 해체된 그룹 버스커 버스커의 『여수밤바다』였다. 기자는 무의식적으로 마이크를 들이대면서 물었다.

"이 노래가 무슨 노래인지 알아요?"

"한국 노래죠."

"가수나 가사의 뜻은 알아요?"

"몰라요."

"그러면서 왜 들어요?"

"그냥 좋아해요. 한국 노래 좋잖아요."

"뜻도 모르는데 좋아요?"

"네, 좋아요. 하지만 요즘은 뜻도 아는 노래들도 많아요. 방탄소년단(BTS)이나 볼빨간 사춘기의 노래들이 대표적이죠. 특히 방탄소년단 노래는 우리 10대나 20대들은 대부분 노랫말까지 다 알아요. 모르면 또래들의 대화에도 끼지 못해요. 오죽했으면 요즘 BTS 짝퉁이 중국 내에서도 몇 팀이나 나왔겠어요. 이 중에서는 **방탄소년단**이 제일 유명하죠."

한국 가요는 일상생활의 문화적 동반자

한국말 한마디 못하는 여공이 꾸밈없이 내뱉는 즉답에 그녀가 바로 골수 한류 팬이라는 사실을 알아차릴 수 있었다. 한국 가요가 그녀의 일상생활에 문화적 동반자로 확고하게 자리 잡고 있었던 것이다.

기자는 수년 전 『CCTV』 본사에서 업무 협의를 하기 위해 뤄밍(羅明) 부사장을 만난 적이 있었다. 뤄 부사장은 처음부터 한류를 화두로 말을 풀어나갔다. 자신의 외동딸이 한국 드라마와 노래를 너무 좋아하고 한국에도 여러 번 다녀왔다는 것이었다. 덧붙여 그는 자신의 딸이 드라마를 보고 노래를 듣기 위해 한국말을 공부하다보니 영어보다 한국어를 더 잘한다는 푸념 섞인 자랑도 잊지 않았다. 이처럼 중국의 40~50대 중년 남성들을 만나면 자신들이 좋아하는 게 아니라 아내가 좋아하고 딸이 열광해 자신도 모르게 한국 드라마나 노래를 알게 됐다는 말을 자주 듣게 된다. 한류가 초창기와는 달리 많이 진화했다는 사실을 말해주는 대목이다.

한류 진화의 물결은 중국 서부 내륙의 낙후 지역이나 소수민족 사회에도 깊숙이 파고들었다. 2010년 4월 14일 2000명 이상의 주민이 숨지는 대지진이 일어난 칭하이(靑海)성 위수(玉樹) 현의 참상을 전하는 『신징바오(新京報)』 4월 21일자 르포 기사를 보면 한류가 중국 젊은이들에게 일상문화가 됐다는 것을 알 수 있다. 이 기사에는 언니가 무너진 집에 깔려 숨진 티베트 여대생 장융쮜마(江永卓瑪) 가족의 안타까운 사연이 실려 있다. 장용주오마가 눈시울을 붉히면서 "꿈속에서 언니와 함께 머리를 맞대고 좋아하는 스타들의 사진을 보던 장면이 나타났다. 언니는 한국 드라마를 좋아하고 노래를 즐겨 불렀다. 언니와 좋아하는 스타 때문에 다툰 적도 있었다. 기회가 되면 언니한테 사과하고 싶다." 라고 언니를 회고하는 내용이 있다. 장용쮜마 자매의 사연도 가슴 저미기는 하나 고립무원의 티베트 고원 첩첩산중에서도 한류에 기대어 즐거운 상상을 했을 소녀들의 티 없는 꿈을 생각하니 안타까움이 더하는 듯했다.

도시로 이주한 농촌 출신 노동자들인 농민공들도 중국 구석구석으로 한류를 전파하고 있다. 기자는 2019년 2월에 농민공들의 춘제 귀향 풍경을 취재하기 위해 상하이에서 허난성 정저우(鄭州)로 가는 야간 귀성열차를 탄 적이 있었다. 짐칸에 고향으로 들고 가는 선물 꾸러미가 가득한 모습은 눈에 익었으나 사람들의 태도는 얼핏 보기에도 상상 이상이었다. "KBS가 여기에는 왜 왔어요?"라면서 밝은 표정으로 V자를 그리는 남녀 청소년들의 손에는 삼성 스마트폰이 들려 있었던 것이다. 또 이어폰을 꽂은 농민공들 중에는 한국 노래를 즐겨 듣고 있다고 자랑하는 친구들도 상당히 많았다. 이처럼 한류는 맹목적인 열광의 단계를 지나 이제 오지 중국인이나 농민공들의 일상생활에까지 차분하게 접목돼 가는 단계로 확실하게 접어들었다.

한류 소통의 공간, 스마트폰으로 옮겨가

한류가 진화하고 있다는 사실은 한류 소통의 공간이 TV에서 인터넷과 스마트폰으로 옮겨가고 있는 현실에서도 엿볼 수 있다. 실제로 요즘 한국에서 방송되고 있는 인기 드라마 대부분은 바로 다음날 중국의 인터넷 공간에서 중국어 자막까지 깔고 한류 드라마 팬들을 찾아가고 있다. 이 사이트들은 현재 방송되고 있는 드라마뿐 아니라 과거 드라마까지 모두 무료로 시청할 수 있게 해 준다. 어떤 드라마든 원하는 시간에 얼마든지 볼 수 있는 시스템이 마련된 것이다. 이 때문에 중국의 한류 마니아들은 『태양의 후예』, 『슬기로운 감빵생활』, 『남자친구』, 『신사의 품격』, 『응답하라 1997』, 『슈퍼 스타 K』등 인기 드라마를 한국과 거의 같은 시간대에 즐길 수 있게 됐다. 심지어 중국에 사는 한국인보다 해당 드라마의 줄거리를 더 자세하게 알고 있다. 등장인물을 소재로 한 캐릭터 상품이 한국에서보다 더 일찍 시판되기도 한다. 물론 이는 명백한 저작권 침해에 해당한다. 그러나 현실적으로 중국에서 저작권을 주장하거나 저작권 침해를 단속하는 것은 거의 불가능한 일이다.

영화나 각종 오락 프로그램도 인기를 끌고 있다. 기자는 2020년 할리우드를 강타한 영화 『기생충』이 극장 상영 기간에 중국 인터넷 사이트에 자막을 깔고 올라온 것을 본 적도 있다. 리얼타임이라는 말이 과하지 않다. 한국으로 유학을 간 학생들이나 한국어와 중국어에 능통한 중국 동포들이 이런 사이트의 주된 봉사자(?)들로 활동하는 것으로 알려지고 있다.

중국 전역에서 한국드라마, 영화, 대중가요 즐길 수 있어

2018년 가을 랴오닝성의 성도인 선양의 한 체육관에서는 추석특집 KBS 전국노래자랑 녹화가 한창 진행되고 있었다. 3만 명이 들어간다는 이 체육관에는 그런데 한국인뿐 아니라 대륙 각지에서 왔다는 한류 마니아들이 관객으로 대거 참여했다. 사전에 공지도 거의 하지 않았는데도 멀리 칭다오(靑島)나 베이징에서까지 표를 구해 찾아온 팬도 많았다.

이들이 이렇게 일사불란하게 움직인 데에는 이유가 있었다. 인터넷, 스마트폰과 블로그를 통해 한류 정보와 관련한 소통 공간이 있기 때문이었다.

중원에 상륙한 한류의 소통 공간이 인터넷과 스마트폰으로 더욱 대중화됨에 따라 이제 중국 어디에서나 한국의 드라마와 영화, 대중가요를 즐기고 유명 탤런트와 배우, 가수를 좋아하는 대규모 한류 팬을 만날 수 있다. 또 한국의 불고기와 김치를 즐겨 찾고 한국의 의류와 화장품 등을 선호하는 포괄적 의미의 한류도 여전히 현재진행형이다. 한류에 대한 열광과 폭발적 반응은 포말이 가라앉듯 차분해졌으나 중국인

아이돌그룹에 환호하는 중국 한류팬들

들의 일상생활에는 갈수록 뚜렷한 영향을 미치면서 영역을 개척해 가고 있는 것이다. 이런 측면에서 보면 한류는 마지막 불꽃을 태우고 있는 것이 아니라 새로운 방식과 플랫폼을 거쳐 진화과정을 밟고 있다고 해야 옳다.

모든 사회 현상이 그렇듯 한류도 생물처럼 생로병사의 주기성을 갖는다. 한국과 중국의 문화 교류사에 천착하고 있는 상하이 『신민완바오(新民晚報)』의 팡위창(方毓强) 기자도 이런 생각을 갖고 있다. 그는 "확실히 중국에서 한류가 최고점을 지난 것은 사실인 것 같다. 이는 중국인들이 맹목적으로 한류를 좇는 감정에서 좀 차분해져서 이성적인 자세로 돌아오고 있기 때문에 그런 것 같다. 한류가 한 단계 더 진화하기 위해서는 이런 감정의 휴지기도 필요하다."라는 말로 한류의 새로운 변신이 필요하다는 소견을 우회적으로 밝혔다.

더구나 요즘은 중국 드라마도 수준이 매우 높아졌다. 도저히 봐주기 어려웠던 몇 년 전 드라마들이 아니다. 일부 작품들은 동남아 등지로 수출돼 호평을 받고 있다.

그래도 눈길을 잡아끄는 것이 한국 드라마다. 대부분의 중국인들은 아직도 "한국 드라마의 연기자들은 잘 생겼거나 예쁘다. 드라마 화면이 세련된 느낌도 준다. 줄거리가 굉장히 재미있다. 그래서 한국 드라마를 좋아한다."고 대답한다. 한류가 새롭게 진화한다면 여전히 꾸준한 생명력을 발휘할 가능성이 높다는 얘기인 셈이다. 특히 방송을 총괄하는 부서인 광전총국 주훙(朱虹) 대변인은 "중국이 한국 드라마를 수입하는 것을 두고 자존심이 상한다고 말하는 사람들이 있으나 나는 그들에게 그 관점이 틀렸다고 말한다. 문화 교류는 상호적인 양국의 자산이다. 한국도 중국 드라마를 수입했고 앞으로도 그럴 것이다. 한국 드라마나 영화가 좋은 작품이기만 하면 중국은 얼마든지 들여올 생각이 있다."고 밝히기까지 했다. 한류가 계속 진화 한다면 꾸준히 생명력을 발휘할 가능성이 높다는 얘기다.

그렇다면 어떻게 진화해야 할 것인가? 문화 상품의 품격과 품질에서 진화를 모색해야 한다. 지금처럼 막장 드라마들과 무성의한 콘텐츠가 판을 친다면 진화는 고사하고 갈수록 수준이 높아지는 중국 문화에 묻혀 사라지고 말 것이다. 여기에다 고객을 배려하는 세심한 준비와 겸손한 서비스 정신도 가미돼야 한다. 그럴 수만 있다면 한류는 한 단계 업그레이드된 모습으로 진화할 수 있다. 나아가 삐걱거리며 불안한 모습을 보이던 양국의 관계도 초창기의 우호적인 모습을 복원할 수 있다. 이는 동북아의 평화와 경제발전에도 크게 기여할 것이다.

경제대국에서 문화대국으로
― 경제대국에서 문화대국으로 비상하는 중국

　　베이징 텐안먼 광장 건너편 자금성 서쪽에는 프랑스 건
축가 폴 앙드레가 설계한 세계 최대 규모 오페라하우스가 있다. 중국이
자랑하는 대표적 공연예술기관인 '국가대극원(National Centre for the
Performing Arts)'이다. 티타늄과 유리로 쌓아올린 달걀 형상의 아름다
운 외관과 넓디넓은 인공호수가 대극원 내부를 유리알처럼 비추면 관
광객들은 너나 할 것 없이 탄성을 자아낸다. 중국은 바로 이 국가대극
원　개관작으로 2008년 베이징올림픽 때 중국풍 오페라 '투란도트'를
선보였고, 지금은 이 고급 문화상품을 우리나라를 포함해 전 세계로 수
출하고 있다. G2라는 중국의 경제적 파워가 문화대국으로 이어지고 있
는 실제 사례다.

　　문화대국 중국을 보여주는 사례는 또 있다. 독일의 괴테 인스튜티트
와 비견되는 '공자 아카데미'는 외국인들에게 중국어와 5000년 중국

문화를 가르치고 홍보하는 기관으로 중국 문화 전파의 첨병이다. 중국과 수교를 맺고 있는 모든 나라에 만들 계획으로 벌써 100여개 국가, 350여개 지역에 설립됐다. 공자아카데미를 총괄하는 기관인 궈자한반 (國家漢版)의 2019년 예산만 무려 30억 위안(5100억 원)이 넘었다. 궈자한반은 매년 세계 각국의 초 · 중 · 고 교장들을 초청해 중국 문화와 관련한 각종 프로그램을 홍보하고 있다. 또 이 기관은 중국에 공부하러 온 외국인 유학생을 2020년까지 50만 명으로 늘려 중국 이미지를 해외 각 나라에 각인시키는 홍보요원으로 활용할 계획이다.

공자아카데미는 중국어와 중국문화의 글로벌화를 꾀하기 위해 중국 정부가 개발한 또 다른 문화상품이다. 중국은 이처럼 공연 미술·음악· 문학·영화 등 거의 모든 문화영역에서 세계 최고 수준으로 올라섰다. 이뿐만 아니라 문화를 세계 각국으로 수출하는데도 적극 나서고 있다. 이제는 근대화에 뒤처져 서구 문화에 지배당했던 중국이 더 이상 아닌 것이다. -물론 2021년 겨울 후베이성 우한에서 시작된 신종 코로나 바이러스 팬데믹 사태로 거의 모든 국가의 대내외적 활동이 정지돼 있는 듯하다. 그렇다고 5000년의 유구한 역사와 깊고 폭넓은 문화 그리고 분출하고 있는 중국 공산당의 일사불란한 파워가 현 상황을 타개하지 못할 리 없다. 이에 우리는 그들과 연대하고 각각의 여러 기술을 서로 공유하고 협력하면서 코로나19 펜데믹 사태 이후의 새로운 시대를 적극 대비해야 하지 않을까 싶다. 잠시 얘기가 옆으로 비켜나갔지만 이 모든 정책을 수립하고 끌고 가는 핵심 세력은 주시하다시피 바로 중국 공산당이다. 공산당원들은 각계각층에 포진해 14억 거대 중국을 움직이는 혈관이자 세포 아닌가. 이들은 치밀하고 부지런하다. 문화관료들을 양성하는 기관인 중앙문화관리간부학원 간부들은 각성(省) 문화부

관리들을 인솔해 우리나라와 일본을 방문했다. 한류가 중국에서 막 유행하기 시작했을 때 이미 그 가능성을 간파하고 문화콘텐츠와 소프트 파워를 심도 있게 배워간 것이다. 또 이들은 미국을 비롯한 서구 사회와 경쟁국의 문화를 배우고 받아들이면서도 때론 당당하고 겸손하다.

그것은 덩샤오핑이 주창한 선부론(先富論)과 맞닿아 있다. 시장경제를 받아들여 먼저 부자가 되자는 구호처럼 문화도 "외국의 좋은 문화를 배우자. 그런 뒤에 우리 방식으로 재탄생시키자."는 특유의 실용주의 전략을 구사하고 있는 것이다.

문제는 우리나라다. 중국 문화를 세계 표준으로 만들려는 문화 대국 중국의 전략에 깊이 주목하면서 철저히 대비하지 않으면 역사 속 과거처럼 중국의 입김에 휘둘리고 그들의 파워에 눌리게 될지도 모른다. 지금 K-POP과 BTS(방탄소년단) 등 한류가 세계 곳곳에서 이름을 떨치고 중국대륙을 휩쓴다지만 중국식 용광로에 녹여버리는 중국의 파워에 휘말리는 것은 시간문제다. 이러한 사태를 미연에 방지하기 위해서는 중국을 제대로 알고 그들을 이해해야 한다.

우리 문화의 자존감과 생존을 유지하기 위한 대처 방안으로는 첫째, 언어문제 해결이 시급하다. 인문계든 이공계든 누구든 중국인과 직접 중국어로 소통할 수 있는 인력을 전 국가적으로 양성해야 한다.

둘째, 중국인과 원활한 소통을 위해서는 그들의 역사, 관습, 문화, 기질 등을 제대로 알고 익혀야 한다. 이를테면 우리는 흰색과 푸른색을 좋아하지만 중국인들은 붉은색과 황색을 좋아한다. 우리는 축의금을 낼 때 흰색봉투에 넣어 내지만 중국은 청첩장, 세뱃돈도 빨간색 봉투에 담는다.

로마에 가면 로마법을 따르듯이 중국에 가서는 중국인들의 관습과 문화를 존중해주는 것이 소통의 지름길임을 잊지 말아야 한다.

『삼국지』나 『수호지』, 진시황이 중국을 통일한 이야기, 마오쩌둥 이야기, 개혁·개방을 이끈 덩샤오핑과 관련된 비화 등 대화 주제가 될 만한 정보를 숙지하는 것은 기본이다. 그들이 즐겨먹는 전통요리에 대한 지식도 대화할 때 좋은 소재가 된다.

셋째, 중국인들은 웬만해서는 속내를 드러내지 않는다. 한두 번 봤다고 친한 척 하다가는 낭패 당하기 십상이다. 그들의 눈높이에 맞추고 진실하게 교유하면서 신뢰를 쌓으면 우호적인 관계를 훨씬 더 오래 지속할 수 있다. 특히 한국의 문화 담당 관료와 전문가들은 중국 공산당에 대한 깊은 이해를 바탕으로 이들을 철저히 공부 하고 파악해 대응해야 한다. 문화대국 중국의 파워에 휘둘리지 않도록 미리미리 대책을 강구해야 할 것이다.

베이징 특파원 중국문화를 말하다

베이징특파원 13인이 발로 쓴 최신 중국문화코드 52

초판 1쇄 발행일 | 2010년 7월 15일
초판 12쇄 발행일 | 2019년 2월 15일
개정 3판 발행일 | 2020년 8월 10일

지은이 | 홍순도 외
펴낸이 | 김정동
펴낸곳 | 서교출판사
등록번호 | 제10-1534
등록일 | 1991년 9월 12일
주소 | 서울시 마포구 성지길(합정동) 25-20 덕준빌딩 2층
전화번호 | 3142-1471
팩시밀리 | 02-6499-1471
이메일 | seokyobooks@naver.com
인스타그램 | @seokyobooks
ISBN | 979-11-89729-26-4 03300

*잘못된 책은 구입처에서 교환해 드립니다.
*책값은 뒷표지에 있습니다.